本书为

国家社科基金重点项目

国家出版基金项目

『十三五』国家重点出版物出版规划项目　结项成果

THE GENERAL ANNALS
OF CHINESE CONFUCIANISM

国家出版基金项目
NATIONAL PUBLICATION FOUNDATION

中国儒学通志

丛书主编　苗润田　冯建国

两汉卷·纪年篇

本册作者　臧　明

ZHEJIANG UNIVERSITY PRESS
浙江大学出版社
·杭州·

"中国儒学通志"总序

儒学是中华传统文化的主干,是中华民族的精神血脉,它不但对中国古代的政治、经济、思想、文化、教育等诸多领域产生过广泛而深刻的影响,对人类文明的发展做出了巨大贡献,而且在今天仍然具有不容忽视的现代价值。儒家的思想理论,广泛涉及人与自然、人与人、人与社会、群与己、古与今、知与行、义与利、生与死、荣与辱、苦与乐、德与刑、善与恶、战争与和平等这样一些人类所面对的、贯通古今的矛盾和问题,提出了天人合一、天下为公、大同世界,修身正己、自强不息、厚德载物,以民为本、为政以德、见利思义、清廉从政,明体达用、经世致用、知行合一、仁者爱人、以德立人、以诚待人、讲信修睦,求同存异、和而不同、和谐相处,有教无类、因材施教、温故知新、学思结合等一系列为学、为人、为事、为官、处世的常理和常道,对于正确处理人与人的关系、人与自然的关系、个体与群体的关系、群体与群体的关系、不同民族和国家间的关系、不同文化和文明间的关系等都具有普遍的指导意义,是人类走向未来不可或缺的精神资源。这也就是一种产生在两千多年前农耕时代并且随着历史的发展不断前行的思想、学说,在信息时代的今天仍然具有广泛感召力、影响力,为世人所推重、学习、研究、传承的根本原因。"研究孔子、研究儒学,是认识中国人的民族特性、认识当今中国人精神世界历史来由的一个重要途径。"(《习近平在纪念孔子诞辰 2565 周年国际学术研讨会暨国际儒学联合会第五届会员大会开幕会上的讲话》)"中国儒学通志"是研究孔子、儒学的一个窗口。

"中国儒学通志"由纪年卷、纪事卷、学案卷三个部分组成。纪年卷主要记录自孔子创立儒学至 1899 年有关儒学发展的各个方面,包括重要儒学人物的生卒,儒学发展过程中有较大影响的事件,以及重要儒学论著的完成、刊印等,全方位展现儒学发展的面貌。纪事卷以事件为线索,记录有关中国儒学发展的重大历史事件，如"焚书坑儒""罢黜百家，独尊儒术"等，内容包括事件产生的原因、经过、结果及其对儒学发展的影响。学案卷以人物为中心，主要记述对儒学发展有较大影响的人物，包括该人物的生平事迹、对儒学所持的观点、在儒学发展史上的地位和贡献，以及有关的评价等。

"中国儒学通志"是我国著名学者庞朴先生继《20世纪儒学通志》（浙江大学出版社2013年6月）出版后主持的又一国家社会科学基金重点项目。庞先生去世后，2016年改由苗润田、冯建国教授主持。在苗润田、冯建国的主持下，该项目组建了一支有国内知名学者参加的学养深厚的研究队伍，制定了切实可行的研究计划和实施方案。通过多次召开小型学术研讨会，邀请王钧林教授、朱汉民教授、郭沂教授等专家学者与课题组成员一起，就课题的指导思想、整体框架、重点难点问题等展开广泛深入的研究，不但达成了学术共识而且促进并深化了对课题的认识。在这个过程中，浙江大学出版社、山东大学儒学高等研究院、山东大学人文社会科学研究院、山东大学哲学与社会发展学院自始至终都给予了巨大支持和帮助。彭丹博士协助我们做了大量的事务性工作。在此，谨向他们，向关心、支持"中国儒学通志"研究、撰著的朋友、同仁致以诚挚的谢意！

苗润田　冯建国

2022年12月于山东大学

目　录

西汉儒学纪年

（汉王元年　公元前206年—
建武元年　公元25年）

汉王元年　公元前 206 年

1. 十月，刘邦入关，约法三章

《汉书·高帝纪》：

> 元年冬十月，五星聚于东井。沛公至霸上。秦王子婴素车白马，系颈以组，封皇帝玺符节，降枳道旁。诸将或言诛秦王，沛公曰："始怀王遣我，固以能宽容，且人已服降，杀之不祥。"乃以属吏。遂西入咸阳，欲止宫休舍，樊哙、张良谏，乃封秦重宝财物府库，还军霸上。萧何尽收秦丞相府图籍文书。十一月，召诸县豪桀曰："父老苦秦苛法久矣，诽谤者族，耦语者弃市。吾与诸侯约，先入关者王之，吾当王关中。与父老约，法三章耳：杀人者死，伤人及盗抵罪。余悉除去秦法。吏民皆按堵如故。凡吾所以来，为父兄除害，非有所侵暴，毋恐！且吾所以军霸上，待诸侯至而定要束耳。"乃使人与秦吏行至县乡邑告谕之。秦民大喜，争持牛羊酒食献享军士。沛公让不受，曰："仓粟多，不欲费民。"民又益喜，唯恐沛公不为秦王。[①]

约法三章很好地安抚了关中的民众，其与汉初的律例无太大大关系，主要彰显的是政治意义。刘邦发布的"约法三章"，赢得了民心，为楚汉战争的胜利，打下了坚实的民众基础。

[①]　班固：《汉书》卷一上《高帝纪》，中华书局 1962 年版，第 22 页。

2. 十月，萧何收秦图籍文书

《史记·萧相国世家》：

> 及高祖起为沛公，何常为丞督事。沛公至咸阳，诸将皆争走金帛财物之府分之，何独先入收秦丞相御史律令图书藏之。沛公为汉王，以何为丞相。项王与诸侯屠烧咸阳而去。汉王所以具知天下厄塞，户口多少，强弱之处，民所疾苦者，以何具得秦图书也。①

萧何做过沛县的文吏，了解秦朝的典章制度，其所搜集的图籍文书内容甚广，为刘邦了解天下户籍、知晓关隘兵防，日后制定相应的典章制度提供了丰富的档案资料。

---

① 司马迁：《史记》卷五十三《萧相国世家》，中华书局 1959 年版，第 2014 页。

汉王二年 公元前 205 年

1. 二月,除秦社稷,立汉社稷,置乡三老

《汉书·高帝纪》:

> 二月癸未,令民除秦社稷,立汉社稷。施恩德,赐民爵。蜀、汉民给军事劳苦,复勿租税二岁。关中卒从军者,复家一岁。举民年五十以上,有修行,能帅众为善,置以为三老,乡一人。择乡三老一人为县三老,与县令丞尉以事相教,复勿徭戍。以十月赐酒肉。[①]

赵翼在《廿二史札记》(卷二)中认为:"三老孝悌力田皆乡官名。"乡三老具有较强的民众号召力,置乡三老有利于社会秩序的稳定。

2. 叔孙通归汉王

《史记·刘敬叔孙通列传》:

> 汉二年,汉王从五诸侯入彭城,叔孙通降汉王。汉王败而西,因竟从汉。[②]

作为儒者的叔孙通归附刘邦,有利于儒学的发展,正如《汉书·儒林

① 班固:《汉书》卷一上《高帝纪》,中华书局 1962 年版,第 33—34 页。
② 司马迁:《史记》卷九十九《刘敬叔孙通列传》,中华书局 1959 年版,第 2721 页。

传》所言："及高皇帝诛项籍，引兵围鲁，鲁中诸儒尚讲诵习礼，弦歌之音不绝，岂非圣人遗化好学之国哉？于是诸儒始得修其经学，讲习大射乡饮之礼。叔孙通作汉礼仪，因为奉常，诸弟子共定者，咸为选首，然后喟然兴于学。然尚有干戈，平定四海，亦未皇庠序之事也。"①儒家的相关礼仪制度虽在秦汉间沿袭，并被刘邦所重视、采纳，但儒学的地位并没有得到实质性的提升。

---

① 班固：《汉书》卷八十八《儒林传》，中华书局 1959 年版，第 3592 页。

汉王三年　公元前 204 年

1. 郦食其欲立六国后世

《史记·留侯世家》：

> 汉三年，项羽急围汉王荥阳，汉王恐忧，与郦食其谋桡楚权。食其曰："昔汤伐桀，封其后于杞。武王伐纣，封其后于宋。今秦失德弃义，侵伐诸侯社稷，灭六国之后，使无立锥之地。陛下诚能复立六国后世，毕已受印，此其君臣百姓必皆戴陛下之德，莫不乡风慕义，愿为臣妾。德义已行，陛下南乡称霸，楚必敛衽而朝。"汉王曰："善。趣刻印，先生因行佩之矣。"①

郦食其建议刘邦效仿汤、武，分封六国之后，以争取民心，借以对抗项羽。

2. 辕生劝刘邦走荥阳

《汉书·高帝纪》：

> 汉王出荥阳，至成皋。自成皋入关，收兵欲复东。辕生说汉王曰："汉与楚相距荥阳数岁，汉常困。愿君王出武关，项王必引兵南走，王深壁，令荥阳、成皋间且得休息。使韩信等得辑河北赵地，连

---

① 司马迁：《史记》卷五十五《留侯世家》，中华书局 1959 年版，第 2040 页。

燕、齐，君王乃复走荥阳。如此，则楚所备者多，力分。汉得休息，复与之战，破之必矣。"汉王从其计，出军宛、叶间，与黥布行收兵。羽闻汉王在宛，果引兵南，汉王坚壁不与战。是月，彭越渡睢，与项声、薛公战下邳，破杀薛公。羽使终公守成皋，而自东击彭越。汉王引兵北，击破终公，复军成皋。[①]

作为儒者的辕生，为刘邦的统一战争出谋划策。根据政治的需要，刘邦由轻儒逐渐转变为崇儒，儒士在刘邦的重用之下，在刘汉王朝建立前后发挥了重要的作用。[②]

---

① 班固：《汉书》卷一上《高帝纪》，中华书局 1962 年版，第 41 页。
② 谢宝耿：《略论刘邦政权中儒士的作用》，《历史教学问题》1983 年第 3 期。

汉王四年 公元前 203 年

1. 郦食其卒

《史记·郦生陆贾列传》：

> 淮阴侯闻郦生伏轼下齐七十余城，乃夜度兵平原袭齐。齐王田广闻汉兵至，以为郦生卖己，乃曰："汝能止汉军，我活汝；不然，我将亨汝！"郦生曰："举大事不细谨，盛德不辞让。而公不为若更言！"齐王遂亨郦生，引兵东走。[①]

郦食其为汉家的统一大业鞠躬尽瘁，"'士为知己者死'，这是儒家所恪守的信条。郦食其为了报答刘邦的知遇之恩，为刘邦'取天下'的事业，毅然献身殉职"[②]。

---

① 司马迁：《史记》卷九十七《郦生陆贾列传》，中华书局 1959 年版，第 2696 页。
② 胡一华：《刘邦重儒论》，《丽水师专学报》1985 年第 1 期。

汉王五年　公元前 202 年

1. 二月,刘邦称帝

《史记·高祖本纪》:

正月,诸侯及将相相与共请尊汉王为皇帝。汉王曰:"吾闻帝贤者有也,空言虚语,非所守也,吾不敢当帝位。"群臣皆曰:"大王起微细,诛暴逆,平定四海,有功者辄裂地而封为王侯。大王不尊号,皆疑不信。臣等以死守之。"汉王三让,不得已,曰:"诸君必以为便,便国家。"甲午,乃即皇帝位氾水之阳。皇帝曰义帝无后,齐王韩信习楚风俗,徙为楚王,都下邳。立建成侯彭越为梁王,都定陶。故韩王信为韩王,都阳翟。徙衡山王吴芮为长沙王,都临湘。番君之将梅鋗有功,从入武关,故德番君。淮南王布、燕王臧荼、赵王敖皆如故。天下大定。高祖都雒阳,诸侯皆臣属。故临江王骓为项羽叛汉,令卢绾、刘贾围之,不下。数月而降,杀之雒阳。[①]

刘邦称帝后,建亥,即以十月为岁首,从火德,色尚赤。

2. 刘邦封随何

《汉书·韩彭英卢吴传》:

---

① 司马迁:《史记》卷八《高祖本纪》,中华书局 1959 年版,第 379—380 页。

项籍死，上置酒对众折随何曰："腐儒！为天下安用腐儒哉！"随何跪曰："夫陛下引兵攻彭城，楚王未去齐也，陛下发步卒五万人，骑五千，能以取淮南乎？"曰："不能。"随何曰："陛下使何与二十人使淮南，如陛下之意，是何之功贤于步卒数万，骑五千也。然陛下谓何腐儒，为天下安用腐儒，何也？"上曰："吾方图子之功。"乃以随何为护军中尉。①

随何在与刘邦的争辩中取胜，刘邦对其赏识有加，但因一句"腐儒"，很多史学家此认定刘邦是不重视儒学的。但胡一华通过考辨郦食其、叔孙通、陆贾等刘邦善用儒士的事例后认为，刘邦所"不乐""不喜""不好"者，乃是一些无才无能的"腐儒"，对于那些类似随何的干练明达，有才学的"明儒"还是颇为赏识和重视的②。

① 班固：《汉书》卷三十四《韩彭英卢吴传》，中华书局 1962 年版，第 1886 页。
② 胡一华：《刘邦重儒论》，《丽水师专学报》1985 年第 1 期。

汉王六年　公元前 201 年

1. 夏五月,尊太公为太上皇

《史记·高祖本纪》:

> 六年,高祖五日一朝太公,如家人父子礼。太公家令说太公曰:
> "天无二日,土无二王。今高祖虽子,人主也;太公虽父,人臣也。奈
> 何令人主拜人臣! 如此,则威重不行。"后高祖朝,太公拥篲,迎门却
> 行。高祖大惊,下扶太公。太公曰:"帝,人主也,奈何以我乱天下
> 法!"于是高祖乃尊太公为太上皇。心善家令言,赐金五百斤。[1]

刘邦一改秦朝以法治天下的政策,从儒家的孝道出发,尊太公为太上
皇,儒家思想逐渐被用于治国理政。

2. 刘邦作《昭容乐》《礼容乐》

《汉书·礼乐志》:

> 《文始舞》者,曰本舜《招舞》也,高祖六年更名曰《文始》,以示不
> 相袭也。《五行舞》者,本周舞也,秦始皇二十六年更名曰《五行》也。
> 《四时舞》者,孝文所作,以示天下之安和也。盖乐己所自作,明有制
> 也;乐先王之乐,明有法也。孝景采《武德舞》以为《昭德》,以尊大宗

---

[1] 司马迁:《史记》卷八《高祖本纪》,中华书局 1959 年版,第 382 页。

庙。至孝宣,采《昭德舞》为《盛德》,以尊世宗庙。诸帝庙皆常奏《文始》、《四时》、《五行舞》云。高祖六年又作《昭容乐》、《礼容乐》。《昭容》者,犹古之《昭夏》也,主出《武德舞》。《礼容》者,主出《文始》、《五行舞》。舞人无乐者,将至至尊之前不敢以乐也;出用乐者,言舞不失节,能以乐终也。大氐皆因秦旧事焉。[①]

刘邦虽以武力一统天下,但在治理天下的过程中,却是文武兼采,合而用之。

3. 张良学道

《史记·留侯世家》:

> 留侯从入关。留侯性多病,即道引不食谷,杜门不出岁余。……留侯乃称曰:"家世相韩,及韩灭,不爱万金之资,为韩报仇强秦,天下振动。今以三寸舌为帝者师,封万户,位列侯,此布衣之极,于良足矣。愿弃人间事,欲从赤松子游耳。"乃学辟谷,道引轻身。会高帝崩,吕后德留侯,乃强食之,曰:"人生一世间,如白驹过隙,何至自苦如此乎!"留侯不得已,强听而食。后八年卒,谥为文成侯。子不疑代侯。[②]

张良所学的辟谷之术,使人精神专一、延年益寿,其是燕齐方士所遗之学,秦始皇与汉武帝的求仙活动都受到了此等学说的影响。

4. 张苍定律

《史记·张丞相列传》:

---

① 班固:《汉书》卷二十二《礼乐志》,中华书局 1962 年版,第 1044 页。
② 司马迁:《史记》卷五十五《留侯世家》,中华书局 1959 年版,第 2044—2048 页。

苍以代相从攻臧荼有功，以六年中封为北平侯，食邑千二百户。迁为计相，一月，更以列侯为主计四岁。是时萧何为相国，而张苍乃自秦时为柱下史，明习天下图书计籍。苍又善用算律历，故令苍以列侯居相府，领主郡国上计者。黥布反亡，汉立皇子长为淮南王，而张苍相之。十四年，迁为御史大夫。……张苍为计相时，绪正律历。以高祖十月始至霸上，因故秦时本以十月为岁首，弗革。推五德之运，以为汉当水德之时，尚黑如故。吹律调乐，入之音声，及以比定律令。若百工，天下作程品。至于为丞相，卒就之，故汉家言律历者，本之张苍。苍本好书，无所不观，无所不通，而尤善律历。①

汉承秦制，张苍定律即是最好的佐证。关于水德的一系列礼仪制度，可以参看顾颉刚先生所写《五德终始说下的政治和历史》一文。②

① 司马迁：《史记》卷九十六《张丞相列传》，中华书局1959年版，第2675—2681页。
② 顾颉刚：《五德终始说下的政治和历史》，《清华大学学报（自然科学版）》1930年第1期。

汉高祖七年　公元前 200 年

1. 叔孙通实施朝仪

《史记·刘敬叔孙通列传》：

> 汉七年，长乐宫成，诸侯群臣皆朝十月。仪：先平明，谒者治礼，引以次入殿门，廷中陈车骑步卒卫宫，设兵张旗志。传言"趋"。殿下郎中侠陛，陛数百人。功臣列侯诸将军军吏以次陈西方，东乡；文官丞相以下陈东方，西乡。大行设九宾，胪传。于是皇帝辇出房，百官执职传警，引诸侯王以下至吏六百石以次奉贺。自诸侯王以下莫不振恐肃敬。至礼毕，复置法酒。诸侍坐殿上皆伏抑首，以尊卑次起上寿。觞九行，谒者言"罢酒"。御史执法举不如仪者辄引去。竟朝置酒，无敢讙譁失礼者。于是高帝曰："吾乃今日知为皇帝之贵也。"乃拜叔孙通为太常，赐金五百斤。叔孙通因进曰："诸弟子儒生随臣久矣，与臣共为仪，原陛下官之。"高帝悉以为郎。叔孙通出，皆以五百斤金赐诸生。诸生乃皆喜曰："叔孙生诚圣人也，知当世之要务。"①

叔孙通所推行的朝堂之礼，使君王站在了典章礼仪的最顶端。"叔孙通在坚持儒者身份的前提下，以知时而变的仕宦原则进行儒学入世实践。这种实践主要体现在制礼著书以尊王扬礼，教化儒生及荐生为官等活动，是从制作典章制度到建设意识形态的全方位儒学入仕实践，开儒生群体

---

① 司马迁：《史记》卷九十九《刘敬叔孙通列传》，中华书局 1959 年版，第 2723—2724 页。

事君之滥觞，具有首创性及奠基性。"①

2. 叔孙通著《仪品》

《仪品》又称《汉仪》，《后汉书·张曹郑列传》：

> 章和元年正月，乃召褒诣嘉德门，令小黄门持班固所上叔孙通《汉仪》十二篇，敕褒曰："此制散略，多不合经，今宜依礼条正，使可施行。于南宫、东观尽心集作。"褒既受命，乃次序礼事，依准旧典，杂以《五经》谶记之文，撰次天子至于庶人冠婚吉凶终始制度，以为百五十篇，写以二尺四寸简。其年十二月奏上。帝以众论难一，故但纳之，不复令有司平奏。②

《仪品》是朝仪的继续与发展，"叔孙通所定礼仪，不仅在尊严、荣誉上有严格区分，就是在穿戴的衣帽，享用的乐器、用具上，也予以一一区别，以显示出不同的等级，不同的社会地位。并且，不同的等级与地位，不仅在生前，也在死后。这也是叔孙通的礼学思想，在器具、服饰、制度上的集中表现。"③叔孙通将天子、诸侯、公卿、百姓等统统纳入儒家的礼仪系统当中，并对宗庙、祭祀、守丧等进行了规定，完善了儒家的礼仪制度。

3. 叔孙通作庙乐

《汉书·礼乐志》：

> 汉兴，乐家有制氏，以雅乐声律世世在大乐官，但能纪其铿鎗鼓舞，而不能言其义。高祖时，叔孙通因秦乐人制宗庙乐。大祝迎神于庙门，奏《嘉至》，犹古降神之乐也。皇帝入庙门，奏《永至》，以为行步

---

① 罗昌繁：《论叔孙通儒学入仕实践的意义——兼论司马迁对叔孙通的评价》，《中国文化研究》2015年第3期。
② 范晔：《后汉书》卷三十五《张曹郑列传》，中华书局2005年版第2版，第1203页。
③ 华友根：《叔孙通为汉定礼乐制度及其意义》，《学术月刊》1995年第2期。

之节，犹古《采荠》《肆夏》也。乾豆上，奏《登歌》，独上歌，不以竽弦乱人声，欲在位者遍闻之，犹古《清庙》之歌也。《登歌》再终，下奏《休成》之乐，美神明既飨也。皇帝就酒东厢，坐定，奏《永安》之乐，美礼已成也。又有《房中祠乐》，高祖唐山夫人所作也。周有《房中乐》，至秦名曰《寿人》。凡乐，乐其所生，礼不忘本。高祖乐楚声，故《房中乐》楚声也。孝惠二年，使乐府令夏侯宽备其箫管，更名曰《安世乐》。[①]

叔孙通在秦乐的基础之上，制定出了汉家祭祀用的宗庙礼乐。叔孙通所制之礼乐虽杂糅诸家之说，但却有效地保护、发展了儒家的礼仪制度，并为后世提供了继续斧正的机会。

4. 叔孙通为太常

《汉书·百官公卿表》：汉高祖七年"博士叔孙通为奉常，三年徙为太子太傅"[②]。何为奉常？另有《汉书·百官公卿表》：

奉常，秦官，掌宗庙礼仪，有丞。景帝中六年更名太常。属官有太乐、太祝、太宰、太史、太卜、太医六令丞，又均官、都水两长丞，又诸庙寝园食官令长丞，有雍太宰、太祝令丞，五畤各一尉。又博士及诸陵县皆属焉。景帝中六年更名太祝为祠祀，武帝太初元年更曰庙祀，初置太卜。[③]

叔孙通以"儒术干世主"，掌握了汉帝国的宗庙礼仪。

5. 贾谊生

胡澍所著《贾谊生卒年考订》、田宜弘所著《贾谊生卒年及其名赋作年

---

① 班固：《汉书》卷二十二《礼乐志》，中华书局 1962 年版，第 1043 页。
② 班固：《汉书》卷十九下《百官公卿表》，中华书局 1962 年版，第 747—748 页。
③ 班固：《汉书》卷十九上《百官公卿表》，中华书局 1962 年版，第 726 页。

考》等文对《史记》《汉书》《贾太傅年谱》《贾子年谱》《中国哲学史》《中国哲学史稿》等文献考订后认为,贾谊生于汉高祖七年,卒于文帝十二年。

6. 晁错生

按谢巍《历代人物年谱考录》、吴文治《中国文学史大事年表》考订,晁错生于汉高祖七年。

7. 公孙弘生

《史记·平津侯主父列传》:

> 元狩二年,弘病,竟以丞相终。子度嗣为平津侯。度为山阳太守十余岁,坐法失侯。[1]

又《汉书·公孙弘卜式兒宽传》:公孙弘"凡为丞相御史六岁,年八十,终丞相位。"[2]由此可断,公孙弘生于汉高祖七年。

---

[1]　司马迁:《史记》卷一百一十二《平津侯主父列传》,中华书局1959年版,第2953页。
[2]　班固:《汉书》卷五十八《公孙弘卜式兒宽传》,中华书局1962年版,第2623页。

汉高祖八年　公元前199年

1.汉高祖立灵星祠祭祀后稷

《史记·封禅书》：

其后二岁，或曰周兴而邑邰，立后稷之祠，至今血食天下。于是高祖制诏御史："其令郡国县立灵星祠，常以岁时祠以牛。"[1]

立后稷之祠，体现了汉家王朝对于农业生产的重视。

---

[1]　司马迁：《史记》卷二十八《封禅书》，中华书局1959年版，第1380页。

汉高祖九年　公元前 198 年

1. 叔孙通迁太子太傅

《史记·刘敬叔孙通列传》："汉九年，高帝徙叔孙通为太子太傅。"另有《汉书·百官公卿表》："太子太傅、少傅，古官。属官有太子门大夫、庶子、先马、舍人。"叔孙通被任命为"太子太傅"，儒学已被汉家所认可、重视。再《史记·留侯世家》："是时叔孙通为太傅，留侯行少傅事。"留侯张良以道学立身，道家思想在汉初有着较大的影响力，刘邦更是儒、道兼采，合而用之。

2. 张苍明习天下图书计籍

《史记·张丞相列传》：

> 是时萧何为相国，而张苍乃自秦时为柱下史，明习天下图书计籍。苍又善用算律历，故令苍以列侯居相府，领主郡国上计者。①

王金玉考辨后在《明习天下图书计籍的张苍》一文中指出："张苍为秦国柱下史，了解、熟悉秦王朝中央机密档案，'明者'，'知微曰明'，习者，熟悉精通。图书指地图、书籍。计籍指计簿，即会计簿册之类，包括赋税、户籍、名籍。由此观之，张苍对全国各个郡县的文书档案了如指掌。"张苍虽为秦之旧臣，但对于汉初政权的建设不可或缺。

---

① 司马迁：《史记》卷九十六《张丞相列传》，中华书局 1959 年版，第 2676 页。

汉高祖十年　公元前 197 年

1. 诸侯王来朝

《史记·高祖本纪》：

> 十年十月，淮南王黥布、梁王彭越、燕王卢绾、荆王刘贾、楚王刘交、齐王刘肥、长沙王吴芮皆来朝长乐宫。春夏无事。[①]

西汉初，政府的相关政策运用得当，国家政权稳定，诸侯王与中央政权相安无事。

2. 周昌为赵相

《汉书·张周赵任申屠传》：

> 周昌者，沛人也。其从兄苛，秦时皆为泗水卒史。及高祖起沛，击破泗水守监，于是苛、昌以卒史从沛公，沛公以昌为职志，苛为客。从入关破秦。沛公立为汉王，以苛为御史大夫，昌为中尉。[②]

周昌是刘邦起兵的旧臣。

---

① 司马迁：《史记》卷八《高祖本纪》，中华书局 1959 年版，第 387 页。
② 班固：《汉书》卷四十二《张周赵任申屠传》，中华书局 1962 年版，第 2094 页。

是岁，戚姬子如意为赵王，年十岁，高祖忧万岁之后不全也。……高祖曰："吾极知其左迁，然吾私忧赵，念非公无可者。公不得已强行！"于是徙御史大夫昌为赵相。①

虽有周昌辅佐，但赵王并没有善终。

高祖崩，太后使使召赵王，其相昌令王称疾不行。使者三反，昌曰："高帝属臣赵王，王年少，窃闻太后怨戚夫人，欲召赵王并诛之。臣不敢遣王，王且亦疾，不能奉诏。"太后怒，乃使使召赵相。相至，谒太后，太后骂昌曰："尔不知我之怨戚氏乎？而不遣赵王！"昌既被征，高后使使召赵王。王果来，至长安月余，见鸩杀。昌谢病不朝见，三岁而薨，谥曰悼侯。②

平定天下，但汉王朝内部的政治斗争极其残酷。

---

① 班固：《汉书》卷四十二《张周赵任申屠传》，中华书局 1962 年版，第 2096 页。
② 班固：《汉书》卷四十二《张周赵任申屠传》，中华书局 1962 年版，第 2097 页。

汉高祖十一年　公元前196年

1. 汉高祖求贤

《汉书·高帝纪》：

> 二月，诏曰："欲省赋甚。今献未有程，吏或多赋以为献，而诸侯王尤多，民疾之。令诸侯王、通侯常以十月朝献，及郡各以其口数率，人岁六十三钱，以给献费。"又曰："盖闻王者莫高于周文，伯者莫高于齐桓，皆待贤人而成名。今天下贤者智能岂特古之人乎？患在人主不交故也，士奚由进！今吾以天之灵，贤士大夫定有天下，以为一家，欲其长久，世世奉宗庙亡绝也。贤人已与我共平之矣，而不与吾共安利之，可乎？贤士大夫有肯从我游者，吾能尊显之。布告天下，使明知朕意。御史大夫昌下相国，相国酂侯下诸侯王，御史中执法下郡守，其有意称明德者，必身劝，为之驾，遣诣相国府，署行、义、年。有而弗言，觉，免。年老癃病，勿遣。"①

经过了多年的楚汉战争，刘邦渐渐认识到了人才的重要性，并形成了以"谦虚"与"实事求是"为核心的人才理论②，在治国理政中继续求贤若渴。

---

① 班固：《汉书》卷一下《高帝纪》，中华书局1962年版，第70—71页。
② 汪子扬：《刘邦早期人才思想》，《成都大学学报(社会科学版)》1992年第3期。

2. 陆贾著《新语》

《史记·郦生陆贾列传》：

> 陆贾者，楚人也。以客从高祖定天下，名为有口辩士，居左右，常使诸侯。……陆生时时前说称诗书。高帝骂之曰："乃公居马上而得之，安事诗书！"陆生曰："居马上得之，宁可以马上治之乎？且汤武逆取而以顺守之，文武并用，长久之术也。昔者吴王夫差、智伯极武而亡；秦任刑法不变，卒灭赵氏。乡使秦已并天下，行仁义，法先圣，陛下安得而有之？"高帝不怿而有惭色，乃谓陆生曰："试为我著秦所以失天下，吾所以得之者何，及古成败之国。"陆生乃粗述存亡之征，凡著十二篇。每奏一篇，高帝未尝不称善，左右呼万岁，号其书曰"新语"。①

"陆贾初为汉高祖刘邦的门下客，曾任太中大夫。在吕后掌权期间，被免家居，为陈平等人出谋除诸吕。孝文帝刘恒当权时又重任太中大夫。他曾先后两次出使南越说服赵佗归汉。"②就《新语》一书而言，《四库全书总目·子部·儒家类》认为："今但其书论之，则大旨皆崇王道、黜霸术，归本于修身用人。其称引《老子》者，惟《思务篇》引'上德不德'一语，余皆以孔氏为宗。所援多《春秋》《论语》之文。汉儒自董仲舒外，未有如是之醇正也。"刘邦不希望恢复秦代严酷的法家体制，而以"仁义"为宗旨的《新语》，则为刘邦提供了重要的借鉴经验。与叔孙通制礼一样，陆贾著《新语》是儒学史上的重大事件，进一步推动了儒学的复兴。

---

① 司马迁：《史记》卷九十七《郦生陆贾列传》，中华书局1959年版，第2697—2699页。
② 刘建国：《中国哲学史史料学概要》，吉林人民出版社1983年版，第235页。

汉高祖十二年　公元前 195 年

1. 刘邦以太牢祠孔子

《史记·孔子世家》：

> 孔子葬鲁城北泗上，弟子皆服三年。三年心丧毕，相诀而去，则哭，各复尽哀；或复留。唯子赣庐于冢上，凡六年，然后去。弟子及鲁人往从冢而家者百有余室，因命曰孔里。鲁世世相传以岁时奉祠孔子冢，而诸儒亦讲礼乡饮大射于孔子冢。孔子冢大一顷。故所居堂、弟子内，后世因庙，藏孔子衣冠琴车书，至于汉二百余年不绝。高皇帝过鲁，以太牢祠焉。诸侯卿相至，常先谒然后从政。[1]

另《汉书·高帝纪》：

> （高祖）十二年……十一月，行自淮南还。过鲁，以大牢祠孔子。[2]

　　"刘邦祭孔，迎合了当时社会的崇儒之风，其根本原因是刘邦懂得了和亲身体验到儒术、儒士对于保住自己的皇冠、巩固封建统治的重要性，不仅自己要尊重儒家，而且还要手下的臣民百姓也能够仿而效之，为此他不惜身体力行，以具体的尊孔行动向世人宣告自己对儒教之尊重。"[3]刘

---

[1]　司马迁：《史记》卷四十七《孔子世家》，中华书局 1959 年版，第 1945—1946 页。
[2]　班固：《汉书》卷一下《高帝纪》，中华书局 1962 年版，第 76 页。
[3]　胡一华：《刘邦重儒论》，《丽水师专学报》1985 年第 1 期。

邦开帝王祭祀孔子之先河,既反映出儒学地位的提升,又为儒学在汉代的独尊埋下了伏笔。

2. 刘邦卒于长乐宫

《史记·高祖本纪》:"四月甲辰,高祖崩长乐宫。"另《汉书·高帝纪》:

> 初,高祖不修文学,而性明达,好谋,能听,自监门戍卒,见之如旧。初顺民心作三章之约。天下既定,命萧何次律令,韩信申军法,张苍定章程,叔孙通制礼仪,陆贾造《新语》。又与功臣剖符作誓,丹书铁契,金匮石室,藏之宗庙。虽日不暇给,规摹弘远矣。[①]

刘邦起初虽溲溺儒冠,但随后命叔孙通制礼、陆贾造《新语》,并亲祠孔子,儒学在刘邦治世期间得到了长足的发展,并逐渐登上历史舞台。

3. 申培见高祖

《史记·儒林列传》:"申公者,鲁人也。高祖过鲁,申公以弟子从师入见高祖于鲁南宫。"另《汉书·儒林传》:"汉兴,高祖过鲁,申公以弟子从师入见于鲁南宫。"

申培是汉初著名的儒家学者,更是今文经鲁诗学派的开创者,其与刘邦会见,有利于儒学在西汉的传播。

4. 叔孙通定宗庙仪法

《史记·刘敬叔孙通列传》:

> 高帝崩,孝惠即位,乃谓叔孙生曰:"先帝园陵寝庙,群臣莫习。"

---

① 班固:《汉书》卷一下《高帝纪》,中华书局1962年版,第80—81页。

徙为太常，定宗庙仪法。及稍定汉诸仪法，皆叔孙生为太常所论著也。[1]

　　高祖的园陵寝庙如何祭奠，百官均不熟悉，唯叔孙通知晓其礼法，但叔孙通所定的宗庙仪法，《史记》《汉书》均未有明确记载。"秦纳六国礼仪，已经不合圣制。叔孙通虽然'增益减损'，但'大抵皆袭秦故'、'少所变改'皆说明叔孙通制礼并非随意独创，而是多继承秦礼。而秦礼乃是选择六国的合理礼仪而杂糅之礼，虽与周公旧礼有异，却利于治国，叔孙通用之也可。"[2]叔孙通所定的宗庙仪法是有章可循的，而且，华友根在《叔孙通为汉定礼乐制度及其意义》一文中，以叔孙通上疏惠帝禁止侵犯高祖宗庙之道，以及叔孙通主张"诸果之献"为例，论证了叔孙通所定之宗庙仪法是非常严厉的。

① 司马迁：《史记》卷九十九《刘敬叔孙通列传》，中华书局 1959 年版，第 2725 页。
② 罗昌繁：《论叔孙通儒学入仕实践的意义——兼论司马迁对叔孙通的评价》，《中国文化研究》2015 年第 3 期。

汉惠帝二年　公元前 193 年

1. 曹参以黄老之术治国

《史记·曹相国世家》：

> 惠帝二年，萧何卒。参闻之，告舍人趣治行，"吾将入相"。居无何，使者果召参。参去，属其后相曰："以齐狱市为寄，慎勿扰也。"后相曰："治无大于此者乎？"参曰："不然。夫狱市者，所以并容也，今君扰之，奸人安所容也？吾是以先之。"……参代何为汉相国，举事无所变更，一遵萧何约束。择郡国吏木讷于文辞，重厚长者，即召除为丞相史。吏之言文刻深，欲务声名者，辄斥去之。日夜饮醇酒。卿大夫已下吏及宾客见参不事事，来者皆欲有言。至者，参辄饮以醇酒，闲之，欲有所言，复饮之，醉而后去，终莫得开说，以为常。……惠帝怪相国不治事……参曰："陛下言之是也。且高帝与萧何定天下，法令既明，今陛下垂拱，参等守职，遵而勿失，不亦可乎？"惠帝曰："善。君休矣！"参为汉相国，出入三年。卒，谥懿侯。子窋代侯。百姓歌之曰："萧何为法，顜若画一；曹参代之，守而勿失。其清净，民以宁一。"①

黄老之学主张"清静自定"，与民休息，有利于汉初社会经济的恢复、民众的休养生息，是当时重要的治世思想。

---

① 司马迁：《史记》卷五十四《曹相国世家》，中华书局 1959 年版，第 2029—2031 页。

汉惠帝四年　公元前191年

1.举孝悌力田

《汉书·惠帝纪》：

> 四年春正月,举民孝悌力田者复其身。[1]

孝即恭顺父母,悌即尊爱兄长,"孝悌"体现了父慈、子孝、兄友、弟恭的伦理观念。而"力田"则是指注重农业生产。"复其身"即免除本人的徭役。举孝悌力田是置"三老"的继续与发展,意在通过教化来稳定社会秩序,高后、文帝、景帝、武帝等都非常重视"孝悌力田"。

2.除"挟书律"

《汉书·惠帝纪》：

> 三月甲子,皇帝冠,赦天下。省法令妨吏民者,除挟书律。[2]

颜师古《汉书注》引应劭曰："挟,藏也。"又引张晏曰："秦律敢有挟书者族。"

《汉书·艺文志》：

---

[1] 班固:《汉书》卷二《惠帝纪》,中华书局1962年版,第90页。
[2] 班固:《汉书》卷二《惠帝纪》,中华书局1962年版,第90页。

至秦患之，乃燔灭文章，以愚黔首。汉兴，改秦之败，大收篇籍，广开献书之路。①

"刘邦初建汉朝，承秦灭学之后，学术凋敝，'敢有挟书者族'的秦律影响依然存在。刘邦本人轻视学术，虽然有'萧何次律令，韩信申军法，张苍为章程，叔孙通定礼仪'，但都只是应付实际事务的需要。惠帝四年，废挟书之律，学术从此渐渐复苏。"②废除"挟书律"意义重大，其既是汉帝国对于文化体系的重新构建，又使得民间开始有了儒家经典的传授。

3. 伏生传《尚书》

《史记·儒林列传》：

伏生者，济南人也。故为秦博士。孝文帝时，欲求能治《尚书》者，天下无有，乃闻伏生能治，欲召之。是时伏生年九十余，老，不能行，于是乃诏太常使掌故朝错往受之。秦时焚书，伏生壁藏之。其后兵大起，流亡，汉定，伏生求其书，亡数十篇，独得二十九篇，即以教于齐鲁之间。学者由是颇能言《尚书》，诸山东大师无不涉《尚书》以教矣。③

伏生传《尚书》使儒学的受众群体不断扩大，彰显了儒学强大的生命力。而且，随着儒家经典的持续传授，儒学逐渐突破了地域的限制，开始向齐鲁之外的地区传播。

4. 颜贞出《孝经》

《经典释文·叙录》：

---

① 班固：《汉书》卷三十《艺文志》，中华书局 1962 年版，第 1701 页。
② 王铁：《汉代学术史》，华东师范大学出版社 1995 年版，第 1 页。
③ 司马迁：《史记》卷一百二十一《儒林列传》，中华书局 1959 年版，第 3124—3125 页。

《孝经》者,孔子为弟子曾参说孝道,因明天子庶人五等之孝,事亲之法。亦遭焚烬。河间人颜芝为秦禁藏之。汉氏尊学,芝子贞出之,是为今文。①

颜贞出《孝经》之确切系年不可考,以惠帝四年废"挟书律"诸经始传授为依。学术界一般认为《孝经》成书于先秦,以论述孝道为主。汉初,《孝经》分为古文、今文两种。颜贞所出之《孝经》用当时的隶书书写,称为今文《孝经》。随着《孝经》的不断传播,孝道对于帝王、贵族、官宦,以及普通百姓的影响日益深远,"孝"也逐渐成为中华优秀传统文化的核心理念之一。

---

① 陆德明撰,吴承仕疏证:《经典释文序录疏证》,中华书局 2008 年版,第 118 页。

汉惠帝五年　公元前190年

1. 曹参卒

《史记·曹相国世家》：

> 惠帝二年，萧何卒。参闻之，告舍人趣治行，"吾将入相"。……参代何为汉相国，举事无所变更，一遵萧何约束。……参为汉相国，出入三年。卒，谥懿侯。子窋代侯。百姓歌之曰："萧何为法，颟若画一；曹参代之，守而勿失。其清净，民以宁一。"①

曹参是汉初著名的政治家，刘邦忠实的追随者，在三年的反秦战争、四年的楚汉战争中立下了赫赫战功。西汉建立后，曹参为齐国国相九年、大汉国相三年，以"黄老之术"治世，而天下大治。曹参虽不是"黄老之学"的首创之人，但却是"黄老之术"的坚定拥护者，并将黄老之治由齐地推广到全国，确保了汉初政权的平稳过渡，以及社会的长治久安。司马迁赞之"参为汉相国，清静极言合道。然百姓离秦之酷后，参与休息无为，故天下俱称其美矣"②。

---

① 司马迁：《史记》卷五十四《曹相国世家》，中华书局1959年版，第2029—2031页。
② 司马迁：《史记》卷五十四《曹相国世家》，中华书局1959年版，第2031页。

汉惠帝六年　公元前 189 年

1. 陈平为左丞相

《汉书·张陈王周传》：

> 惠帝五年，相国曹参薨，安国侯王陵为右丞相，平为左丞相。[1]

陈平能够被司马迁编入《世家》（仅陈胜、萧何、曹参、张良、陈平、周勃等六人），不仅因为其是大汉的丞相，更为重要的是，"吕太后多立诸吕为王，平伪听之。及吕太后崩，平与太尉勃合谋，卒诛诸吕，立文帝，平本谋也"[2]。陈平确保了汉初政权的平稳过渡，维护了国家统一。

---

[1]　班固：《汉书》卷四十《张陈王周传》，中华书局 1962 年版，第 2046 页。

[2]　班固：《汉书》卷四十《张陈王周传》，中华书局 1962 年版，第 2048 页。

汉惠帝七年　公元前188年

1. 惠帝卒

《汉书·惠帝纪》：

(七年)秋八月戊寅，帝崩于未央宫。九月辛丑，葬安陵。[①]

惠帝十六岁继位，在位仅七年。惠帝执政期间，政令虽皆出于吕后，但在政治上推行仁政，仁爱众人；经济上轻徭薄役，与民休息；在文化上，废除了秦朝的诸多弊政，广开言路。

2. 弛困辱商贾之律

《史记·平准书》：

天下已平，高祖乃令贾人不得衣丝乘车，重租税以困辱之。孝惠、高后时，为天下初定，复弛商贾之律，然市井之子孙亦不得仕宦为吏。[②]

秦朝任法重刑，重农抑商。刘邦承秦制，对商人施以重税，惠帝之时，以无为之术治国，"刑罚用稀"、减轻赋税，故弛困辱商贾之律，商人财富日

---

① 班固：《汉书》卷二《惠帝纪》，中华书局1962年版，第92页。

② 司马迁：《史记》卷三十《平准书》，中华书局1959年版，第1418页。

隆,但同样引发了一系列的社会问题。

3. 孔鲋弟子襄为博士

《史记·孔子世家》:

> (孔)鲋弟子襄,年五十七,尝为孝惠皇帝博士,迁为长沙太守。[1]

另《汉书·匡张孔马传》:

> (孔)鲋弟子襄为孝惠博士,长沙太傅。[2]

泷川资言在《史记会注考证》中认为"太守"当为"太傅"。此事无确切纪年,从《中国学术思想编年·秦汉卷》惠帝七年之说。随着儒学地位的不断提升,儒者渐渐步入政治舞台,但是,"孝惠、高后时,公卿皆武力功臣。孝文时颇登用,然孝文本好刑名之言。及至孝景,不任儒,窦太后又好黄老术,故诸博士具官待问,未有进者"[3]。直到"窦太后崩,武安君田蚡为丞相,黜黄老、刑名百家之言,延文学儒者以百数,而公孙弘以治《春秋》为丞相,封侯,天下学士靡然乡风矣"[4],儒者才真正地成为政治舞台的主角。

---

① 司马迁:《史记》卷四十七《孔子世家》,中华书局 1959 年版,第 1947 页。
② 班固:《汉书》卷八十一《匡张孔马传》,中华书局 1962 年版,第 3352 页。
③ 班固:《汉书》卷八十八《儒林传》,中华书局 1962 年版,第 3592 页。
④ 班固:《汉书》卷八十八《儒林传》,中华书局 1962 年版,第 3593 页。

高皇后元年　公元前 187 年

1. 申培游学长安

《史记·儒林列传》：

> 吕太后时，申公游学长安，与刘郢同师。①

《汉书·儒林传》：

> 吕太后时，浮丘伯在长安，楚元王遣子郢与申公俱卒学。②

另《汉书·楚元王传》：

> 高后时，浮丘伯在长安，元王遣子郢客与申公俱卒业。③

《汉书·楚元王传》："高后时，以元王子郢客为宗正，封上邳侯。"另《汉书·百官公卿表》："（高后二年）上邳侯刘郢客为宗正。"刘汝霖以此认为，刘郢客初至长安求学当在此前，故系于此。④　今从刘说。申培之《鲁诗》、辕固之《齐诗》、韩婴之《韩诗》、毛亨之《毛诗》，四家之中，《鲁诗》最盛。左红涛在对王国维《汉魏博士题名考》、刘师培《经学教科书》、王治心

---

① 司马迁：《史记》卷一百二十一《儒林列传》，中华书局 1959 年版，第 3120 页。
② 班固：《汉书》卷八十八《儒林传》，中华书局 1962 年版，第 3608 页。
③ 班固：《汉书》卷三十六《楚元王传》，中华书局 1962 年版，第 1922 页。
④ 刘汝霖：《汉晋学术编年》卷一，中华书局 1987 年版，第 35 页。

《中国学术体系》等考辨后，论证出了《鲁诗》的传授谱系（西汉）：

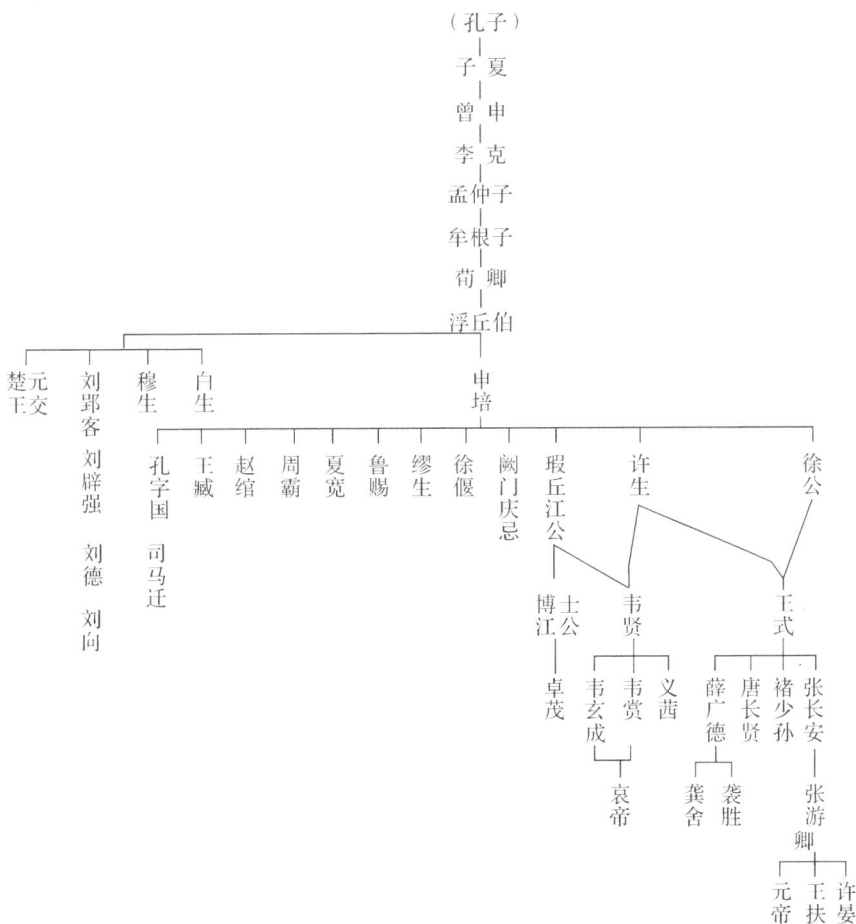

```
（孔子）
   │
  子夏
   │
  曾申
   │
  李克
   │
  孟仲子
   │
  牟根子
   │
  荀卿
   │
  浮丘伯
   │
┌────┬────┬────┬──────────────────────────────┐
楚元  刘郢  穆生  白          申培
王交  客         生
     刘辟强                    │
           ┌────┬────┬────┬────┬────┬────┬────┬────┬────┬──────────┬──────────┐
     刘德  孔字国  王臧  赵绾  周霸  夏宽  鲁赐  缪生  徐偃  阙门庆忌  瑕丘江公    许生        徐公
     刘向   司马迁                                                      │
                                                                     博士         韦贤        王式
                                                                     江公          │           │
                                                                      │      ┌──┬──┬──┐   ┌──┬──┬──┬──┐
                                                                     卓茂   韦玄成 韦赏 义茜 薛广德 唐长宾 褚少孙 张长安
                                                                             │                │    │         │
                                                                            哀帝              龚舍  袭胜       张游卿
                                                                                                            │
                                                                                                       ┌──┬──┐
                                                                                                      元帝 王扶 许晏
```

左洪涛还认为：“在《鲁诗》的传授系统中，申培是最重要的人物，他把《鲁诗》发扬光大，使《鲁诗》成为当时今文经中最重要的显学，更是三家诗中最强盛的一派。”①

①　左洪涛：《〈诗经〉之〈鲁诗〉传授考》，《山东师范大学学报（人文社会科学版）》2003 年第 2 期。

高皇后二年　公元前 186 年

1. 张良卒

《史记·留侯世家》：

> 汉十二年，上从击破布军归，疾益甚，愈欲易太子。留侯谏，不听，因疾不视事。叔孙太傅称说引古今，以死争太子。上详许之，犹欲易之。及燕，置酒，太子侍。四人从太子，年皆八十有余，须眉皓白，衣冠甚伟。……四人为寿已毕，趋去。上目送之，召戚夫人指示四人者曰："我欲易之，彼四人辅之，羽翼已成，难动矣。吕后真而主矣。"……竟不易太子者，留侯本招此四人之力也。……留侯从上击代，出奇计马邑下，及立萧何相国，所与上从容言天下事甚众，非天下所以存亡，故不著。留侯乃称曰："家世相韩，及韩灭，不爱万金之资，为韩仇强秦，天下振动。今以三寸舌为帝者师，封万户，位列侯，此布衣之极，于良足矣。原弃人间事，欲从赤松子游耳。"乃学辟谷，道引轻身。……后八年卒，谥为文成侯。[①]

《汉书·张陈王周传》：

> 汉十二年，上从破布归……上阳许之，犹欲易之。及晏，置酒，太子侍。四人者从太子，年皆八十有余，须眉皓白，衣冠甚伟。……四人为寿已毕，趋去。上目送之，召戚夫人指视曰："我欲易之，彼四人

---

① 司马迁：《史记》卷五十五《留侯世家》，中华书局 1959 年版，第 2046—2048 页。

为之辅,羽翼已成,难动矣。吕氏真乃主矣。"……竟不易太子者,良本招此四人之力也。……良从上击代,出奇计下马邑,及立萧相国,所与从容言天下事甚众,非天下所以存亡,故不著。良乃称曰:"家世相韩,及韩灭,不爱万金之资,为韩报仇强秦,天下震动。今以三寸舌为帝者师,封万户,位列侯,此布衣之极,于良足矣。愿弃人间事,欲从赤松子游耳。"乃学道,欲轻举。……后六岁薨,谥曰文成侯。①

张良是汉初著名的政治家,辅佐刘邦争夺天下,汉初三杰之一。

---

① 班固:《汉书》卷四十《张陈王周传》,中华书局 1962 年版,第 2035—2037 页。

高皇后七年　公元前 181 年

1. 陆贾、陈平等谋除诸吕

《史记·郦生陆贾列传》：

　　孝惠帝时，吕太后用事，欲王诸吕，畏大臣有口者，陆生自度不能争之，乃病免家居。……吕太后时，王诸吕，诸吕擅权，欲劫少主，危刘氏。右丞相陈平患之，力不能争，恐祸及己，常燕居深念。陆生往请，直入坐，而陈丞相方深念，不时见陆生。陆生曰："何念之深也？"陈平曰："生揣我何念？"陆生曰："足下位为上相，食三万户侯，可谓极富贵无欲矣。然有忧念，不过患诸吕、少主耳。"陈平曰："然。为之奈何？"陆生曰："天下安，注意相；天下危，注意将。将相和调，则士务附；士务附，天下虽有变，即权不分。为社稷计，在两君掌握耳。臣常欲谓太尉绛侯，绛侯与我戏，易吾言。君何不交欢太尉，深相结？"为陈平画吕氏数事。陈平用其计，乃以五百金为绛侯寿，厚具乐饮；太尉亦报如之。此两人深相结，则吕氏谋益衰。陈平乃以奴婢百人，车马五十乘，钱五百万，遗陆生为饮食费。陆生以此游汉廷公卿间，名声藉甚。及诛诸吕，立孝文帝，陆生颇有力焉。[①]

　　陆贾审时度势，以天下为己任，联合陈平，并为其出谋划策铲除了吕氏集团，成为影响汉初政治走向的重要人物。不仅如此，陆贾著《新

---

① 司马迁：《史记》卷九十七《郦生陆贾列传》，中华书局 1959 年版，第 2699—2701 页。

语》为刘邦提供治世经验，出使南越说服赵佗称臣，真正将"行仁义，法先圣，礼法结合，无为而治"的理念践行于天下，为后世史学家所称道。

汉文帝元年　公元前 179 年

1. 尊高年

《史记·孝文本纪》：

> 三月……上为立后故，赐天下鳏寡孤独穷困及年八十已上孤儿九岁已下布帛米肉各有数。[1]

另《汉书·文帝纪》：

> 诏曰："方春和时，草木群生之物皆有以自乐，而吾百姓鳏寡孤独穷困之人或阽于死亡，而莫之省忧，为民父母将何如？其议所以振贷之。"又曰："老者非帛不暖，岁非肉不饱。今首，不时使人存问长老，又无布帛酒肉之赐，将何以佐天下子孙孝养其亲？今闻吏禀当受鬻者，或以陈粟，岂称养老之意哉！具为令。"有司请令县道，年八十已上，赐米人月一石，肉二十斤，酒五斗。其九十已上，又赐帛人二疋，絮三斤。赐物及当禀鬻米者，长吏阅视，丞若尉致。不满九十，啬夫、令史致。二千石遣都吏循行，不称者督之。刑者及有罪耐以上，不用此令。[2]

文帝推行的相关养老政策，应是受到了《礼记·礼运》中"大同社会"

---

[1]　司马迁：《史记》卷十《孝文本纪》，中华书局 1959 年版，第 420 页。
[2]　班固：《汉书》卷四《文帝纪》，中华书局 1962 年版，第 113 页。

思想的影响。

2. 贾谊、申培为博士

《史记·屈原贾生列传》：

> 贾生名谊，雒阳人也。年十八，以能诵诗属书闻于郡中。吴廷尉为河南守，闻其秀才，召置门下，甚幸爱。孝文皇帝初立，闻河南守吴公治平为天下第一，故与李斯同邑而常学事焉，乃征为廷尉。廷尉乃言贾生年少，颇通诸子百家之书。文帝召以为博士。是时贾生年二十余，最为少。每诏令议下，诸老先生不能言，贾生尽为之对，人人各如其意所欲出。诸生于是乃以为能不及也。孝文帝说之，超迁，一岁中至太中大夫。[①]

贾谊强调"仁义"，反对法制、无为，是当时著名的儒者。[②] 文帝虽喜好黄老之学，但却看重儒者治世之能力，遂将贾谊召为博士。

申培所传之《鲁诗》在三家诗中影响最大。"弟子为博士十余人，孔安国至临淮太守，周霸胶西内史，夏宽城阳内史，砀鲁赐东海太守，兰陵缪生长沙内史，徐偃胶西中尉，邹人阙门庆忌胶南内史，其治官民皆有廉节，称其好学。学官弟子行虽不备，而至于大夫、郎、掌故以百数。"[③]

3. 张苍传贾谊《左氏传》

《左氏传》为《春秋》三传之一，《左氏传》虽为儒家之正统，但却不像《公羊传》那样强调"大一统"、"尊王攘夷"，《穀梁传》那样强调"宗法礼教"，而是强调"民本"思想，重视史料，所以不被君王所重视。

[①] 司马迁：《史记》卷八十四《屈原贾生列传》，中华书局 1959 年版，第 2491—2492 页。
[②] 张岂之：《中国思想史》，西北大学出版社 1993 年版，第 111—113 页。
[③] 唐晏著，吴东民点校：《两汉三国学案》，中华书局 1986 年版，第 214 页。

4. 贾谊上书论积贮、改正朔

《汉书·食货志》：

> 文帝即位，躬修俭节，思安百姓。时民近战国，皆背本趋末，贾谊
> 说上曰："夫积贮者，天下之大命也。苟粟多而财有余，何为而不成？
> 以攻则取，以守则固，以战则胜。怀敌附远，何招而不至？今殴民而
> 归之农，皆著于本，使天下各食其力，末技游食之民转而缘南亩，则畜
> 积足而人乐其所矣。可以为富安天下，而直为此廪廪也，窃为陛下惜
> 之！"于是上感谊言，始开籍田，躬耕以劝百姓。①

郑杰文、李梅所著《中国学术思想编年》（秦汉卷）通过考辨后认为，贾
谊上书论积贮应在文帝元年，今从之。《新书校注》卷三《瑰玮》："世之俗
侈相耀，人慕其所不知，悚迫于俗，愿其所未至，以相竞高，而上非有制度
也。今虽刑余鬻妾下贱，衣服得过诸侯、拟天子，是使天下公得冒主而夫
人务侈也。"贾谊认为，汉初商人与官吏狼狈为奸，竞为奢靡，败坏了社会
风气，使得道德沦丧，进而上书文帝加强农业生产，归农贮粟。不仅如此，
"贾谊针对西汉初年在经济上所面临的严重危机，从不同角度论述加强积
贮对国计民生的重大意义，它对于维护汉朝的封建统治，促进当时的社会
生产，发展经济，巩固国防，安定人民的生活，都有一定的贡献"②。

汉承秦制，张苍认为秦朝的德运尚未结束，推五德之运，汉朝当属水
德，尚黑，一切遵秦法。周代末期"大为亡道"，秦不仅没有对周末的弊政
进行更化，反而推酷刑、毁礼义、兴杀戮，使王道尽失。而西汉建立之初，
同样没有对秦朝的弊政进行更化，文帝之时，政权逐渐巩固，悉废秦之旧
法，改弦更张成为历史发展的必然，贾谊因此建议，汉家应该废水德，立
土德。

---

① 班固：《汉书》卷二十四上《食货志》，中华书局 1962 年版，第 1127—1130 页。
② 梅新林、俞樟华：《中国学术编年》（两汉卷），华东师范大学出版社 2013 年版，第 61 页。

汉文帝二年　公元前178年

1. 贾山上《至言》

《汉书·贾邹枚路传》：

　　贾山，颍川人也。祖父祛，故魏王时博士弟子也。山受学祛，所言涉猎书记，不能为醇儒。尝给事颍阴侯为骑。孝文时，言治乱之道，借秦为谕，名曰《至言》。其辞曰："臣闻为人臣者，尽忠竭愚，以直谏主，不避死亡之诛者，臣山是也。臣不敢以久远谕，愿借秦以为谕，唯陛下少加意焉。……是以元年膏雨降，五谷登，此天之所以相陛下也。刑轻于它时而犯法者寡，衣食多于前年而盗贼少，此天下之所以顺陛下也。臣闻山东吏布诏令，民虽老羸痿疾，扶杖而往听之，愿少须臾毋死，思见德化之成也。今功业方就，名闻方昭，四方乡风，今从豪俊之臣，方正之士，直与之日日猎射，击兔伐狐，以伤大业，绝天下之望，臣窃悼之。……古者大臣不媟，故君子不常见其齐严之色、肃敬之容。大臣不得与宴游，方正修洁之士不得从射猎，使皆务其方以高其节，则群臣莫敢不正身修行，尽心以称大礼。如此，则陛下之道尊敬，功业施于四海，垂于万世子孙矣。诚不如此，则行日坏而荣日灭矣。夫士修之于家，而坏之于天子之廷，臣窃愍之。"[1]

　　文帝因天象谴告，令群臣上书直言，贾山上《至言》论治道之得失。贾山在上书中，首先表明了自己"舍得一身剐"的精神，不顾自己身份低微之

---

① 班固：《汉书》卷五十一《贾邹枚路传》，中华书局 1962 年版，第 2327—2336 页。

嫌,愿意把自己对国家成败的一些见解坦露在一国之君面前,并从以秦为鉴、重视民力、轻徭薄役,以古为鉴、纳谏用贤,切忌因功骄傲、注重节俭等三个方面阐述了自己对于治国理政的看法。① 贾山的谏言针砭时弊,为文帝提供了很好的治世之鉴,其虽自称非醇儒,但却体现了一位儒士以天下为己任的历史使命感与社会责任感。

2. 诏能言极谏者

《史记·孝文本纪》:

> 十一月晦,日有食之。十二月望,日又食。上曰:"朕闻之,天生蒸民,为之置君以养治之。人主不德,布政不均,则天示之以菑,以诫不治。乃十一月晦,日有食之,适见于天,菑孰大焉! 朕获保宗庙,以微眇之身托于兆民君王之上,天下治乱,在朕一人,唯二三执政犹吾股肱也。朕下不能理育群生,上以累三光之明,其不德大矣。令至,其悉思朕之过失,及知见思之所不及,匄以告朕。及举贤良方正能直言极谏者,以匡朕之不逮。因各饬其任职,务省徭费以便民。朕既不能远德,故悯然念外人之有非,是以设备未息。今纵不能罢边屯戍,而又饬兵厚卫,其罢卫将军军。太仆见马遗财足,余皆以给传置。"②

汉文帝因灾异之事而下诏举贤良、纳直谏。就举贤良而言,有的学者认为,此举是为了广纳人才,虽不具备考试、评比的性质,但却是汉武帝察举制度之开端。③ 有的学者则提出了反对意见,汉文帝诏令中"提到了'举贤良方正能直言极谏者',意思是要求举荐有政治才能、正直等诸方面人才,但这道诏令不是专为推举人才而下达的。由于日食,'相信天示之灾以戒不治',汉文帝才下诏,'其悉思朕之过失,及知见思之不足',也提到了推举贤良事。因此,不能说诏令就是'举贤良'的令,没有颁布专门要求推举人才的诏令"。但是,"汉初,随着秦帝国的覆灭,思想'一统'崩溃,

---

① 王翎:《简评贾山的"至言"篇》,《贵州师范大学学报(社会科学版)》1991年第4期。
② 司马迁:《史记》卷十《孝文本纪》,中华书局1959年版,第422页。
③ 梅新林、俞樟华:《中国学术编年》(两汉卷),华东师范大学出版社2013年版,第60页。

各种学派又重新活跃,推举人才,人才自荐,蔚然成风,诸侯王国也纷纷招致四方游士,所谓'汉兴,诸侯王皆自治聘贤'。这似乎也是战国'养士'的遗风。汉文帝要求举贤良等,显然受了当时风气的影响,当然也是有所需求"①。

日食是汉文帝的招贤纳谏之举的促因,但绝不是根本原因。秦朝的前车之鉴,加之国家百废待兴,文帝的求贤纳谏,不仅仅是受到了当时社会风气的影响,"秦王朝为了强化中央集权,加强对六国旧贵族的控制,极力排除异己,实行高压、专权、闭塞言路的愚民政治,'退诽诱之人,杀直谏之士','亡养老之义,亡辅弼之臣'。所以'居灭绝之中而不自知',最后导致家破国亡。'前车之鉴'给汉初统治者敲了警钟,他们不得不改变策略,实行比较开明的政治。招贤纳谏就是其中重要的一条"②。

---

① 张尚谦:《〈汉书〉记汉文帝举贤良事辨误》,《云南民族大学学报(哲学社会科学版)》2009 年第 3 期。
② 申海田:《论汉文帝招贤纳谏巩固政权的几项措施》,《齐鲁学刊》1988 年第 5 期。

汉文帝四年　公元前176年

1. 张苍为丞相

《史记·张丞相列传》：

（文帝）四年，丞相灌婴卒，张苍为丞相。①

张苍做过秦吏，从跟随刘邦攻取天下，到景帝前元五年去世，其一直活跃于西汉政坛。对于军功并不突出的张苍，为何会担任文帝一朝的丞相？"由于特殊的学术背景与惊人的长寿，张苍不仅贯穿了汉初军功受益阶层由兴至衰的整个过程，也恰好充当了军功受益阶层与儒生之间的内在过渡。与汉初其他军功受益阶层相比，张苍的出身背景及学养有着明显的不同。秦御史的身份不仅意味着他在知识水平上远胜萧何等人，还使他在汉初一系列制度建设中具有绝对权威。然而，与儒生相比，张苍又是不折不扣的军功受益阶层。在思想层面上，张苍无疑更贴近儒生；而在实际处境与利益选择层面上，张苍的经历与地位却决定了他必须与儒生对立。因此，部分具备儒生特质，却又在政治立场、利益选择上与儒生对立的张苍对文帝一朝政治进程的作用与影响巨大。"②文帝时，儒家政治集团的势力不断提升，虽然经历了政权更迭的政治斗争，但军功阶层的势力依旧强大，可见，二者兼采的张苍，是各种政治势力的集合点，以他为相，有利于当时政局的稳定。

---

① 司马迁：《史记》卷九十六《张丞相列传》，中华书局1959年版，第2680页。
② 张倩茹：《张苍免相与西汉文帝朝政局》，《南都学坛》2017年第2期。

汉文帝五年　公元前 175 年

1. 贾山谏除铸钱令

《汉书·贾邹枚路传》：

> 其后文帝除铸钱令,山复上书谏,以为变先帝法,非是。又讼淮南王无大罪,宜急令反国。又言柴唐子为不善,足以戒。章下诘责,对以为:"钱者,亡用器也,而可以易富贵。富贵者,人主之操柄也,令民为之,是与人主共操柄,不可长也。"其言多激切,善指事意,然终不加罚,所以广谏争之路也。其后复禁铸钱云。[1]

另《汉书·文帝纪》：

> (五年)夏四月,除盗铸钱令。更造四铢钱。[2]

贾山谏除铸钱令应在此年。

文帝废除了高祖末年的铸钱令,允许民间自由铸造。贾山上书认为,民间私铸钱币会造成国家权力的下移,不利于统治。废除铸钱令后,的确对各郡县之间的钱币流通造成了不便,而且不法商人在铸币时添加铁、铅等贱金属,造成了"市肆异用,钱文大乱"。

---

① 班固:《汉书》卷五十一《贾邹枚路传》,中华书局 1962 年版,第 2337 页。
② 班固:《汉书》卷四《文帝纪》,中华书局 1962 年版,第 121 页。

汉文帝六年 公元前174年

1.贾谊上《治安策》

《汉书·贾谊传》：

是时，匈奴强，侵边。天下初定，制度疏阔。诸侯王僭拟，地过古制，淮南、济北王皆为逆诛。谊数上疏陈政事，多所欲匡建，其大略曰："臣窃惟事势，可为痛哭者一，可为流涕者二，可为长太息者六，若其它背理而伤道者，难遍以疏举。进言者皆曰天下已安已治矣，臣独以为未也。曰安且治者，非愚则谀，皆非事实知治乱之体者也。夫抱火厝之积薪之下而寝其上，火未及燃，因谓之安，方今之势，何以异此！本末舛逆，首尾衡决，国制抢攘，非甚有纪，胡可谓治！陛下何不壹令臣得孰数之于前，因陈治安之策，试详择焉！……夫树国固必相疑之势，下数被其殃，上数爽其忧，甚非所以安上而全下也。今或亲弟谋为东帝，亲兄之子西乡而击，今吴又见告矣。天子春秋鼎盛，行义未过，德泽有加焉，犹尚如是，况莫大诸侯，权力且十此者乎！然而天下少安，何也？大国之王幼弱未壮，汉之所置傅相方握其事。数年之后，诸侯之王大抵皆冠，血气方刚，汉之傅相称病而赐罢，彼自丞尉以上偏置私人，如此，有异淮南、济北为之邪！此时而欲为治安，虽尧舜不治。……高皇帝以明圣威武即天子位，割膏腴之地以王诸公，多者百余城，少者乃三四十县，德至渥也，然其后十年之间，反者九起。陛下之与诸公，非亲角材而臣之也，又非身封王之也，自高皇帝不能以是一岁为安，故臣知陛下之不能也。然尚有可诿者，曰疏，臣请试言其亲者。假令悼惠王王齐，元王王楚，中子王赵，幽王王淮阳，共王

50

王梁，灵王王燕，厉王王淮南，六七贵人皆亡恙，当是时陛下即位，能为治乎？臣又知陛下之不能也。若此诸王，虽名为臣，实皆有布衣昆弟之心，虑亡不帝制而天子自为者。……欲天下之治安，莫若众建诸侯而少其力。力少则易使以义，国小则亡邪心。令海内之势如身之使臂，臂之使指，莫不制从，诸侯之君不敢有异心，辐凑并进而归命天子，虽在细民，且知其安，故天下咸知陛下之明。……天下之势方倒县。凡天子者，天下之首，何也？上也。蛮夷者，天下之足，何也？下也。今匈奴嫚侮侵掠，至不敬也，为天下患，至亡已也，而汉岁致金絮采缯以奉之。夷狄征令，是主上之操也；天子共贡，是臣下之礼也。足反居上，首顾居下，倒县如此，莫之能解，犹为国有人乎？非直倒县而已，又类辟，且病痏。夫辟者一面病，痏者一方痛。今西边北边之郡，虽有长爵不轻得复，五尺以上不轻得息，斥候望烽燧不得卧，将吏被介胄而睡，臣故曰一方病矣。医能治之，而上不使，可为流涕者此也。……人主之所积，在其取舍。以礼义治之者，积礼义；以刑罚治之者，积刑罚。刑罚积而民怨背，礼义积而民和亲。故世主欲民之善同，而所以使民善者或异。或道之以德教，或驱之以法令。道之以德教者，德教洽而民气乐；驱之以法令者，法令极而民风哀。哀乐之感，祸福之应也。……顾行而忘利，守节而仗义，故可以托不御之权，可以寄六尺之孤。此厉廉耻行礼谊之所致也，主上何丧焉！此之不为，而顾彼之久行，故曰可为长太息者此也。"[1]

《资治通鉴》卷一四将贾谊上《治安策》的时间定于此年，今从之。文帝时期，诸侯尾大不掉，匈奴侵扰边境，社会风气奢靡，纲常伦理混乱，社会危机一触即发。贾谊上《治安策》为解决上述问题进言献策。"通过一痛哭、二流涕、六太息（实则三太息），讨论了藩国问题、汉匈关系、民本、太子教育及礼治等问题，基本涵盖了贾谊所处时代面临的挑战。通过分析贾谊所提出的这几大问题，可以完全看到贾谊对时势把握十分透彻，深中汉初时弊，而他的同代及后代人也基本上沿着他提出的问题提出了自己

① 班固：《汉书》卷四十八《贾谊传》，中华书局 1962 年版，第 2230—2243 页。

的解决之道,也奠定了他在儒教形成中的地位。"①

　　此外,在《治安策》中贾谊极为强调道德建设的重要性。"贾谊认为,国家的安危如同器物一样,置于危险的境地就危险,置于安全的境地就安全,关键在于君王如何进行治理,采用什么样的治国方针。如果忽视道德建设,放弃德教,迷信并单纯地运用法令刑罚等强制性手段解决社会矛盾,而且运用得过分,国家就危险;反之,在解决社会问题时,如果在充分发挥法令刑罚等强制性手段的作用的同时,高度重视德教,加强社会的道德建设,国家就安全。……贾谊特别向汉文帝强调了加强德教和道德建设的重要性。他说,维护社会正常运转,确保国家安定的道德规范和典章制度不会随社会的变迁和国家的统一而自然地形成,而必须由朝廷依靠国家的力量努力进行创立。"②贾谊以一个儒者的身份来审视文帝一朝的诸多问题,并以儒法兼采的方式讨论治安之策。

---

① 赵常伟:《贾谊〈治安策〉研究》,云南大学 2010 年硕士学位论文,第 3 页。
② 黄圣周:《礼义积而民和亲德教洽而民气乐——读贾谊〈治安策〉札记》,《咸宁学院学报》2005年第 1 期。

汉文帝八年　公元前172年

1. 晁错学《尚书》

《史记·袁盎晁错列传》：

> 晁错者，颍川人也。学申商刑名于轵张恢先所，与雒阳宋孟及刘礼同师。以文学为太常掌故。错为人峭直刻深。孝文帝时，天下无治《尚书》者，独闻济南伏生故秦博士，治《尚书》，年九十余，老不可征，乃诏太常使人往受之。太常遣错受《尚书》伏生所。还，因上便宜事，以《书》称说。诏以为太子舍人、门大夫、家令。以其辩得幸太子，太子家号曰"智囊"。数上书孝文时，言削诸侯事，及法令可更定者。书数十上，孝文不听，然奇其材，迁为中大夫。①

《中国学术思想编年》（秦汉卷）通过考辨后认为，晁错学《尚书》时间为文帝八年，今从之。很多学者认为，汉初诸子之学复兴后，晁错是法家的重要代表人物，并将其冠以"新法家"的称谓，"从秦亡到汉武'罢黜百家'的六七十年间，诸子思想重新活跃，以晁错为代表的新法家与新儒家、新道家形成鼎足之势。晁错最有影响的政治行为就是倡导'削藩'并因此推动了封建制的寿终正寝，使中国走上了一条独具特色的历史发展道路"②。而有的学者对其的思想进行分析后认为，"晁错首先是汉初维护皇权政治秩序的政治家，其次才是儒家、法家或者其他什么派别的思想

---

①　司马迁：《史记》卷一百一《袁盎晁错列传》，中华书局1959年版，第2745—2746页。

②　龚留柱：《晁错及西汉法家的潮起潮落》，《中原文化研究》2014年第3期。

家。这种把晁错限定在某一个派别来研究其思想的思路本身是比较狭窄的,得出的结论也难免有牵强附会之处"[①]。的确如此,除了深刻的法家烙印之外,晁错在《论贵粟疏》等奏疏中还提出了务农桑、薄赋敛、广畜积等一些儒家的民本思想。

① 穆军全:《贾谊和晁错政治秩序观比较及启示》,《理论月刊》2015 年第 10 期。

汉文帝十一年　公元前169年

1. 晁错上《言兵事疏》

《汉书·袁盎晁错传》：

　　是时匈奴强，数寇边，上发兵以御之。错上言兵事，曰："臣闻汉兴以来，胡虏数入边地，小入则小利，大入则大利；高后时再入陇西，攻城屠邑，驱略畜产；其后复入陇西，杀吏卒，大寇盗。窃闻战胜之威，民气百倍；败兵之卒，没世不复。自高后以来，陇西三困于匈奴矣，民气破伤，亡有胜意。今兹陇西之吏，赖社稷之神灵，奉陛下之明诏，和辑士卒，底厉其节，起破伤之民以当乘胜之匈奴，用少击众，杀一王，败其众而大有利。非陇西之民有勇怯，乃将吏之制巧拙异也。故兵法曰：有必胜之将，无必胜之民。繇由此观之，安边境，立功名，在于良将，不可不择也。臣又闻用兵，临战合刃之急者三：一曰得地形，二曰卒服习，三曰器用利。兵法曰：丈五之沟，渐车之水，山林积石，经川丘阜，草木所在，此步兵之地也，车骑二不当一。土山丘陵，曼衍相属，平原广野，此车骑之地，步兵十不当一。平陵相远，川谷居间，仰高临下，此弓弩之地也，短兵百不当一。两陈相近，平地浅草，可前可后，此长戟之地也，剑楯三不当一。崔苇竹萧，草木蒙茏，枝叶茂接，此矛铤之地也，长戟二不当一。曲道相伏，险阸相薄，此剑楯之地也，弓弩三不当一。士不选练，卒不服习，起居不精，动静不集，趋利弗及，避难不毕，前击后解，与金鼓之指相失，此不习勒卒之过也，百不当十。兵不完利，与空手同；甲不坚密，与袒裼同；弩不可以及远，与短兵同；射不能中，与亡矢同；中不能入，与亡镞同：此将不省兵之祸也,五不当一。故兵法曰:器械不利,以其卒予敌也;卒不可用,以其将予敌也;将不知兵,以其主予敌也;君不择将,以其国予敌也。四者,兵之至要也。臣又闻小大异形,强弱异势,险易异备。夫卑身以事强,小国之形也;合小以攻大,敌国之形也;以蛮夷攻蛮夷,中国之形也。今匈奴地形、技艺与中国异。上下山阪,出入溪涧,中国之马弗与也;险道倾仄,且驰且射,中国之骑弗与也;风雨罢劳,饥渴不困,中国之人弗与也:此匈奴之长技也。若夫平原易地,轻车突骑,则匈奴之众易挠乱也;劲弩长戟,射疏及远,则匈奴之弓弗能格也;坚甲利刃,长短相杂,游弩往来,什伍俱前,则匈奴之兵弗能当也;材官驺发,矢道同的,则匈奴之革笥木荐弗能支也;下马地斗,剑戟相接,去就相薄,则匈奴之足弗能给也:此中国之长技也。以此观之,匈奴之长技三,中国之长技五。陛下又兴数十万之众,以诛数万之匈奴,众寡之计,以一击十之术也。虽然,兵,凶器;战,危事也。以大为小,以强为弱,在俯卬之间耳。夫以人之死争胜,跌而不振,则悔之亡及也。帝王之道,出于万全。今降胡义渠蛮夷之属来归谊者,其众数千,饮食长技与匈奴同,可赐之坚甲絮衣,劲弓利矢,益以边郡之良骑。令明将能知其习俗和辑其心者,以陛下之明约将之。即有险阻,以此当之;平地通道,则以轻车材官制之。两军相为表里,各用其长技,衡加之以众,此万全之术也。传曰:狂夫之言,而明主择焉。臣错愚陋,昧死上狂言,唯陛下财择。[1]

自汉朝建立伊始,匈奴侵边一直是西汉的心腹大患,晁错在《言兵事疏》中,系统地总结了汉匈战争的经验,提出了很多有价值的战略、战法。武帝对匈奴的打击,证明了晁错相关军事理论的正确性。"法家与兵家有天然的联系,其区别一在政治,一在军事,但都讲术、势,一定程度上可说兵家的辩证法延伸到了政治领域。晁错以此为基础,又吸取了儒家讲究行为规范、君臣名分的特点,不然就设计不出那张募民徙边的蓝图。晁错比其他军事思想家高出一筹的地方在于,他不单讲军事,更讲经济、政治,他是把军事放在整个社会的运动中来考察的。他不是单纯的兵家,而是

---

① 班固:《汉书》卷四十九《袁盎晁错传》,中华书局 1962 年版,第 2278—2283 页。

儒法相通前提下的兵家。不看到这一点，是很难体会他那独具特色的军事思想的。"①

① 　杨一民：《略论晁错的军事思想》,《军事历史研究》1987 年第 3 期。

汉文帝十二年 公元前 168 年

1. 晁错上《论贵粟疏》

《汉书·食货志》：

晁错复说上曰："圣王在上而民不冻饥者，非能耕而食之，织而衣之也，为开其资财之道也。故尧、禹有九年之水，汤有七年之旱，而国亡捐瘠者，以畜积多而备先具也。今海内为一，土地人民之众不避汤、禹，加以亡天灾数年之水旱，而畜积未及者，何也？地有遗利，民有余力，生谷之土未尽垦，山泽之利未尽出也，游食之民未尽归农也。民贫，则奸邪生。贫生于不足，不足生于不农，不农则不地著，不地著则离乡轻家，民如鸟兽，虽有高城深池，严法重刑，犹不能禁也。夫寒之于衣，不待轻暖；饥之于食，不待甘旨；饥寒至身，不顾廉耻。人情，一日不再食则饥，终岁不制衣则寒。夫腹饥不得食，肤寒不得衣，虽慈母不能保其子，君安能以有其民哉！明主知其然也，故务民于农桑，薄赋敛，广畜积，以实仓廪，备水旱，故民可得而有也。今农夫五口之家，其服役者不下二人，其能耕者不过百亩，百亩之收不过百石。春耕夏耘，秋获冬藏，伐薪樵，治官府，给徭役；春不得避风尘，夏不得避暑热，秋不得避阴雨，冬不得避寒冻，四时之间亡日休息；又私自送往迎来，吊死问疾，养孤长幼在其中。勤苦如此，尚复被水旱之灾，急政暴赋，赋敛不时，朝令而暮改，当具有者半贾而卖，亡者取倍称之息，于是有卖田宅鬻子孙以偿责者矣。而商贾大者积贮倍息，小者坐列贩卖，操其奇赢，日游都市，乘上之急，所卖必倍。故其男不耕耘，女不蚕织，衣必文采，食必粱肉；亡农夫之苦，有仟伯之得。因其富厚,交通王侯,力过吏势,以利相倾;千里游敖,冠盖相望,乘坚策肥,履丝曳缟。此商人所以兼并农人,农人所以流亡者也。今法律贱商人,商人已富贵矣;尊农夫,农夫已贫贱矣。故俗之所贵,主之所贱也;吏之所卑,法之所尊也。上下相反,好恶乖迕,而欲国富法立,不可得也。方今之务,莫若使民务农而已矣。欲民务农,在于贵粟;贵粟之道,在于使民以粟为赏罚。今募天下入粟县官,得以拜爵,得以除罪。如此,富人有爵,农民有钱,粟有所渫。夫能入粟以受爵,皆有余者也;取于有余,以供上用,则贫民之赋可损,所谓损有余补不足,令出而民利者也。顺于民心,所补者三:一曰主用足,二曰民赋少,三曰劝农功。今令民有车骑马一匹者,复卒三人。车骑者,天下武备也,故为复卒。神农之教曰:'有石城十仞,汤池百步,带甲百万,而亡粟,弗能守也。'以是观之,粟者,王者大用,政之本务。令民入粟受爵至五大夫以上,乃复一人耳,此其与骑马之功相去远矣。爵者,上之所擅,出于口而亡穷;粟者,民之所种,生于地而不乏。夫得高爵与免罪,人之所甚欲也。使天下人入粟于边,以受爵免罪,不过三岁,塞下之粟必多矣。"于是文帝从错之言,令民入粟边,六百石爵上造,稍增至四千石为五大夫,万二千石为大庶长,各以多少级数为差。错复奏言:"陛下幸使天下入粟塞下以拜爵,甚大惠也。窃恐塞卒之食不足,用大渫天下粟。边食足以支五岁,可令入粟郡县矣;足支一岁以上,可时赦,勿收农民租。如此,德泽加于万民,民俞勤农。时有军役,若遭水旱,民不困乏,天下安宁;岁孰且美,则民大富乐矣。"上复从其言,乃下诏赐民十二年租税之半。明年,遂除民田之租税。[①]

《中国学术思想编年》(秦汉卷)通过考辨后认为,晁错上《论贵粟疏》时间为文帝十二年,今从之。匈奴屡犯边境,社会崇奢贱农,天下"积蓄未及",晁错上《论贵粟疏》意在通过"贵粟"来解决上述问题,稳定社会秩序。何为"贵粟"？晁错认为"欲民务农,在于贵粟",即提高五谷的市场价格,使人心看重粟帛的生产。"贵粟"的具体措施,在于"以粟为赏罚",即"贵

---

① 班固:《汉书》卷二十四上《食货志》,中华书局 1962 年版,第 1130—1135 页。

粟之道,在于使民以粟为赏罚。今募天下入粟县官,得以拜爵,得以除罪"。凡是向官府缴纳粟米的百姓,国家根其所纳粮食的多少,授予高低不等的爵位,犯罪的人向官府缴纳一定数量的财物,也可以免除刑罚。"夫得高爵与免罪,人之所甚欲也",只要国家颁行这一"贵粟"政策,粮食就会成为社会上抢手的物资,从而刺激农业生产的发展,大量生产粮食。① 此外,《论贵粟疏》还强调,入粟支边,加强对匈奴的抵抗。

2. 汉文帝置一经博士

《后汉书·杨李翟应霍爰徐列传》:

> 初,醾之为大匠,上言:"孝文皇帝始置一经博士。"②

章怀太子李贤注曰:

> 武帝建元五年始置《五经》博士,文帝之时未遑庠序之事,醾之此言,不知何据。③

汉文帝曾置几经博士,历来存有争议。就"一经"而言,王国维在《汉魏博士考》中认为,此处应为"一经"。就"三经而言",罗义俊在《汉文帝置三经博士》一文中认为,除了《诗》置博士外,可考见者又有《书》《礼》二经博士;张生、欧阳生、晁错为《尚书》博士,高堂生为《礼》经博士。就"五经"而言,赵岐《孟子题辞》:"汉兴,除秦虐禁,开延道德。孝文皇帝欲广游学之路,《论语》、《孝经》、《孟子》、《尔雅》皆置博士。"孙奭疏:"至孝文始使掌故晁错从伏生受《尚书》。《尚书》出于屋壁。《诗》始萌芽。天下众书往往颇出,犹广立于学官,为置博士。由是《论语》、《孟子》、《孝经》、《尔雅》皆

---

① 赖华明:《论晁错〈论贵粟疏〉的重农惠商性质》,《西南民族大学学报(人文社科版)》1999 年 S6 期。
② 范晔:《后汉书》卷四十八《杨李翟应霍爰徐列传》,中华书局 2005 年第 2 版,第 1083 页。
③ 范晔:《后汉书》卷四十八《杨李翟应霍爰徐列传》,中华书局 2005 年第 2 版,第 1083 页。

置博士。"而曹金华对古今观点进行考辨后指出:即便孝文时置有它经博士,以"纯壹"而"列于学官"者,却唯《诗》而已。故余以为翟酺所言"一经"不诬,而王氏应麟也析之有故也①。

---

① 曹金华:《汉文帝置经博士考》,《江海学刊》1994 年第 4 期。

汉文帝十五年 公元前165年

1. 实行土德

《汉书·郊祀志》：

> 十五年,黄龙见成纪。文帝召公孙臣,拜为博士,与诸生申明土德,草改历、服色事。其夏,下诏曰:"有异物之神见于成纪,毋害于民,岁以有年。朕几郊祀上帝诸神,礼官议,毋讳以朕劳。"有司皆曰:"古者天子夏亲郊祀上帝于郊,故曰郊。"于是夏四月,文帝始幸雍郊见五畤,祠衣皆上赤。[1]

张苍虽然极力反对公孙臣推行土德的建议,但是,"次年春天,公孙臣所说的'土德之应'——'黄龙'竟然真的见于成纪。这件事引起了文帝的高度重视,并最终促使他做出了改德的决定。'文帝召公孙臣,拜为博士,与诸生申明土德,草改历、服色事。'文帝还把前元十七年改为后元元年,以示新制开始。张苍眼见失势,'由此自绌,谢病称老'。此事似乎是要办成了,然而天有不测风云——这一年十月发生了新垣平案,'人有上书告新垣平所言气神事皆诈也。下平吏治,诛夷新垣平'。因为新垣平生前'以望气见,颇言正历服色事',所以此案发生后,'文帝怠于改正朔服色神明之事',改德之事于是不了了之,直至过了差不多六十年之后,到武帝执政,这种局面才发生了变化"[2]。各方政治势力都想通过改制来博

---

① 班固:《汉书》卷二十五上《郊祀志》,中华书局1962年版,第1212—1213页。

② 杨权:《新五德理论与两汉政治——[尧后火德]说考论》,中华书局2006年版,第116—117页。

得汉文帝的信任,除此之外,改制更是西汉政治、经济、文化发展的必然结果。

汉文帝十六年　公元前164年

1. 文帝议封禅

《史记·封禅书》：

> 其明年，赵人新垣平以望气见上，言：“长安东北有神气，成五采，若人冠冕焉。或曰东北神明之舍，西方神明之墓也。天瑞下，宜立祠上帝，以合符应。”于是作渭阳五帝庙，同宇，帝一殿，面各五门，各如其帝色。祠所用及仪亦如雍五畤。夏四月，文帝亲拜霸渭之会，以郊见渭阳五帝。五帝庙南临渭，北穿蒲池沟水，权火举而祠，若光辉然属天焉。于是贵平上大夫，赐累千金。而使博士诸生刺《六经》中作《王制》，谋议巡狩封禅事。[①]

封禅之事发端于战国，在秦汉逐渐成为国之大事。文帝议封禅，虽受到了神仙方术之学的影响，但却是儒家礼制与汉帝国紧密结合的具体体现，“封禅礼仪由传说状态发展成国家最高祭天大典，与儒家思想文化由理想主义到现实主义的转变过程是同步的。从战国到汉武帝时代，儒家与诸子各派一样均处于为新政权设计规划建国方略阶段。儒家在包括封禅大典的一系列治国方案中寄托了大一统和‘礼乐征伐自天子出’的政治抱负和社会理想。如何把它们付诸实践并应用到新王朝的政权建设之中，从叔孙通颇采古礼，杂以秦礼，到董仲舒、公孙弘厘定天人合一的礼仪主体，再到倪宽由皇帝‘金声而玉振之’，完成了建立汉家封禅的任务，到

---

① 司马迁：《史记》卷二十八《封禅书》，中华书局1959年版，第1382页。

东汉光武帝时最终定型成儒家化的国家最高祭天大典。封禅礼仪由原始的单项礼仪发展成复杂且拥有诸家内涵的典礼的过程,体现了儒家海纳百川、融会贯通的精神。秦始皇封泰山时,儒生们眼中的封禅虽寄托了儒家受命改制、有德而封的美好愿望,但具体仪式却是简单质朴的原始祭山仪式的遗留,所谓'扫地而祭,言其易遵'。到武帝封禅时,其内容增加了符瑞、五行和明堂制。至汉光武帝刘秀时则有阴阳、天地和祖妣,几乎将元始年间王莽的南北郊礼仪搬上了泰山。封禅大典正是儒家文化吸纳诸家思想,不断丰富完善自身内涵过程的重要体现"①。特别是在汉代,封禅不仅提升了儒学的地位,还使儒家学说更加的丰富、更加的富有时代气息。

---

① 贾贵荣:《儒家文化与秦汉封禅》,《齐鲁学刊》2000 年第 4 期。

汉文帝后元三年　公元前 161 年

1. 伏生卒

郑杰文、李梅所著《中国学术思想编年》（秦汉卷）一书经过考辨后认为，伏生卒于汉文帝后元三年，今从之。"秦代焚书之举使《尚书》几乎绝传。有个做过秦博士官的人伏生，在秦焚书时把一部《尚书》藏入壁中，至汉初他再次取出时已断烂毁失不少，只凑得二十九篇（或说二十八篇，后又加一篇），在家乡济南教授门徒。汉文帝派晁错去济南听伏生口授，将二十九篇用汉代通行的字体记录下来，成为《今文尚书》。汉代时又有用先秦六国文字书写的几种《尚书》传本，称为《古文尚书》，至西晋永嘉之乱时全部散失。"①虽为口头传授，但"由于书写的经书那时必然很少，口头传授在经文的流传中很可能起着远为重要的作用"②。伏生是《尚书》得以有序传承的关键人物。

2. 东方朔生

《汉书·东方朔传》：

> 东方朔字曼倩，平原厌次人。事汉武帝，屡进谏，以滑稽著称。③

另《史记·滑稽列传》褚少孙补：

---

① 张岂之：《中国思想史》，西北大学出版社 1993 年版，第 92 页。
② 崔瑞德、鲁惟一著，杨品泉译：《剑桥中国秦汉史》，中国社会科学出版社 1992 年版，第 815 页。
③ 班固：《汉书》卷六十五《东方朔传》，中华书局 1962 年版，第 2841 页。

武帝时，齐人有东方生名朔，以好古传书，爱经术，多所博观外家之语。①

关于东方朔生年，梅新林、俞樟华主编的《中国学术编年》（两汉卷）一书经过考辨后认为，其生于汉文帝后元三年，公元前 161 年。

《汉书·东方朔传》：

年十三学书，三冬文史足用。十五学击剑，十六学诗书，诵二十二万言。十九学孙吴兵法，战阵之具，钲鼓之教。②

东方朔学源庞杂，但深究其渊，东方朔却是一个不折不扣的儒者。东方朔的儒家仁政安民和美俗化民的思想，主要体现在以下三个方面：一，反对奢侈扰民，以《化民有道对》为代表。二，反对淫乱非礼，以谏止董偃入宣室为代表。三，反对徇情枉法，以庆祝诛昭平君最为突出。此外，《非有先生论》是东方朔对自己一生谏诤的总结。通过对吴王和非有先生君臣默契情形的描写，抨击了进谏难、纳谏更难的现实，进而发泄了因仕途失意而产生的满腹牢骚。符合儒家"助人君明"的标准。③ 东方朔还"博学高才，滑稽多智，外委随婉曲而内傲岸刚正，对封建君主保持高度警惕，与专制政治保持心理距离，时时留意国事，关心民生，相机补益国计民生而又尽量保持自己的人格和思想的独立性，用诡谲的言行以躲避来自专制政治的迫害的朝隐者。"④东方朔和叔孙通一样，知进退，识时务，采诸家，是一个杰出的儒者。"东方朔符合大一统皇权政治要求的政治立场与对皇权强烈的依附愿望和忠心，是其在后世史家奉为正统的官修《汉书》中单独立传，风头盖过许多贵为宰辅人物的主要原因。"⑤

---

① 司马迁：《史记》卷一百二十六《滑稽列传》，中华书局 1959 年版，第 3205 页。
② 班固：《汉书》卷六十五《东方朔传》，中华书局 1962 年版，第 2841 页。
③ 王继训：《一个不应该被忽视的儒者东方朔》，《齐鲁学刊》2002 年第 3 期。
④ 邢培顺：《还原一个完整的东方朔——〈史记〉〈汉书〉之〈东方朔传〉合读》，《滨州学院学报》2011 年第 1 期。
⑤ 王成、张景林：《论东方朔的政治心理——中国传统恩宠政治文化性格的典型个案分析》，《南开学报（哲学社会科学版）》2015 年第 6 期。

汉文帝后元七年　公元前157年

1. 汉文帝卒

《史记·孝文本纪》：

后七年六月己亥，帝崩于未央宫。遗诏曰："朕闻盖天下万物之萌生，靡不有死。死者天地之理，物之自然者，奚可甚哀。当今之时，世咸嘉生而恶死，厚葬以破业，重服以伤生，吾甚不取。且朕既不德，无以佐百姓；今崩，又使重服久临，以离寒暑之数，哀人之父子，伤长幼之志，损其饮食，绝鬼神之祭祀，以重吾不德也，谓天下何！朕获保宗庙，以眇眇之身托于天下君王之上，二十有余年矣。赖天地之灵，社稷之福，方内安宁，靡有兵革。朕既不敏，常畏过行，以羞先帝之遗德；维年之久长，惧于不终。今乃幸以天年，得复供养于高庙。朕之不明与嘉之，其奚哀悲之有！其令天下吏民，令到出临三日，皆释服。毋禁取妇嫁女祠祀饮酒食肉者。自当给丧事服临者，皆无践。经带无过三寸，毋布车及兵器，毋发民男女哭临宫殿。宫殿中当临者，皆以旦夕各十五举声，礼毕罢。非旦夕临时，禁毋得擅哭。已下，服大红十五日，小红十四日，纤七日，释服。佗不在令中者，皆以此令比率从事。布告天下，使明知朕意。霸陵山川因其故，毋有所改。归夫人以下至少使。"[①]

从汉文帝的遗诏可以看出，其一生主张轻徭薄役、节俭治国、与民休

---

① 司马迁：《史记》卷十《孝文本纪》，中华书局1959年版，第433—434页。

息。所以,文帝"即位二十三年,宫室苑囿狗马服御无所增益,有不便,辄弛以利民。……专务以德化民,是以海内殷富,兴于礼义。"①我国古代史学家司马迁、班固、司马光等都用十分赞赏的笔调描述了他的一生。汉文帝刘恒及其继承者实行旨在稳定社会、发展经济、巩固和加强中央集权制的重要措施,完善和巩固了秦始皇所开创的中央集权的政治制度,社会秩序相当稳定,经济获得空前繁荣,"吏安其官,民乐其业,畜积岁增,户口寝息",达到了中国封建社会前期政治、经济、文化、科技发展的高峰,史称"文景之治"。②

有的学者对汉文帝的施政提出了不同的看法:文帝依靠、重用老臣、宿将和尊宠刘氏宗亲的政策,主要带来两个方面的消极政治后果:一、由于汉文帝依靠与重用老臣、宿将,忽视了对年轻官吏与将领的提拔和培养,从而造成高层统治集团成员的老龄化和丧失活力,使高级官吏与将领后继无人。二、尊宠与优待刘氏宗亲政策的实行结果,使得诸侯坐大,日益形成尾大不掉之势,严重影响中央集权国家政令的执行,甚至造成了地方割据势力对中央政权的反叛。而且,汉文帝的一系列改革措施,所带来的不良后果更为严重,也主要表现在两个方面:一、文帝的轻税措施,适足以资豪强,主要获利者并非劳动人民,以致加速了社会的贫富分化;二、文帝的弛山泽之禁、开关津之阻和任民冶铸的政策,虽然促进了农业、手工业与商业的发展,却使大批冶铸业者有了兴风作浪的本钱,造成了商人富贵而农民贫惨的反常现象,加剧了社会矛盾。③

①　司马迁:《史记》卷十《孝文本纪》,中华书局1959年版,第433页。
②　师迪:《简论汉文帝刘恒》,《历史教学》1997年第6期。
③　高敏:《论汉文帝》,《史学月刊》2001年第1期。

汉景帝元年　公元前156年

1. 定文帝庙乐为《昭德》之舞

《史记·孝文本纪》：

> 祖宗之庙。请著之竹帛，宣布天下。制曰："可。"[①]

另《汉书·礼乐志》：

> 孝文庙奏《昭德》、《文始》、《四时》、《五行》之舞……《四时舞》者，孝文所作，以示天下之安和也。盖乐己所自作，明有制也；乐先王之乐，明有法也。孝景采《武德舞》以为《昭德》，以尊大宗庙。[②]

文帝《四时》之舞为新创，象征天下安和、太平。《武德舞》为高祖时所创，强调高祖平定天下之功绩。"西汉祭仪乐舞的施用规则是'一庙数舞，各明其制'。高祖庙祭用《武德》、《文始》、《五行》三舞，孝文庙奏《昭德》、《文始》、《四时》、《五行》四舞，孝武庙奏《盛德》、《文始》、《四时》、《五行》四舞。此可见，西汉祭祀各帝庙时，均奏数种乐舞，每一庙祭中均含先王之乐和自创之乐，各庙均单独举行祭仪，乐舞不与其它庙相同，目的是昭彰祭主的不同功德。"[③]"孝景采《武德舞》以为《昭德》"意在赞美文帝在位二十余年的治世之德。

---

① 司马迁：《史记》卷十《孝文本纪》，中华书局 1959 年版，第 436 页。
② 班固：《汉书》卷二十二《礼乐志》，中华书局 1962 年版，第 1044 页。
③ 梁海燕：《〈武德舞歌诗〉与汉代宗庙祭仪的传承演变》，《许昌学院学报》2006 年第 6 期。

2. 孔安国生

《史记·孔子世家》：

> 鲋弟子襄，年五十七。尝为孝惠皇帝博士，迁为长沙太守。……子襄生忠，年五十七。忠生武，武生延年及安国。[1]

关于孔安国的生年，学术界一直存在争议。孙少华通过考辨后认为，其卒年大致在汉景帝中元元年（公元前 149 年）左右至汉武帝征和三年（公元前 90 年）之间[2]。吴文治认为，孔安国约生于汉景帝元年[3]。今从吴说。

孔安国系孔子十一代孙，其大约生活在汉景帝前元元年（公元前 156 年）到汉武帝太初四年（公元前 101 年）之间。他少时积极求学，受伏生《尚书》，于申公习《鲁诗》，游学河间，学优入仕，先后任武帝经学博士、侍中、谏大夫、临淮太守等职，可谓学宦两成。孔安国出生于文化氛围浓厚的孔氏家族，从春秋战国到汉代，孔子及其后裔都以儒学为业、勤于治经，家族内部形成了积极向上、博学广闻的家学风范，积淀了深厚的文化底蕴，为他的治学营造了良好的内部环境。孔安国的学术渊源颇广，主要来源于家学、师学及河间学术，其中既有今文经学如伏生之《今文尚书》、申公之《鲁诗》，也有古文经学如家学之《古文尚书》、河间之《毛诗》，这为他日后取得的突出学术成就奠定了基础。孔安国生活于汉景、武年间，正是汉王朝统治思想由黄老无为渐转至"独尊儒术、表彰六经"的时期。汉武帝即位后实施了一系列尊崇儒术的政策，确立了儒学在百家之学中的主导地位，同时也促使今文经学逐步走向兴盛，这为他继承祖业，研治经书提供了有利的社会条件。汉景帝末年，鲁恭王拓宫室坏孔子旧宅，发现了《古文尚书》《古文论语》《古文孝经》《礼古经》等先秦古书。这批古文经书后归孔安国所有，为他治学提供了宝贵的文献资料。另外，孔安国生活在

---

① 司马迁：《史记》卷四十七《孔子世家》，中华书局 1959 年版，第 1947 页。
② 孙少华：《孔安国及其孔臧的生卒与学术》，《中国社会科学院研究生院学报》2007 年第 6 期。
③ 吴文治：《中国古代文学理论名著题解》，黄山书社 1987 年版，第 72 页。

全国文化的重镇——齐鲁大地,地域文化深厚,名儒云集,浓郁的学术氛围不仅让他深受熏陶,更为其从师治学、切磋交流提供诸多便利。孔安国精通尚书学,是汉代尚书学史上的关键人物。作为汉武帝时的今文尚书博士,他通过传授弟子,促成今文尚书三家学派的形成,推动了今文尚书学的发展兴盛。同时他整理、认读、训解孔壁所出的《古文尚书》,并传授弟子与后人,形成明确的传授谱系,开创了《古文尚书》学派。因此,孔安国对汉代的今古文《尚书》学之兴均有发起之功,为汉代尚书学的发展作出了重要的贡献。①

此外,孔安国还曾整理"古文《论语》和古文《孝经》并为之训解作传,同时还编集了记述孔子及其弟子思想言行的著作《孔子家语》"②,是西汉的大儒。

---

① 陈以凤:《孔安国学术研究》,山东大学 2010 年博士论文,第 1—2 页。
② 梁晨:《孔安国年谱》,山东师范大学 2013 年硕士论文,第 1 页。

汉景帝三年　公元前 154 年

1.晁错建议削藩

《史记·袁盎晁错列传》：

> （晁错）迁为御史大夫，请诸侯之罪过，削其地，收其枝郡。奏上，上令公卿列侯宗室集议，莫敢难，独窦婴争之，由此与错有却。错所更令三十章，诸侯皆喧哗疾晁错。错父闻之，从颍川来，谓错曰："上初即位，公为政用事，侵削诸侯，别疏人骨肉，人口议多怨公者，何也？"晁错曰："固也。不如此，天子不尊，宗庙不安。"错父曰："刘氏安矣，而晁氏危矣，吾去公归矣！"遂饮药死，曰："吾不忍见祸及吾身。"死十余日，吴楚七国果反，以诛错为名。及窦婴、袁盎进说，上令晁错衣朝衣斩东市。[1]

郑杰文、李梅主编的《中国学术思想编年》（秦汉卷）一书经过考辨后认为，晁错削藩当在汉景帝三年。削藩是历史发展的必然，与文帝之时相比，景帝时的削藩以削地为主，"景帝抓住平定七国之乱的契机，大刀阔斧地推行削藩政策，将诸侯王国的枝郡、边郡、名山、陂海收归中央，取消诸侯王的治民权，改王国丞相为相"[2]。不仅如此，"'削藩'虽然引发了'七国之乱'，但不到三个月即被平息了，西汉王朝以此为契机开始全面彻底地解决封国问题，逐渐将地方诸侯国的权力收归中央。到武帝时，充分吸

---

[1]　司马迁：《史记》卷一百一《袁盎晁错列传》，中华书局 1959 年版，第 2747 页。
[2]　董平均：《文景时期的分国与削藩探微》，《天中学刊》2003 年第 1 期。

取了晁错削藩的经验,广泛地施行了'推恩令',地方诸侯国已不再对中央政权构成任何威胁,这就为汉王朝对匈奴发动大规模的反击战争、向外开疆拓土解除了后顾之忧。一石激起千层浪,削藩完全可以看成是西汉王朝由'无为'转向'有为'的一个信号"①。

削藩最大的影响,在于改变了诸侯国尾掉不大的局面,郡县、封国并行,实际上成为郡县单行,郡国名存实亡,维护了大一统政权。如七国之乱后,吴国绝嗣。新建的江都国成为汉景帝之子刘非的封地,仅仅保留了东阳、鄣二郡,面积大不如前,已无力与中央对抗。但是,有的学者还指出了削藩的一些消极影响。如为王莽代汉提供了方便。经过削藩,刘氏一族势力衰微,从成帝始,外戚王氏开始擅权。如经济活力丧失。经过削藩,汉代经济由中央、地方互补型转变为中央单一型,地方自主权缺失。②

---

① 谢春河、隽成军:《试析晁错的改革思想及其"削藩"——兼论改革失败的原因及晁错之死》,《松辽学刊(人文社会科学版)》1999 年第 5 期。
② 岳庆平:《西汉景武时期的削藩及其后果》,《社会科学辑刊》1993 年第 6 期。

汉景帝五年　公元前 152 年

1. 张苍卒

《史记·张丞相列传》：

> 孝景前五年，苍卒，谥为文侯。……苍年百有余岁而卒。[1]

另《汉书·张周赵任申屠传》：

> （张苍）孝景五年薨。……年百余岁乃卒。著书十八篇，言阴阳律历事。[2]

张苍秦时为柱下御史，后从刘邦，为常山守、代相、赵相。因平燕王臧荼反有功，被封为北平侯。又为计相、淮南相、迁御史大夫，官至丞相。精通律历，从五德终始之说。为计相时，绪正律历，主张袭秦正朔，用《颛顼历》；推五德之运，以为汉当水德；又吹律定乐，整齐度量。[3] 张苍被认为是汉初诸子之学复兴后，阴阳五行学派的重要代表人物，其精通历律，尤其是五德终始之说，并参与了高祖后期、文帝一朝的一系列重大政治决策，在汉初政局中扮演着重要的角色，是"汉家制度"的重要建设者。就张苍与儒学的关系而言，在张苍的政治活动中，他自始至终完全站在军

---

① 司马迁：《史记》卷九十六《张丞相列传》，中华书局 1959 年版，第 2682 页。
② 班固：《汉书》卷四十二《张周赵任申屠传》，中华书局 1962 年版，第 2099—2100 页。
③ 郑杰文、李梅主编的《中国学术思想编年》（秦汉卷），陕西师范大学出版社 2005 年版，第 89 页。

功受益阶层的立场上,是儒生势力的最大反对者,也在很大程度上阻碍、推迟了文帝的改革。①

① 张倩茹:《张苍免相与西汉文帝朝政局》,《南都学坛》2017年第2期。

汉景帝七年　公元前 150 年

1. 王臧为太子少傅

《史记·儒林列传》：

> 兰陵王臧既受《诗》，以事孝景帝为太子少傅，免去。①

　　郑杰文、李梅主编的《中国学术思想编年》（秦汉卷）一书认为，《史记·儒林列传》，王臧所傅太子为刘彻，刘彻被立为太子在汉景帝七年，姑将此事志于此。今从之。王臧是申培的弟子，以治《鲁诗》著称。武帝即位后，其与赵绾建议汉武帝尊儒术、斥黄老，议设明堂、封禅等事，后因窦太后干预，死于狱中。王臧复兴儒学的活动虽以悲剧结束，但其为了儒学大道的畅行而殒命，体现了一名儒者舍生取义的气节，正是由于这些儒者的存在，才使得儒学不断地前行、发展。

---

① 司马迁：《史记》卷一百二十一《儒林列传》，中华书局 1959 年版，第 3121 页。

汉景帝中元二年　公元前 148 年

1. 辕固生与黄生论受命

《史记·儒林列传》：

> 清河王太傅辕固生者，齐人也。以治《诗》，孝景时为博士。与黄生争论景帝前。黄生曰："汤武非受命，乃弑也。"辕固生曰："不然。夫桀纣虐乱，天下之心皆归汤武，汤武与天下之心而诛桀纣，桀纣之民不为之使而归汤武，汤武不得已而立，非受命为何？"黄生曰："冠虽敝，必加于首；履虽新，必关于足。何者，上下之分也。今桀纣虽失道，然君上也；汤武虽圣，臣下也。夫主有失行，臣下不能正言匡过以尊天子，反因过而诛之，代立践南面，非弑而何也？"辕固生曰："必若所云，是高帝代秦即天子之位，非邪？"于是景帝曰："食肉不食马肝，不为不知味；言学者无言汤武受命，不为愚。"遂罢。是后学者莫敢明受命放杀者。[1]

黄生为了维护黄老之学一家独大的局面，通过"汤武受命"向儒者辕固生发难。[2] 通过辕固生的论述，我们不难发现，其所说的"天命"即是"民心"。"天命"不是来自"天上"，而是来自"天下"，天心即民心，天意即民意，天命即民命，天命所归实乃民命所归，受命于天其实是受命于民。"天命"其实就是天下百姓的意愿。对于国君而言，能否拥有天下，不是取

---

① 司马迁：《史记》卷一百二十一《儒林列传》，中华书局 1959 年版，第 3122—3123 页。

② 姜广辉、邱梦艳：《齐诗"四始五际"说的政治哲学揭秘》，《哲学研究》2013 年第 12 期。

决于天,而是取决于天下百姓,天下百姓才是国君真正的天帝。民心不可违,国君只有顺民心、合民意,得到百姓的拥护爱戴,国家才能长治久安;反之,忤逆民意、欺骗民心、不顾民情者,必定要被百姓抛弃。①

　　实际上,从维护汉王朝的统治说,辕、黄二人的主张并没有什么根本分歧。"黄生是从维护汉代业已形成的君臣关系着眼的,他认为帽子再破也必须戴在头上,而鞋子再新也必须穿在脚上,其实是强调'臣下'在任何情况下都不能对汉家'天子'有反叛行为;否则,即使是圣如'汤武',也应当视为'弑君'……问题乃在于,黄生的看法虽可以顾及眼前,但却不能说明汉王朝何以继统的原因。相反,如果真按此看法解释,倒恰恰否定了汉王朝继统天下的合法性。因为汉高祖原本也是'臣下',这无疑是将他置于'弑君'的审判席上。与黄生相比,辕固的看法则是从论证汉家夺取天下的合法性入手。他以'汤武革命'为依,一方面指出'桀纣虐乱'乃是'天下之心皆归汤武'的原因,另一方面又说明了人心所向之与'受命'的关系,显然是强调'臣下'在所谓'受命'的条件下即可以夺取政权。这对于从法理上论证'高帝代秦即天子位',以及汉代的君臣关系,既显得更为合理,也比较符合实际。只是辕固生的主张当时还很难被汉王朝采纳。一则只要是图谋代立,任何人都可以宣称自己接受了'天命';二则也意味着汉家不可能永远一姓天下,即或早或晚总要被它的'臣下'以'受命'的形式所取代。可以毫不夸张说,这对于汉王朝亦不啻是一个严重隐患。"②

---

① 　张俊杰:《"天命"再释》,《语文天地》2012 年 02 期。
② 　晋文:《论经学与汉代"受命"论的诠释》,《学海》2008 年第 4 期。

汉景帝中元三年　公元前147年

1.辕固生非《老子》

《史记·儒林列传》：

> 窦太后好老子书，召辕固生问老子书。固曰："此是家人言耳。"
> 太后怒曰："安得司空城旦书乎？"乃使固入圈刺豕。景帝知太后怒而
> 固直言无罪，乃假固利兵，下圈刺豕，正中其心，一刺，豕应手而倒。
> 太后默然，无以复罪，罢之。居顷之，景帝以固为廉直，拜为清河王太
> 傅。久之，病免。[①]

郑杰文、李梅主编的《中国学术思想编年》（秦汉卷）一书将此事系于
景帝中元三年，今从之。汉初，黄老之学影响甚大，特别是窦太后好黄老
之术，其几乎成为钦定的官方哲学，辕固生因非议《老子》，而被投入豕圈
中，儒学的地位可见一斑。但是，儒学的复兴之势已不可阻挡，陆贾、贾
谊、韩婴、董仲舒都在不同程度、不同方面引用和发挥着黄老思想。或者
用黄老思想补充解释儒家的思想，或者把黄老思想纳入体系，作为一个组
成部分，甚至移花接木，用黄老思想为儒家思想作天道观的根本和基础。
他们引用黄老思想也是为了更好地补充和修饰儒家思想，使儒家思想具
有时代的适应性；不仅黄老思想在他们的著作中不占主要地位，而且即便
他们引用黄老思想，许多也是用儒家思想折射了的，是在儒家的立场上重

[①]　司马迁：《史记》卷一百二十一《儒林列传》，中华书局1959年版，第3123页。

新解释了的。^①"儒学力求把人间的道德律令扩大为天的道德律令,并试图说明以人为中心的天、地、人的社会和自然的结构模式都被道德律令所支配。"^②儒学的此种理论优势是黄老之学无法比拟的,这也是儒学在大一统政权下得以复兴的重要原因。

① 金春峰:《汉代思想史》,中国社会科学出版社 2006 年版,第 58 页。
② 张岂之:《中国思想史》,西北大学出版社 1993 年版,第 5 页。

汉景帝中元五年　公元前 145 年

1. 韩婴为常山王太傅

《史记·儒林列传》：

　　韩生者，燕人也。孝文帝时为博士，景帝时为常山王太傅。韩生推《诗》之意而为内外传数万言，其语颇与齐鲁间殊，然其归一也。淮南贲生受之。自是之后，而燕赵间言《诗》者由韩生。韩生孙商为今上博士。①

另《汉书·艺文志·六艺略·诗序》：

　　汉兴，鲁申公为《诗》训故，而齐辕固、燕韩生皆为之传。或取《春秋》，采杂说，咸非其本义。与不得已，鲁最为近之。三家皆列于学官。又有毛公之学，自谓子夏所传，而河间献王好之，未得立。②

再《汉书·儒林列传》：

　　韩婴，燕人也。孝文时为博士，景帝时至常山太傅。婴推诗人之意，而作内外传数万言，其语颇与齐、鲁间殊，然归一也。……武帝时，婴常与董仲舒论于上前，其人精悍，处事分明，仲舒不能难也。③

---

① 司马迁：《史记》卷一百二十一《儒林列传》，中华书局 1959 年版，第 3124 页。
② 班固：《汉书》卷三十《艺文志》，中华书局 1962 年版，第 1708 页。
③ 班固：《汉书》卷八十八《儒林传》，中华书局 1962 年版，第 3613 页。

郑杰文、李梅主编的《中国学术思想编年》(秦汉卷)一书认为,《史记·孝景本纪》,中元五年夏,立皇子舜为常山王,故将此事系于此。今从之。韩婴是西汉初年的著名学者,以《诗》学著称于世。与《鲁诗》《齐诗》相比,韩婴所注《韩诗》,多引古事古语,虽然每条都征引《诗经》原句,但主要不是对这些句子进行字面上的解释,而是用以与古事相印证,从更深、更广的角度宣扬儒家思想。这一点,与《鲁诗》《齐诗》有很大不同。① 此外,韩婴还对《易经》有着精深的研究,著有《周易传韩氏二篇》,并对韩商、韩生以及盖宽饶产生了影响。

　　韩婴思想庞杂,其一,和陆贾、贾谊一样,韩婴对秦的苛政暴刑进行严厉的批判,认为秦代速亡的根本原因是仁义不施。其二,汉初,除秦苛政的人民大起义的胜利,给政治家、思想家创造了驰骋理想之治和理想之世的大好机会,韩婴也提出了自己的理想和蓝图,希望孟子的井田和宗法王道思想也能在汉代实现。其三,韩婴提倡法治,其认为王道仁政中应该包括重法爱民的霸术。他分仁为四等:"圣仁""智仁""德仁""礛仁",其中,"礛仁"即为儒法的结合。其四,推崇孟子的性善论。② 韩婴和汉初其他的思想家一样,虽以儒家为底色,但法家学说、黄老之术都对其产生了较大的影响。

① 顾恒敬:《韩婴》,《河北学刊》1984 年第 4 期。
② 金春峰:《汉代思想史》,中国社会科学出版社 2006 年版,第 88—92 页。

汉景帝中元六年　公元前144年

1. 减笞刑

《汉书·刑法志》：

> 至中六年，又下诏曰："加笞者，或至死而笞未毕，朕甚怜之。其减笞三百曰二百，笞二百曰一百。"又曰："笞者，所以教之也，其定箠令。"丞相刘舍、御史大夫卫绾请："笞者，箠长五尺，其本大一寸，其竹也，末薄半寸，皆平其节。当笞者笞臀。毋得更人，毕一罪乃更人。"自是笞者得全，然酷吏犹以为威。死刑既重，而生刑又轻，民易犯之。①

何为"笞"？即以"鞭""箠"。《说文解字》言："捶，以杖击也。"对犯有小过错之人进行惩戒。汉初，肉刑（黥、劓、刖、宫、膑）与笞刑在有些情况下是并用的，如：谋逆，"汉兴之初，虽有约法三章，网漏吞舟之鱼。然其大辟，尚有夷三族之令。令曰：'当三族者，皆先黥，劓，斩左右止，笞杀之，枭其首，菹其骨肉于市。其诽谤詈诅者，又先断舌。'故谓之具五刑。彭越、韩信之属皆受此诛。"②文帝之时，由于淳于公之事而废除肉刑，"当劓者，笞三百；当斩左止者，笞五百；当斩右止，及杀人先自告，及吏坐受赇枉法，守县官财物而即盗之，已论命复有笞罪者，皆弃市"③。但以笞刑代替肉刑，无疑扩大了笞刑的惩戒范围，而且，"外有轻刑之名，内实杀人"，所以，

---

① 班固：《汉书》卷二十三《刑法志》，中华书局1962年版，第1100页。
② 班固：《汉书》卷二十三《刑法志》，中华书局1962年版，第1104页。
③ 班固：《汉书》卷二十三《刑法志》，中华书局1962年版，第1099页。

景帝时下令再减笞刑。

西汉的君王们不断地减轻刑法,除了治世之需外,还明显受到了儒家"重礼、重德"思想的影响。如:贾谊就认为礼治比法治更加的有效,第一,"礼"可以预防"恶",使百姓不产生"为非"的念头,有"劝善"的积极作用;"法"只能在"恶"发生以后进行惩罚,起"惩恶"的消极作用。第二,礼治通过教育推行,久之成俗,民乐从之,带来长远利益;法治通过刑罚推行,积怨越来越多,形成哀戚逆反的情绪,必将招致祸乱。①

---

① 张岂之:《中国思想史》,西北大学出版社 1993 年版,第 112 页。

汉景帝后元二年　公元前 142 年

1. 毛亨作《毛诗故训传》

《汉书·儒林传》：

> 毛公，赵人也。治《诗》，为河间献王博士，授同国贯长卿。长卿授解延年。延年为阿武令，授徐敖。敖授九江陈侠，为王莽讲学大夫。由是言《毛诗》者，本之徐敖。[①]

另《汉书·艺文志·六艺略·诗序》：

> 又有毛公之学，自谓子夏所传，而河间献王好之，未得立。[②]

《汉书·艺文志·六艺略》著录《毛诗故训传》三十卷。

毛公生卒年不详，其作《毛诗故训传》的年代从《中国文学史大事年表》之说。[③] 毛亨的《诗》学自称传自孔子的弟子子夏，所传之《毛诗》，与《鲁诗》《齐诗》《韩诗》并称为汉《诗》四大家，其被后人称为"大毛公"。《鲁诗》《齐诗》《韩诗》"作为帝国儒学的三家诗，美刺为其诗说的中心，表面上看君王受到了严厉的批评，实质上表明了君王是所有政教的中心，君王的善恶决定了国家的治乱兴衰，从而强化了君王在国家整个政教系统中的

---

① 班固：《汉书》卷八十八《儒林传》，中华书局 1962 年版，第 3614 页。
② 班固：《汉书》卷三十《艺文志》，中华书局 1962 年版，第 1708 页。
③ 吴文治：《中国古代文学理论名著题解》，黄山书社 1987 年，第 76 页。

绝对中心地位。而三家诗说的'天人之学'则更神化了这一中心地位"①。
与被立为官学的三家诗相比,《毛诗》尊礼虚君,"从男女夫妇之道出发言
教化,将政治教化与儒家礼乐文化建设联系起来,把统治者纳入教化的范
围,表现出强烈的民本精神。……《毛诗》所建立起来的'教化'观念成为
中国诗学特别是儒家诗学的主导观念。"②

就《毛诗故训传》而言,有的学者对书名考证后认为,"故是指对诗篇
本事、产生背景的讲解,往往以事、史说诗;训指训诂和考辨,是《毛诗》的
主干部分;传是指经师借释经阐发自己的理念、观点,内容上以自己的话
语、前人的解说、传说故事为主。故、训、传三种讲经方式合而为一,使《毛
诗故训传》简明实用,更适于学习"。而且,"汉代今古文之争中,今文经学
一直在官方地位上占有优势。也正因如此,《汉书·艺文志》中,鲁、齐、韩
三家诗著作排列在前,而毛诗则列于最后。但这并不意味着毛诗在传播
及影响上处于绝对的劣势。实际上早在西汉时期,《毛诗故训传》已经在
民间及部分贵族中传习,至东汉郑玄作《毛诗传笺》并广为传播后,三家诗
的诗学主流地位最终被毛诗取而代之。三家诗最终亡佚而毛诗独存,原
因是多方面的,但不可否认,三体合一的经文解说形式,以及这种独特的
讲经体所具有的现实性和生命力,是《毛诗故训传》得以流传至今的重要
原因之一。"③

① 成祖明:《三家诗说与汉帝国儒学构建——与〈毛诗〉说相比较》,《清华大学学报(哲学社会科
学版)》2014 年第 6 期。
② 毛宣国:《〈毛诗〉'教化'理论及其对后世诗学的影响》,《中国文学研究》2011 年第 1 期。
③ 于淑娟:《〈毛诗故训传〉名义考释——兼论〈毛诗故训传〉独传的原因》,《孔子研究》2010 年
第 3 期。

汉武帝建元元年　公元前 140 年

1. 举贤良

《史记·孝武本纪》：

> 元年，汉兴已六十余岁矣，天下乂安，荐绅之属皆望天子封禅改正度也。而上乡儒术，招贤良，赵绾、王臧等以文学为公卿，欲议古立明堂城南，以朝诸侯。草巡狩封禅改历服色事未就。会窦太后治黄老言，不好儒术，使人微得赵绾等奸利事，召案绾、臧，绾、臧自杀，诸所兴为者皆废。①

另《汉书·武帝纪》：

> 建元元年冬十月，诏丞相、御史、列侯、中二千石、二千石、诸侯相举贤良方正直言极谏之士。②

诏举贤良是汉家的传统，高祖、文帝皆而有之，其是由上书言政逐渐发展而来，特别是"武帝即位后，其时政治社会形势的变化已使这种转变势在必行了。经过汉兴六十多年的孕育，儒学在民间已有很大的发展，新兴士人集团作为一股强劲的政治上升力量其势已不可挡"③。兴儒、崇礼已势在必行。

---

① 司马迁：《史记》卷十二《孝武本纪》，中华书局 1959 年版，第 452 页。
② 班固：《汉书》卷六《武帝纪》，中华书局 1962 年版，第 155—156 页。
③ 成祖明：《诏策贤良文学制度背景下的"天人三策"》，《历史研究》2012 年第 4 期。

2. 卫绾罢刑名纵横之术

《汉书·武帝纪》:

> 丞相绾奏:"所举贤良,或治申、商、韩非、苏秦、张仪之言,乱国政,请皆罢。"[1]

颜师古注引李奇曰:"申不害书执术。商鞅为法,赏不失卑,刑不讳尊,然深刻无恩德。韩非兼行申、商之术。"韩非集法家之长,倡导法、术、势,虽在秦朝得到尊用,但酷法、任刑,其与儒家所主张之伦理道德相悖,最终导致秦朝的灭亡。苏秦、张仪以诈术权谋取胜,亦与儒家修、齐、治、平之主张相左,卫绾习儒学遂罢黜之。此虽卫绾一家之言,却是儒家孕育、发展必然之结果,更是汉武帝"罢黜百家,独尊儒术"之先声。

---

[1] 班固:《汉书》卷六《武帝纪》,中华书局 1962 年版,第 156 页。

汉武帝建元二年　公元前 139 年

1. 淮南王献《内篇》

《汉书·淮南衡山济北王传》：

淮南王安为人好书，鼓琴，不喜弋猎狗马驰骋，亦欲以行阴德拊循百姓，流名誉。招致宾客方术之士数千人，作为《内书》二十一篇，《外书》甚众，又有《中篇》八卷，言神仙黄白之术，亦二十余万言。时武帝方好艺文，以安属为诸父，辩博善为文辞，甚尊重之。每为报书及赐，常召司马相如等视草乃遣。初，安入朝，献所作《内篇》，新出，上爱秘之。使为《离骚传》，旦受诏，日食时上。又献《颂德》及《长安都国颂》。每宴见，谈说得失及方技赋颂，昏莫然后罢。①

淮南王刘安入朝，向汉武帝献《内篇》，得到汉武帝的推崇。汉武帝虽推崇儒学，但却对神仙思想情有独钟，比如迷恋神仙方士、追求长生不老、热衷祭祀、迷信巫蛊等。武帝对于神仙思想的推崇，虽有论证自身政权合法性的意蕴，但却对社会造成了危害。

---

① 班固：《汉书》卷四十四《淮南衡山济北王传》，中华书局 1962 年版，第 2145 页。

汉武帝建元三年　公元前 138 年

1. 东方朔为太中大夫给事中

《汉书·东方朔传》：

　　初，建元三年，微行始出，北至池阳，西至黄山，南猎长杨，东游宜春。……于是上以为道远劳苦，又为百姓所患，乃使太中大夫吾丘寿王与待诏能用算者二人，举籍阿城以南，盩屋以东，宜春以西，提封顷亩，及其贾直，欲除以为上林苑，属之南山。又诏中尉、左右内史表属县草田，欲以偿鄠、杜之民。吾丘寿王奏事，上大说称善。时朔在傍，进谏曰："臣闻谦逊静悫，天表之应，应之以福；骄溢靡丽，天表之应，应之以异。今陛下累郎台，恐其不高也；戈猎之处，恐其不广也。如天不为变，则三辅之地尽可以为苑，何必盩屋、鄠、杜乎！奢侈越制，天为之变，上林虽小，臣尚以为大也。……今规以为苑，绝陂池水泽之利，而取民膏腴之地，上乏国家之用，下夺农桑之业，弃成功，就败事，损耗五谷，是其不可一也。且盛荆棘之林，而长养麋鹿，广狐兔之苑，大虎狼之虚，又坏人家墓，发人室庐，令幼弱怀土而思，耆老泣涕而悲，是其不可二也。斥而营之，垣而囷之，骑驰东西，车骛南北，又有深沟大渠，夫一日之乐不足以危无堤之舆，是其不可三也。故务苑囿之大，不恤农时，非所以强国富人也。……粪土愚臣，忘生触死，逆盛意，犯隆指，罪当万死，不胜大愿，愿陈《泰阶六符》，以观天变，不可不省。"是日因奏《泰阶》之事，上乃拜朔为太中大夫给事中，赐黄金百斤。然遂起上林苑,如寿王所奏云。①

　　东方朔力排众议,以《泰阶六符》谏阻汉武帝修建上林苑,"东方朔很清楚,扮演政治团体中的另类有时是令人反感与厌恶的,但是,从为国、为民、为君计,东方朔却不顾位卑言轻,力排众议,直言进谏"。而且,"东方朔的进谏重点在对民瘼的深切关怀与同情,同时巧妙地把关心汉武帝的生命安全与富国强民放在最后来说,如此艰难地将'经'与'权'进行结合,不能不说东方朔煞费苦心"②。虽然,东方朔的《泰阶六符》具有些许"天人感应"的意味,但谏阻却表现出了儒家重民主义的情怀,并受到了汉武帝的褒奖。

①　班固:《汉书》卷六十五《东方朔传》,中华书局 1962 年版,第 2847—2851 页。
②　王成、张景林:《论东方朔的政治心理——中国传统恩宠政治文化性格的典型个案分析》,《南开学报(哲社版)》2015 年第 6 期。

汉武帝建元六年　公元前135年

1. 汲黯倡黄老之学

《史记·汲郑列传》：

　　汲黯字长孺，濮阳人也。其先有宠于古之卫君。至黯七世，世为卿大夫。黯以父任，孝景时为太子洗马，以庄见惮。孝景帝崩，太子即位，黯为谒者。东越相攻，上使黯往视之。不至，至吴而还，报曰："越人相攻，固其俗然，不足以辱天子之使。"河内失火，延烧千余家，上使黯往视之。还报曰："家人失火，屋比延烧，不足忧也。臣过河南，河南贫人伤水旱万余家，或父子相食，臣谨以便宜，持节发河南仓粟以振贫民。臣请归节，伏矫制之罪。"上贤而释之，迁为荥阳令。黯耻为令，病归田里。上闻，乃召拜为中大夫。以数切谏，不得久留内，迁为东海太守。黯学黄老之言，治官理民，好清静，择丞史而任之。其治，责大指而已，不苛小。黯多病，卧闺阁内不出。岁余，东海大治。称之。上闻，召以为主爵都尉，列于九卿。治务在无为而已，弘大体，不拘文法。……当是时，太后弟武安侯蚡为丞相，中二千石来拜谒，蚡不为礼。然黯见蚡未尝拜，常揖之。天子方招文学儒者，上曰吾欲云云，黯对曰："陛下内多欲而外施仁义，奈何欲效唐虞之治乎！"上默然，怒，变色而罢朝。公卿皆为黯惧。上退，谓左右曰："甚矣，汲黯之戆也！"群臣或数黯，黯曰："天子置公卿辅弼之臣，宁令从谀承意，陷主于不义乎？且已在其位，纵爱身，奈辱朝廷何！"[①]

---

① 司马迁：《史记》卷一百二十《汲郑列传》，中华书局1959年版，第3105—3106页。

汲黯是西汉武帝时著名的大臣,曾在地方和中央为官。在地方为官时,以黄老无为学说指导政治实践,以不扰民为宗旨,所在皆治。在中央为官时,不仅敢于同权贵亢礼,当面指出他们的缺点与过失,而且敢于给九五之尊的皇帝提意见,多次犯颜直谏。汲黯的鲠直敢言,无论是当时还是其后,一直受到人们的钦敬。[①] 汲黯以黄老之学黜儒,黄老思想的势力犹在。

---

① 郝建平:《论西汉直臣汲黯》,《聊城大学学报(社科版)》2005 年第 3 期。

汉武帝元光元年　公元前 134 年

1. 举孝廉

《汉书·武帝纪》：

> 元光元年冬十一月，初令郡国举孝廉各一人。[1]

　　吕祖谦《大事记解题》卷十二言：“按《董仲舒传》：‘仲舒对策，推明孔氏抑黜百家，立学校之官，州郡举茂才孝廉，皆自仲舒发之。’此举孝廉秀才之始也，犹有乡举里选、诸侯贡士之遗法焉。自汉至隋，虽时有污隆，法有臧否，其源流要出于古，至炀帝始变之。”武帝采纳了董仲舒的建议，这就是举孝廉用人制度的开始，也就是察举制度，即要求各郡国每年都要选举出在当地享有孝顺名声和行为清廉之士，推举到中央以备担任官职。

　　举孝廉是汉代发现和培养官吏预备人选的一种用人制度。其重大意义在于：首先，它打破了过去由大官僚子嗣和大富豪垄断官位的局面，为国家储备了更多干部人才，统治者可以在较大范围内按自己的意旨选择称职的官吏，这对于加强专制皇权，巩固其统治发挥了重大作用。其次，举孝廉的对象包括了许多没有家庭背景的平民百姓，使他们通过自身的努力，也有机会进入到国家机关任职，为他们求得更多的出路。再次，“孝廉”本身并不是一种官职，它仅仅是可以担当官职的资格。这种资格认定是对人的内在素质的肯定，重视的是被举孝廉的人所具有的内在品德修养和才干，突破了过去的只从外部看家庭出身，而不管是蠢才还是人才的

---

① 　班固：《汉书》卷六《武帝纪》，中华书局 1962 年版，第 160 页。

痼疾,把官吏的任用放在了选取人才上面。可以说,举孝廉作为用人制度在当时是一个很大的进步,有利于国家的有效管理和政权的巩固。[1] 此外,举孝廉的核心评价标准为"孝",其是儒家重要的价值要素,此种制度的实行是汉武帝推崇儒学的重要举措。

2. 诏贤良

《汉书·武帝纪》:

> 五月,诏贤良曰:"朕闻昔在唐虞,画像而民不犯,日月所烛,莫不率俾。周之成康,刑错不用,德及鸟兽,教通四海,海外肃慎,北发渠搜,氐羌徕服;星辰不孛,日月不蚀,山陵不崩,川谷不塞;麟凤在郊薮,河洛出图书。呜乎,何施而臻此与!今朕获奉宗庙,夙兴以求,夜寐以思,若涉渊水,未知所济。猗与伟与!何行而可以章先帝之洪业休德,上参尧舜,下配三王!朕之不敏,不能远德,此子大夫之所睹闻也,贤良明于古今王事之体,受策察问,咸以书对,著之于篇,朕亲览焉。"于是董仲舒、公孙弘等出焉。[2]

武帝求贤之策是高祖的人才政策的继续与发展,语言中肯,彰显了一位少年天子浪漫的政治理想。在《问贤诏》中,汉武帝将上古的善治与当下的未治,都归因于君王之德,体现了其对儒家德治思想的重视,更为重要的是,董仲舒、公孙弘等儒者在举贤良中脱颖而出,为儒术的独尊开辟了道路。

3. 董仲舒论仁

《汉书·董仲舒传》:

---

① 程敏:《中国古代的用人之道——举孝廉》,《文史杂志》2014 年第 2 期。
② 班固:《汉书》卷六《武帝纪》,中华书局 1962 年版,第 160—161 页。

对既毕，天子以仲舒为江都相，事易王。易王，帝兄，素骄，好勇。仲舒以礼谊匡正，王敬重焉。久之，王问仲舒曰："粤王勾践与大夫泄庸、种、蠡谋伐吴，遂灭之。孔子称殷有三仁，寡人亦以为粤有三仁。桓公决疑于管仲，寡人决疑于君。"仲舒对曰："臣愚不足以奉大对。闻昔者鲁君问柳下惠：'吾欲伐齐，何如？'柳下惠曰：'不可。'归而有忧色，曰：'吾闻伐国不问仁人，此言何为至于我哉！'徒见问耳，且犹羞之，况设诈以伐吴乎？由此言之，粤本无一仁。夫仁人者，正其谊不谋其利，明其道不计其功，是以仲尼之门，五尺之童羞称五伯，为其先诈力而后仁谊也。苟为诈而已，故不足称于大君子之门也。五伯比于他诸侯为贤，其比三王，犹武夫之与美玉也。"王曰："善。"①

仁人问题关乎王霸，董仲舒为江都相，正是以儒家之仁、礼匡正江都易王。董仲舒对思孟学派、邹衍的相关五行理论进行了发展，将礼、义、仁、智、信与自然之五行相联系，如将仁比附于土，认为仁和大地一样，具有厚德载物、海纳百川的品质。"正其谊不谋其利，明其道不计其功"正是对儒家仁人志士所具有品德的最好诠释。

4. 杨何因《易》被征

《史记·儒林列传》：

自鲁商瞿受《易》孔子，孔子卒，商瞿传《易》，六世至齐人田何，字子庄，而汉兴。田何传东武人王同子仲，子仲传菑川人杨何。何以《易》，元光元年征，官至中大夫。齐人即墨成以《易》至城阳相。广川人孟但以《易》为太子门大夫。鲁人周霸，莒人衡胡，临菑人主父偃，皆以《易》至二千石。然要言《易》者本于杨何之家。②

另《汉书·儒林传》：

---

① 班固：《汉书》卷五十六《董仲舒传》，中华书局 1962 年版，第 2523—2524 页。
② 司马迁：《史记》卷一百二十一《儒林列传》，中华书局 1959 年版，第 3127 页。

自鲁商瞿子木受《易》孔子,以授鲁桥庇子庸。子庸授江东矸臂子弓。子弓授燕周丑子家。子家授东武孙虞子乘。子乘授齐田何子装。及秦禁学,《易》为筮卜之书,独不禁,故传受者不绝也。汉兴,田何以齐田徙杜陵,号杜田生,授东武王同子中、雒阳周王孙、丁宽、齐服生,皆著《易传》数篇。同授淄川杨何,字叔元,元光中征为太中大夫。齐即墨城,至城阳相。广川孟但,为太子门大夫。鲁周霸、莒衡胡、临淄主父偃,皆以《易》至大官。要言《易》者本之田何。①

　　纵观《汉书》,诏书中有内容的"制诏"和"诏曰"的形式,并且与《易经》内容相关的只有三处,其中《武帝纪》直接引用《易经》内容的就有两处,这体现了汉武帝对于《易》的偏爱。② 杨何从王同子仲学《易》,被汉武帝征为太中大夫,更体现出了汉武帝对于儒学的重视。

---

①　班固:《汉书》卷八十八《儒林传》,中华书局 1962 年版,第 3597 页。
②　何楠楠:《汉武帝诏书引〈易〉研究》,《林区教学》2014 年第 1 期。

汉武帝元光二年 公元前133年

1. 武帝祠五畤

《史记·封禅书》：

> 明年，今上初至雍，郊见五畤。后常三岁一郊。是时上求神君，舍之上林中蹏氏观。神君者，长陵女子，以子死，见神于先后宛若。宛若祠之其室，民多往祠。平原君往祠，其后子孙以尊显。及今上即位，则厚礼置祠之内中。闻其言，不见其人云。①

畤是由宫殿建筑物和土坛组成，土坛周围必须有一块较平整的祭祀场地。宫殿作为畤的重要组成部分，其用途除存放祭具祭品的仓厨场所，也是祠官常驻，天子郊祀时"斋宿"之地，以及一些重大礼祀的场所等。汉高祖在继承秦四畤基础上，认为天有五帝，所以必须有五畤，于是兴建黑帝祠，号为北畤。汉武帝先后"行幸雍，郊五畤"八次之多。其使用的祭祀规格也是最高，增加了"牢熟具"祭祀大礼。② 这体现了汉武帝对于鬼神信仰的重视。

2. 汉武帝祠太一诸神

《史记·封禅书》：

---

① 司马迁：《史记》卷二十八《封禅书》，中华书局1959年版，第1384页。
② 后晓荣、陈晓飞：《秦汉雍五畤地望新探》，《秦文化论丛》2003年。

亳人谬忌奏祠太一方，曰："天神贵者太一，太一佐曰五帝。古者天子以春秋祭太一东南郊，用太牢，七日，为坛开八通之鬼道。"于是天子令太祝立其祠长安东南郊，常奉祠如忌方。其后人有上书，言"古者天子三年壹用太牢祠神三一：天一、地一、太一"。天子许之，令太祝领祠之于忌太一坛上，如其方。后人复有上书，言"古者天子常以春解祠，祠黄帝用一枭破镜；冥羊用羊祠；马行用一青牡马；太一、泽山君地长用牛；武夷君用干鱼；阴阳使者以一牛"。令祠官领之如其方，而祠于忌太一坛旁。其后，天子苑有白鹿，以其皮为币，以发瑞应，造白金焉。[1]

刘彻即位后"尤敬鬼神之祀"，建元初召集群儒议封禅，被窦太后压制下来。建元六年窦太后去世，汉武帝没有了忌惮，于是在元光二年，有人奏请祭祀高于"五帝"的"太一"神。"三一"即"三皇"，"太一"受道家"尚一"观念的影响。"太一"是皇权高度集中在"天人合一"神权观念中的反映。西汉天学有"太一"，指"帝星"——北极星，已经有了至上、惟一的神性。汉武帝同意设坛祭祀"太一"，并委派谬忌主持其事，这一举措更加强化了朝野间"造神运动"潮流的泛滥。[2]

① 司马迁：《史记》卷二十八《封禅书》，中华书局 1959 年版，第 1386—1387 页。
② 庄春波：《汉武帝评传》，南京大学出版社 2001 年版，第 265—266 页。

汉武帝元光五年　公元前130年

1. 河间献王献雅乐

《汉书·景十三王传》：

> 武帝时，献王来朝，献雅乐，对三雍宫及诏策所问三十余事。其对推道术而言，得事之中，文约指明。[①]

另《汉书·艺文志·六艺略·乐序》：

> 武帝时，河间献王好儒，与毛生等共采《周官》及诸子言乐事者，以作《乐记》，献八佾之舞，与制氏不相远。其内史丞王定传之，以授常山王禹。禹，成帝时为谒者，数言其义，献二十四卷记。刘向校书，得《乐记》二十三篇，与禹不同，其道浸以益微。[②]

河间献王吸引了大批名儒乐师聚集古河间国，形成了河间学术中心。在献王刘德为首的河间学术中心的推动下，河间乐得以兴起发展，并在篇目、乐律和乐义等方面都取得了不小的成就。随着河间乐日益繁荣与影响的不断扩大，献王刘德将其进奉中央，使其达到了发展的顶峰。汉初宫廷雅乐匮乏，刘德献乐可谓雪中送炭，经过乐家制氏的鉴定，河间乐得到了"不相远"的评价。太乐是西汉掌管雅乐的专门机构，河间乐进入太乐，

---

① 班固：《汉书》卷五十三《景十三王传》，中华书局 1962 年版，第 2411 页。
② 班固：《汉书》卷三十《艺文志》，中华书局 1962 年版，第 1712 页。

标志着其雅乐性质的确定。刘德献乐使得河间乐成功跻身于中央官方音乐，迎来了发展的新契机。

至于献王所议三雍之事，三雍是帝王祭祀和典礼的地方。修建三雍宫，祀三雍之礼是古代国家礼乐制度的重要组成部分，是皇权政治的体现。汉兴以来，诸位帝王一直未能建立起完善的礼乐制度。汉武帝对明堂之礼亦很推崇，由于窦太后反对诸事皆罢。因此，河间献王刘德的入朝可谓急中央之所急，河间乐的进献和三雍宫的规划都对中央礼乐提供了有力的补充，一定程度上弥补了汉初草创、礼乐未就的遗憾。[①] 礼、乐是儒家推行教化的根本手段，秦以来，儒乐衰微，河间献王搜集献之，武帝欣然采纳，体现了其对儒家教化之事的重视。

2. 河间献王刘德卒

《史记·五宗世家》：

> 河间献王德，以孝景帝前二年用皇子为河间王。好儒学，被服造次必于儒者。山东诸儒多从之游。二十六年卒。[②]

刘德好儒学，广泛搜罗儒家典籍，任用儒士，成为当时与淮南王刘安道家学术中心并存的两大地方学术中心，《汉书·景十三王传》："河间献王德以孝景前二年立，修学好古，实事求是。从民得善书，必为好写与之，留其真，加金帛赐以招之。繇是四方道术之人不远千里，或有先祖旧书，多奉以奏献王者，故得书多，与汉朝等。是时，淮南王安亦好书，所招致率多浮辩。献王所得书皆古文先秦旧书，《周官》《尚书》《礼》《礼记》《孟子》《老子》之属，皆经传说记，七十子之徒所论。其学举六艺，立《毛氏诗》《左氏春秋》博士。修礼乐，被服儒术，造次必于儒者。山东诸儒多从而游。"河间献王刘德积德累行，俨然汉初一位儒家领袖。他修学好古，在河间国复兴儒学，颇得儒家正脉，以仁义治国，德教化民，是河间献王治道

---

① 王越：《河间献王入朝与河间乐的由盛而衰》，《沧州师范学院学报》2016 年第 6 期。
② 司马迁：《史记》卷五十八《五宗世家》，中华书局 1959 年版，第 2093—2094 页。

的基本思路；修兴礼乐，治国化民，是河间献王治道的基本途径。①

　　雄才大略的武帝一方面是政治上的打压，一方面也利用中央的有利条件，分化和培植一批愿与中央合作的儒学精英，进行与郡县大一统相适应的新儒学的建构，于是以董仲舒为宗的新儒学在汉代应运而生，其经典被立为学官，成为官方儒学，很快发展起来。这样儒学在景武之世逐渐形成了两大系统，一是以献王为宗的河间儒学，其核心是周制、周礼，被长期抑制于民间；一是以董仲舒为宗的中央儒学，其核心是大一统、强干弱枝，成为官方儒学。两大儒学系统在发展中相互冲突、交融、合流，对汉代及后世儒学产生了深刻影响。由于它们所依的经典文本有着今古文的不同，又被后世称为"今古文经学"，它们之间争论被称"今古文之争"。②

---

① 韩星：《河间献王的治道思想及其现实意义》，《河北学刊》2017 年第 2 期。
② 成祖明：《河间献王与景武之世的儒学》，《史学集刊》2007 年第 4 期。

汉武帝元光六年　公元前 129 年

1. 徐乐上书

《史记·平津侯主父列传》：

　　是时赵人徐乐、齐人严安俱上书言世务，各一事。徐乐曰："臣闻天下之患在于土崩，不在于瓦解，古今一也。何谓土崩？秦之末世是也。陈涉无千乘之尊，尺土之地，身非王公大人名族之后，无乡曲之誉，非有孔、墨、曾子之贤，陶朱、猗顿之富也，然起穷巷，奋棘矜，偏袒大呼而天下从风，此其故何也？由民困而主不恤，下怨而上不知，俗已乱而政不修，此三者陈涉之所以为资也。是之谓土崩。故曰天下之患在于土崩。何谓瓦解？吴、楚、齐、赵之兵是也。七国谋为大逆，号皆称万乘之君，带甲数十万，威足以严其境内，财足以劝其士民，然不能西攘尺寸之地而身为禽于中原者，此其故何也？非权轻于匹夫而兵弱于陈涉也，当是之时，先帝之德泽未衰而安土乐俗之民众，故诸侯无境外之助。此之谓瓦解，故曰天下之患不在瓦解。由是观之，天下诚有土崩之势，虽布衣穷处之士或首恶而危海内，陈涉是也。况三晋之君或存乎！天下虽未有大治也，诚能无土崩之势，虽有强国劲兵不得旋踵而身为禽矣，吴、楚、齐、赵是也。况群臣百姓能为乱乎哉！此二体者，安危之明要也，贤主所留意而深察也。"①

　　郑杰文、李梅所著《中国学术思想编年》（秦汉卷）一书将徐乐上书系

---

① 司马迁：《史记》卷一百一十二《平津侯主父列传》，中华书局 1959 年版，第 2956—2957 页。

于此年,今从之。徐乐上书,立足于武帝一朝的社会现实,围绕着"过秦"的主题,建议武帝要安民、保民、重民,防止百姓动乱,不然汉王朝就有土崩瓦解的危险。[①]

2. 严安上书

《史记·平津侯主父列传》:

严安上书曰:"臣闻周有天下,其治三百余岁,成康其隆也,刑错四十余年而不用。及其衰也,亦三百余岁,故五伯更起。五伯者,常佐天子兴利除害,诛暴禁邪,匡正海内,以尊天子。五伯既没,贤圣莫续,天子孤弱,号令不行。诸侯恣行,强陵弱,众暴寡,田常篡齐,六卿分晋,并为战国,此民之始苦也。于是强国务攻,弱国备守,合从连横,驰车击毂,介胄生虮虱,民无所告愬。及至秦王,蚕食天下,并吞战国,称号曰皇帝,主海内之政,坏诸侯之城,销其兵,铸以为钟虡,示不复用。元元黎民得免于战国,逢明天子,人人自以为更生。乡使秦缓其刑罚,薄赋敛,省徭役,贵仁义,贱权利,上笃厚,下智巧,变风易俗,化于海内,则世世必安矣。秦不行是风而循其故俗,为智巧权利者进,笃厚忠信者退;法严政峻,谀谀者众,日闻其美,意广心轶。欲肆威海外,乃使蒙恬将兵以北攻胡,辟地进境,戍于北河,蜚刍挽粟以随其后。又使尉屠睢将楼船之士南攻百越,使监禄凿渠运粮,深入越,越人遁逃。旷日持久,粮食绝乏,越人击之,秦兵大败。秦乃使尉佗将卒以戍越。当是时,秦祸北构于胡,南挂于越,宿兵无用之地,进而不得退。行十余年,丁男被甲,丁女转输,苦不聊生,自经于道树,死者相望。及秦皇帝崩,天下大叛。陈胜、吴广举陈,武臣、张耳举赵,项梁举吴,田儋举齐,景驹举郢,周市举魏,韩广举燕,穷山通谷豪士并起,不可胜载也。然皆非公侯之后,非长官之吏也。无尺寸之势,起闾巷,杖棘矜,应时而皆动,不谋而俱起,不约而同会,壤长地

---

① 张珊:《〈史记〉、〈汉书〉之徐乐、严安传及其上书言世务发微》,《古典文献研究》2014年第2期。

进，至于霸王，时教使然也。秦贵为天子，富有天下，灭世绝祀者，穷兵之祸也。故周失之弱，秦失之强，不变之患也。今欲招南夷，朝夜郎，降羌僰，略濊州，建城邑，深入匈奴，燔其茏城，议者美之。此人臣之利也，非天下之长策也。今中国无狗吠之惊，而外累于远方之备，靡敝国家，非所以子民也。行无穷之欲，甘心快意，结怨于匈奴，非所以安边也。祸结而不解，兵休而复起，近者愁苦，远者惊骇，非所以持久也。今天下锻甲砥剑，桥箭累弦，转输运粮，未见休时，此天下之所共忧也。夫兵久而变起，事烦而虑生。今外郡之地或几千里，列城数十，形束壤制，旁胁诸侯，非公室之利也。上观齐晋之所以亡者，公室卑削，六卿大盛也；下观秦之所以灭者，严法刻深，欲大无穷也。今郡守之权，非特六卿之重也；地几千里，非特闾巷之资也；甲兵器械，非特棘矜之用也：以遭万世之变，则不可称讳也。"[1]

郑杰文、李梅所著《中国学术思想编年》（秦汉卷）一书将严安上书系于此年，今从之。严安的上书中，针砭时弊，为汉武帝的治国理政提供了许多建设性的意见，其特别强调君王要"贵仁义""省徭役""薄赋敛"，提倡道德教化、申斥严刑酷法，体现了儒家重民思想。此外，严安还主张慎战，并认为战争有利于臣下，而不利于君王，对后世，特别是宋代产生了较大的影响。[2]

---

① 司马迁：《史记》卷一百一十二《平津侯主父列传》，中华书局 1959 年版，第 2957—2960 页。
② 张珊：《〈史记〉、〈汉书〉之徐乐、严安传及其上书言世务发微》，《古典文献研究》2014 年第 2 期。

汉武帝元朔元年　公元前 128 年

1. 董仲舒言灾异获罪

《汉书·董仲舒传》：

> 仲舒治国，以《春秋》灾异之变推阴阳所以错行，故求雨，闭诸阳，纵诸阴，其止雨反是；行之一国，未尝不得所欲。中废为中大夫。先是辽东高庙、长陵高园殿灾，仲舒居家推说其意，草稿未上，主父偃候仲舒，私见，嫉之，窃其书而奏焉。上召示诸儒，仲舒弟子吕步舒不知其师书，以为大愚。于是下仲舒吏，当死，诏赦之。仲舒遂不敢复言灾异。[①]

儒学发展到西汉时期，在大一统政权下如何生存、发展，是儒者们必须解决的问题。董仲舒以阴阳灾异言政事，意在通过任德重仁的天来约束君王的言行，以便发挥儒学的政治批判功能，其因言灾异获罪，既是偶然，更是必然，这体现了儒学与皇权之间的矛盾、对抗，更促使儒者们要不断增益董氏的阴阳灾异之说。

2. 孔安国为博士

《史记·孔子世家》：

---

① 班固：《汉书》卷五十六《董仲舒传》，中华书局 1962 年版，第 2524 页。

（孔）武生延年及安国。安国为今皇帝博士，至临淮太守，蚤卒。[1]

另《史记·儒林列传》：

兒宽既通《尚书》，以文学应郡举，诣博士受业，受业孔安国。[2]

郑杰文、李梅所著《中国学术思想编年》（秦汉卷）一书通过考辨后将孔安国为博士，兒宽从其受业系于此年，今从之。孔安国从申公学《诗》，精通《尚书》，为武帝经学博士，教授弟子兒宽，为官至谏大夫、临淮太守。孔安国在其一生中积极教书育人，宣传儒家经义，很大程度上推动了儒家经典的阐发和传播，对于今文经学发展和汉初文化复兴及至整个汉代学术的发展都有重要的功绩。[3]

① 司马迁：《史记》卷四十七《孔子世家》，中华书局 1959 年版，第 1947 页。
② 司马迁：《史记》卷一百二十一《儒林列传》，中华书局 1959 年版，第 3125 页。
③ 陈以凤：《孔安国学术研究》，山东大学 2010 年博士论文，第 18、178 页。

汉武帝元朔三年　公元前126年

1. 公孙弘为御史大夫

《史记·平津侯主父列传》:

> 元朔三年,张欧免,以弘为御史大夫。是时通西南夷,东置沧海,北筑朔方之郡。弘数谏,以为罢敝中国以奉无用之地,愿罢之。于是天子乃使朱买臣等难弘置朔方之便。发十策,弘不得一。弘乃谢曰:"山东鄙人,不知其便若是,愿罢西南夷、沧海而专奉朔方。"上乃许之。①

"西南夷,东置沧海,北筑朔方之郡"本为汉武帝开疆扩土的重要举措,但是,公孙弘却看到了汉武帝拓边政策的负面影响,即给国家财政带来危机,给黎民百姓带来灾难,因而多次投了反对票。然而,公孙弘却忽略了汉武帝拓边政策从总体上具有的积极意义:解除了匈奴等少数民族对汉帝国边塞地区的袭扰,开拓了疆域,加速了民族融合的步伐,促进了中外经济文化的交流。② 公孙弘在这一重大问题上的立场,虽体现出了儒家的重民、薄赋主张,但却无疑是保守有余、进取不足。

2. 主父偃被诛

《史记·平津侯主父列传》:

---

① 司马迁:《史记》卷一百一十二《平津侯主父列传》,中华书局1959年版,第2950页。
② 孟祥才:《论公孙弘》,《管子学刊》2001年第4期。

元朔二年，主父言齐王内淫佚行僻，上拜主父为齐相。至齐，遍召昆弟宾客，散五百金予之，数之曰："始吾贫时，昆弟不我衣食，宾客不我内门；今吾相齐，诸君迎我或千里。吾与诸君绝矣，毋复入偃之门！"乃使人以王与姊奸事动王，王以为终不得脱罪，恐效燕王论死，乃自杀。有司以闻。主父始为布衣时，尝游燕、赵，及其贵，发燕事。赵王恐其为国患，欲上书言其阴事，为偃居中，不敢发。及为齐相，出关，即使人上书，告言主父偃受诸侯金，以故诸侯子弟多以得封者。及齐王自杀，上闻大怒，以为主父劫其王令自杀，乃征下吏治。主父服受诸侯金，实不劫王令自杀。上欲勿诛，是时公孙弘为御史大夫，乃言曰："齐王自杀无后，国除为郡，入汉，主父偃本首恶，陛下不诛主父偃，无以谢天下。"乃遂族主父偃。①

郑杰文、李梅所著《中国学术思想编年》（秦汉卷）一书通过考辨《汉书》《资治通鉴》后将主父偃被诛系于此年，今从之。公孙弘早年学"长短纵横之术"，后致力于《易》《春秋》与百家之言，尤精通《易》，可谓是博学通儒。主父偃的前半生历经坎坷，备受欺凌，对世态炎凉感受极深。这种人生经历一方面激励了他在仕途中奋力攀登的意志，一方面也孕育了他愤世记怨的阴暗心态。为贯彻自己的某种卑劣意图而不惜置人于死地，也会为泄心中积怨而公然炫势凌众。② 主父偃最终因受贿、诈术被族灭，这与公孙弘的寿终正寝形成了鲜明的对比，一个以纵横之术立身，一个以儒术正己，儒学的修齐治平之效立显。

---

① 司马迁：《史记》卷一百一十二《平津侯主父列传》，中华书局 1959 年版，第 2962 页。
② 祝中熹：《西汉名臣主父偃》，《鲁东大学学报（哲学社会科学版）》2015 年第 1 期。

汉武帝元朔五年　公元前124年

1. 汲黯毁儒

《史记·汲郑列传》：

> 是时，汉方征匈奴，招怀四夷。黯务少事，乘上间，常言与胡和亲，无起兵。上方向儒术，尊公孙弘。及事益多，吏民巧弄。上分别文法，汤等数奏决谳以幸。而黯常毁儒，面触弘等徒怀诈饰智以阿人主取容，而刀笔吏专深文巧诋，陷人于罪，使不得反其真，以胜为功。上愈益贵弘、汤，弘、汤深心疾黯，唯天子亦不说也，欲诛之以事。弘为丞相，乃言上曰："右内史界部中多贵人宗室，难治，非素重臣不能任，请徙黯为右内史。"为右内史数岁，官事不废。[1]

汲黯好黄老，是武帝时期的直谏名臣，其批评公孙弘、张汤阿谀奉承、舞文弄墨虽有毁儒之意，但最终的出发点还在于国计民生。此外，汉武帝虽然独尊儒学，但并不尽罢他家。汲黯一生官做得不是很大，先后担任过东海太守、主爵都尉、淮阳太守等职。他是一位正直无私，敢于直言，反对阿谀奉承，关心民间疾苦的贤臣。汲黯从政的一个显著特点是以黄老学说为指导，并屡获成功。武帝之时，黄老学说并未完全退出历史舞台，且在一定条件下，仍可发挥其积极的作用。[2]

---

① 司马迁：《史记》卷一百二十《汲郑列传》，中华书局1959年版，第3108页。
② 郝建平：《论西汉直臣汲黯》，《聊城大学学报（社会科学版）》2005年第3期。

汉武帝元朔六年　公元前123年

1. 董仲舒为胶西相

《史记·儒林列传》：

> 董仲舒为人廉直。是时方外攘四夷，公孙弘治《春秋》不如董仲舒，而弘希世用事，位至公卿。董仲舒以弘为从谀。弘疾之，乃言上曰："独董仲舒可使相缪西王。"胶西王素闻董仲舒有行，亦善待之。董仲舒恐久获罪，疾免居家。至卒，终不治产业，以修学著书为事。故汉兴至于五世之间，唯董仲舒名为明于《春秋》，其传公羊氏也。[①]

刘汝霖所著《汉晋学术编年》将此事系于元朔六年[②]，今从之。董仲舒虽仕途不畅，但却真正为儒家学说重建或奠定庞大的理论框架，并使之转化为民族国家意识形态做出了决定性的贡献。作为政治家，他的事业似乎并不功，不像公孙弘那样白衣丞相，成为儒者靡然向风的象征性人物，但作为思想家，他的影响却极其深远，大大超过了同时代的任何儒者。

董仲舒以《公羊春秋》为立学基础，强调"奉天""法古"。"奉天"当然是以宇宙为人间知识的支持系统，而"法古"则是以历史为世间秩序的合理依据，在董仲舒看来，这与没有规矩不能成方圆、没有六律不能定五音是一样的，"虽有知心，不觉先王，不能平天下"，于是不仅儒家独占的经典作为实用的政治教科书，典籍教学成了知识的重要来源，而且上古帝王的

---

① 司马迁：《史记》卷一百二十一《儒林列传》，中华书局1959年版，第3128页。
② 刘汝霖：《汉晋学术编年》卷二，中华书局1987年版，第42页。

道德故事,三代改正朔、易服色的传说,近代弑君亡国的教训,以及传统的与想象的制度、法律、礼仪与规范,就有了极深刻的垂范与示警的意味。[①]如果说,公孙弘为儒学的发展构建起了政治秩序,那么,董仲舒就为儒学的独尊奠定了学术秩序。

---

① 葛兆光:《中国思想史》(第一卷),复旦大学出版社 2004 年版,第 259—261 页。

汉武帝元狩元年　公元前 122 年

1. 严助以《春秋》具对

《汉书·严朱吾丘主父徐严终王贾传》：

> 助侍燕从容，上问助居乡里时，助对曰："家贫，为友婿富人所辱。"上问所欲，对愿为会稽太守。于是拜为会稽太守。数年，不闻问。赐书曰："制诏会稽太守：君厌承明之庐，劳侍从之事，怀故土，出为郡吏。会稽东接于海，南近诸越，北枕大江。间者，阔焉久不闻问，具有《春秋》对，毋以苏秦从横。"助恐，上书谢称："《春秋》天王出居于郑，不能事母，故绝之。臣事君，犹子事父母也，臣助当伏诛。陛下不忍加诛，愿奉三年计最。"诏许，因留侍中。有奇异，辄使为文，及作赋颂数十篇。后淮南王来朝，厚赂遗助，交私论议。及淮南王反，事与助相连，上薄其罪，欲勿诛。廷尉张汤争，以为助出入禁门，腹心之臣，而外与诸侯交私如此，不诛，后不可治。助竟弃市。①

春秋公羊学在武帝一朝极盛，汉初，法治严酷，但尚有法可依，从董仲舒开始，由于强调诛意、诛心、原心论罪，引经义以断狱，在宗法关系内部实行法治，其结果不仅使封建等级统治和君臣父子关系，渗透着严而少恩的法治的精神，法本身也被随意解释、滥用而无法可依。严助虽因淮南一案被诛，但董仲舒弟子治淮南狱所体现的，就是这种大义灭亲的精神。而

---

① 班固：《汉书》卷六十四上《严朱吾丘主父徐严终王贾传》，中华书局 1962 年版，第 2789—2791 页。

这种大义灭亲的精神,既是法家传统的存续和发展,也是公羊春秋的基本精神。[①] 另王先谦《汉书补注》曰:"郭嵩焘曰:'《春秋》事直书,纵横则饰辩而已。诏盖诘其所以不乐侍中而外求郡之旨。助《春秋》出居于郑为对,正承诏言之,然不自述己意,而述《公羊》说经之意,是其善于立言。'"严助虽以举贤良入仕,但却深受《春秋公羊学》之影响。

---

① 金春峰:《汉代思想史》,中国社会科学出版社 2006 年版,第 176—177 页。

汉武帝元狩二年　公元前 121 年

1. 公孙弘卒

《史记·平津侯主父列传》：

> 弘为人意忌，外宽内深。诸尝与弘有却者，虽详与善，阴报其祸。
> 杀主父偃，徙董仲舒于胶西，皆弘之力也。食一肉脱粟之饭。故人所
> 善宾客，仰衣食，弘奉禄皆以给之，家无所余。士亦以此贤之。淮南、
> 衡山谋反，治党与方急。弘病甚，自以为无功而封，位至丞相，宜佐明
> 主填抚国家，使人由臣子之道。今诸侯有畔逆之计，此皆宰相奉职不
> 称，恐窃病死，无以塞责。……元狩二年，弘病，竟以丞相终。[①]

公孙弘以白衣之身，一跃成为汉帝国的丞相，成为儒学复兴的中坚力
量。与董仲舒相比，公孙弘在政治实践领域的影响更为深远。从战国士
人的自由奔放到秦朝"以法为教""以吏为师"，再到汉初的"忠厚长者"，最
后发展到武帝时儒表法里的士人人格，士大夫的人格特征不断接受政治
现实的考验和"试错"，最后以一种"折衷"模式走向定型，与官僚帝制和宗
法社会的二重秩序实现了契合。公孙弘正是这种转变的里程碑人物，他
从战国游士、秦朝文吏和汉初"长者"的历史累积中走出，将儒学的意识形
态功能和法术的政治功用结合起来，构建了帝制时代士大夫的政治实践
哲学，并将其成功地运用于帝制政治。

在以后的帝制时代，这种政治哲学在实践中一直为士大夫所遵循，人

---

① 司马迁：《史记》卷一百一十二《平津侯主父列传》，中华书局 1959 年版，第 2951—2953 页。

们随处可见"公孙弘们"的身影,只是随着政治实践的发展,他们更好地掩藏起自身的法术特征,将儒术"缘饰"得更加完美。公孙弘以自己的政治实践,完成了官僚帝制对士大夫政治思想的塑造和选择,成为士大夫政治思想史上的一座里程碑。①

汉武帝元狩五年　公元前118年

1. 汉武帝祠神君

《史记·孝武本纪》：

> 文成死明年，天子病鼎湖甚，巫医无所不致，不愈。游水发根乃言曰："上郡有巫，病而鬼下之。"上召置祠之甘泉。及病，使人问神君。神君言曰："天子毋忧病。病少愈，强与我会甘泉。"于是病愈，遂幸甘泉，病良已。大赦天下，置寿宫神君。神君最贵者太一，其佐曰大禁、司命之属，皆从之。非可得见，闻其音，与人言等。时去时来，来则风肃然也。居室帷中。时昼言，然常以夜。天子祓，然后入。因巫为主人，关饮食。所欲者言行下。又置寿宫、北宫，张羽旗，设供具，以礼神君。神君所言，上使人受书其言，命之曰"画法"。其所语，世俗之所知也，毋绝殊者，而天子独喜。其事秘，世莫知也。①

李零在《秦汉祠畤通考》一文中已经对秦汉祠庙的地域分布情况进行了全面考释。但就汉武帝时期的祠庙情况而言，京兆尹分布有：神君祠、亳忌太一祠、三一祠、黄帝祠、冥羊祠、马行祠、太一祠、泽山君祠、地长祠、武夷君祠、阴阳使者祠、寿宫神君祠。汉武帝根据国家的需要和个人的兴趣，采取了一系列不同于前代帝王的宗教政策，以"太一"为至上神，更是打破了以"昊天上帝"为至上神的儒家传统，对武帝以前的儒家思想做了

---

① 司马迁：《史记》卷十二《孝武本纪》，中华书局1959年版，第459—460页。

更切合实际的改造,为汉代"盛世"的出现,在统一思想方面做了充分的铺垫,同时也对后世产生了深远的影响。①

① 孙静:《论汉武帝的宗教政策》,《池州学院学报》2009 年第 1 期。

汉武帝元鼎二年　公元前 115 年

1. 立后土祠

《史记·封禅书》：

> 其明年冬，天子郊雍，议曰："今上帝朕亲郊，而后土无祀，则礼不答也。"有司与太史公、祠官宽舒议："天地牲角茧栗。今陛下亲祠后土，后土宜于泽中圜丘为五坛，坛一黄犊太牢具，已祠尽瘗，而从祠衣上黄。"于是天子遂东，始立后土祠汾阴脽丘，如宽舒等议。上亲望拜，如上帝礼。礼毕，天子遂至荣阳而还。过雒阳，下诏曰："三代邈绝，远矣难存。其以三十里地封周后为周子南君，以奉其先祀焉。"是岁，天子始巡郡县，侵寻于泰山矣。①

汉武帝此举，拉开了古代帝王亲临汾阴祭祀后土的帷幕。从此，如同农家设立神龛并祭祀土地神一样，就有了帝王祭祀后土神祇的正式庙祠。汉武帝刘彻为何要修建后土祠？秦始皇"一统六合"，建立了中国历史上第一个多民族的大一统国家，而汉武帝想和秦皇一样，成为一代明君，虽然他不像秦始皇嬴政那样，有创建西汉江山之功，但他承袭了秦始皇嬴政的大一统思想，在继承、巩固、发展统一西汉大业上，确有建树之功。他如同当年的秦始皇，主要通过战争的方式，把汉王朝推向鼎盛。他于元朔二年(前 127)、元狩二年(前 121)和元狩四年(前 119)，三次任卫青、霍去病为将，抗击匈奴进扰，保障了黄河流域的生产和经济发展；并组织大量的

---

① 司马迁：《史记》卷二十八《封禅书》，中华书局 1959 年版，第 1389 页。

移民到边疆屯田,巩固边防;又曾派张骞出使西域,又灭南越,在西南地区设置郡县,奠定了统一多民族国家的雏形。[1] 此外,"阴阳五行思想""宝鼎崇拜观念""神圣地域观念""祭河传统",特别是儒学地位上升等因素也对汉武帝立后土祠产生了影响。[2]

---

[1]　陆峰波:《汉武帝与后土祠》,《华北国土资源》2016 年第 3 期。
[2]　向晋卫、穆葳:《秦汉时期的后土崇拜——兼论汾阴后土祠的建置背景》,《南都学坛》2015 年第 1 期。

汉武帝元封元年　公元前110年

1. 兒宽议封禅

《汉书·公孙弘卜式兒宽传》：

及议欲放古巡狩封禅之事，诸儒对者五十余人，未能有所定。先是，司马相如病死，有遗书，颂功德，言符瑞，足以封泰山。上奇其书，以问宽，宽对曰："陛下躬发圣德，统楫群元，宗祀天地，荐礼百神，精神所乡，征兆必报，天地并应，符瑞昭明。其封泰山，禅梁父，昭姓考瑞，帝王之盛节也。然享荐之义，不著于经，以为封禅告成，合祛于天地神祇，祗戒精专以接神明。总百官之职，各称事宜而为之节文。唯圣主所由，制定其当，非群臣之所能列。今将举大事，优游数年，使群臣得人自尽，终莫能成。唯天子建中和之极，兼总条贯，金声而玉振之，以顺成天庆，垂万世之基。"上然之，乃自制仪，采儒术以文焉。既成，将用事，拜宽为御史大夫，从东封泰山，还登明堂。宽上书曰："臣闻三代改制，属象相因。间者圣统废绝，陛下发愤，合指天地，祖立明堂辟雍，宗祀泰一，六律五声，幽赞圣意，神乐四合，各有方象，以丞嘉祀，为万世则，天下幸甚。将建大元本瑞，登告岱宗，发社闾门，以侯景至。癸亥宗祀，日宣重光；上元甲子，肃邕永享。光辉充塞，天文粲然，见象日昭，报降符应。臣宽奉觞再拜，上千万岁寿。"制曰："敬举君之觞。"后太史令司马迁等言："历纪坏废，汉兴未改正朔，宜可正。"上乃诏宽与迁等共定汉《太初历》。语在《律历志》。初梁相褚大通《五经》，为博士，时宽为弟子。及御史大夫缺，征褚大，大自以为得御史大夫。至洛阳，闻兒宽为之，褚大笑。及至，与宽议封禅于上前，大不能及,退而服曰:"上诚知人。"宽为御史大夫,以称意任职,故久无有所匡谏于上,官属易之。居位九岁,以官卒。①

　　汉武帝欲仿古封禅,兒宽认为封禅之仪应该由天子制定,汉武帝于是封兒宽为御史大夫,采用儒家之礼进行封禅,"从汉武帝即位后形势的发展而论,已不是儒家思想的真理性需要政治权力来予以确认,而是汉朝天命和皇权需要儒家思想的价值观来赋予合法性、权威性,以确保政治权力运作的合理性和有序性。由于'礼莫盛于告天',故儒学化的封禅大典仪式,势必要应运而生"。而且,"汉武封禅的历史意义,不仅在于其'奉天承运',皇帝权威得以强化,更重要的是,汉武帝以封禅礼仪所寄寓、隐喻和象征的意义,向帝国臣民宣布了儒家思想在意识形态领域独占鳌头以及正统化和制度化"②。

---

①　班固:《汉书》卷五十八《公孙弘卜式兒宽传》,中华书局 1962 年版,第 2630—2633 页。
②　何平立:《汉武封禅:儒学正统化大典》,《上海大学学报(社会科学版)》2003 年第 4 期。

汉武帝元封二年　公元前 109 年

1. 司马迁作《河渠书》

《史记·河渠书》：

> 太史公曰：余南登庐山，观禹疏九江，遂至于会稽太湟，上姑苏，望五湖；东窥洛汭、大邳，迎河，行淮、泗、济、漯洛渠；西瞻蜀之岷山及离碓；北自龙门至于朔方。曰：甚哉，水之为利害也！余从负薪塞宣房，悲《瓠子》之诗而作《河渠书》。①

刘汝霖将此事系于此年，今从之②。

《河渠书》全篇仅 1651 字，记述了上起大禹平治水土，下迄汉元封二年（公元前 109 年）瓠子堵塞河决的水利史实，展现了国家治水的重大作用和水与经济发展的利害关系。③ 所述内容是将治河、航运（漕运）和灌溉并重，主要包括大禹治水传说、战国至秦汉水利建设和写此《河渠书》的缘由三个部分，体现了司马迁史学思想所具有的历史性、纪实性和实践性。《河渠书》记诸事是以自己实地考察、亲身经历为基础，从而确保了资料的真实性，为后世了解汉武帝以前的水利建设提供了比较详尽的文献资料。《河渠书》的另一重要贡献是首次明确赋予"水利"一词以治河修渠等工程技术的专业性质，从而区别于先秦古籍中"水利"一词是泛指水产渔捕的一般范畴。④

---

① 司马迁：《史记》卷二十九《河渠书》，中华书局 1959 年版，第 1415 页。
② 刘汝霖：《汉晋学术编年》卷二，中华书局 1987 年版，第 63—64 页。
③ 惠富平：《读〈史记·河渠书〉札记》，《古今农业》1999 年第 1 期。
④ 赵艺蓬：《从〈史记·河渠书〉看战国秦汉水利工程及其效用》，《西安文理学院学报（社会科学版）》2010 年第 2 期。

汉武帝元封五年　公元前 106 年

1. 萧望之生

《汉书・萧望之传》：

> 萧望之字长倩，东海兰陵人也，徙杜陵。家世以田为业，至望之，好学，治《齐诗》，事同县后仓且十年。以令诣太常受业，复事同学博士白奇，又从夏侯胜问《论语》、《礼服》。[1]

郑杰文通过考辨后认为，萧望之生于元封五年，今从之。[2]

萧望之，东海兰陵人，后迁徙杜陵。西汉中期宣、元时期的著名的经学家、朝廷重臣。以学识渊博，品行高洁为当时京城的儒生所称道。宣帝时曾任谏议大夫、丞相司直、左冯翊、大鸿胪、御史大夫、太子太傅等职。元帝时，曾官至宰相。兰陵萧氏，由萧望之开始而闻名于世。萧望之研治经学，注重衍经术以示政治，强调通经以致用，经常引证儒家经义来议论政事。以经明事、学术与政治结合成为其经学思想的鲜明特色。他博学多闻，精通儒家各经典，兼习齐学与鲁学，鲁学"好古"与齐学"趋时"的特征在其思想中已经融为一体。[3]

除了经学成就之外，萧望之还是一位杰出的政治家，在汉代贵族仅因被皇帝尊宠而封以"将军"官衔的也不在少数。而萧望之却不是仅凭资格和地位得到"将军"称号的，他虽为一介儒生，也未直接统兵作战，但其处

---

[1]　班固：《汉书》卷七十八《萧望之传》，中华书局 1962 年版，第 3271 页。
[2]　郑杰文、李梅：《中国学术思想编年》（秦汉卷），陕西师范大学出版社 2005 年版，第 174 页。
[3]　范玉秋：《萧望之及其经学思想探论》，《临沂大学学报》2011 年第 3 期。

理边境的军事、政治策略,则有其卓越的见地。如他反对以赎罪的办法增加政府财政收入以支边,认为这样就会纵容"豪强吏民"至"为盗贼"。他还主张同匈奴保持友好关系,既不允许其来犯,亦不对其侮辱,匈奴呼韩邪单于来朝,他反对以诸侯王之礼接待,而主张以客礼相待。这样处理是具有相当的策略眼光的。①

---

①　林剑鸣:《萧将军瓦和前将军萧望之》,《西北大学学报(哲学社会科学版)》1981年第3期。

汉武帝太初元年　公元前 104 年

1. 董仲舒卒

《汉书·董仲舒传》：

　　仲舒在家，朝廷如有大议，使使者及廷尉张汤就其家而问之，其对皆有明法。自武帝初立，魏其、武安侯为相而隆儒矣。及仲舒对册，推明孔氏，抑黜百家。立学校之官，州郡举茂材孝廉，皆自仲舒发之。年老，以寿终于家。家徙茂陵，子及孙皆以学至大官。仲舒所著，皆明经术之意，及上疏条教，凡百二十三篇。而说《春秋》事得失，《闻举》、《玉杯》、《蕃露》、《清明》、《竹林》之属，复数十篇，十余万言，皆传于后世。掇其切当世施朝廷者著于篇。赞曰：刘向称："董仲舒有王佐之材，虽伊、吕亡以加，管、晏之属，伯者之佐，殆不及也。"至向子歆以为："伊、吕乃圣人之耦，王者不得则不兴。故颜渊死，孔子曰：'噫！天丧余。'唯此一人为能当之，自宰我、子赣、子游、子夏不与焉。仲舒遭汉承秦灭学之后，《六经》离析，下帷发愤，潜心大业，令后学者有所统壹，为群儒首。然考其师友渊源所渐，犹未及乎游、夏，而曰管、晏弗及，伊、吕不加，过矣。"至向曾孙龚，笃论君子也，以歆之言为然。[1]

　　苏舆在《春秋繁露义证·董子年表》中认为："仲舒著书，皆未改正朔

---

① 班固：《汉书》卷五十六《董仲舒传》，中华书局 1962 年版，第 2525—2526 页。

以前事,则其卒于太初前可知。故断自是年止。"①今从之。

董仲舒的一生是治经著述、改造儒学、实践儒学的一生。他作为开一代经学之风的公羊春秋大师,广采博纳,实现了对先秦诸子的真正综合,建构起了一套新的儒学体系,特别是由于他首倡"罢黜百家,独尊儒术",经武帝钦定,从此使儒学登上了封建社会意识形态的王座。与此同时,他还为西汉封建社会的建设提供了理论基础,并在政治举措上提出了一套具体的改革措施。董仲舒的所有这些理论和实践活动,都适应了时代的要求,顺应了历史的发展趋势,因而巩固和加强了以刘氏皇帝为核心的中央集权的封建王朝,促进了西汉王朝大一统局面的形成,这对于中国古代王朝的巩固与发展,以及对中华民族传统文化的丰富和发展,都具有不容忽视的重大意义。董仲舒是汉代的第一大儒,封建社会理论大厦的设计师和建筑师,同时,他还是汉代的第一大教育家。②

---

① 苏舆:《春秋繁露义证·董子年表》,中华书局1992年版,第486页。
② 王永祥:《董仲舒评传》,南京大学出版社1995年版,第396—397页。

汉武帝天汉元年　公元前 100 年

1. 王卿传为御史大夫

《汉书·百官公卿表》：

> 天汉元年,济南太守琅琊王卿为御史大夫,二年有罪自杀。[1]

另《经典释文·序录》：

> 《齐论语》者,齐人所传,别有《问王》、《知道》二篇。凡二十二篇,其二十篇中,章句颇多于《鲁论》。昌邑中尉王吉、少府宋畸、琅琊王卿、御史大夫贡禹、尚书令五鹿充宗、胶东庸生并传之。[2]

再《两汉三国学案》：两汉齐论派所传之谱系"王吉—贡禹—庸谭—宋畸—五鹿充宗—王卿"。[3]

《汉书·艺文志》记,西汉时期有三种《论语》流行,一是《古论》,二是《鲁论》,三是《齐论》。西汉末年,张禹将《齐》《鲁》两种本子融会,成为来的官方定本,也称《鲁论》,此后《齐论》不再单独传授。东汉郑玄时,还能看到《齐论》,三国以后《齐论》完全从历史上消失。[4] 按照《齐论》流传之谱系,王吉等六人,只有王卿生活在武帝时期,其余皆为宣、元时代之

① 班固：《汉书》卷十九下《百官公卿表》,中华书局 1962 年版,第 785 页。
② 陆德明撰,吴承仕疏证：《经典释文序录疏证》,中华书局 2008 年版,第 123 页。
③ 唐晏著,吴东民点校：《两汉三国学案》,中华书局 1986 年版,第 496 页。
④ 陈东：《历代学者关于〈齐论语〉的探讨》,《齐鲁学刊》2003 年第 2 期。

人，所以《齐论》应为汉武帝以后产生，流行于西汉齐国以及周边地区，何晏在《论语集解·序》中言："《齐论语》二十二篇，其二十篇中章句，颇多于《鲁论》。"①《齐论》在文意上与其他版本的论语并无太大区别，主要差异在于《尧曰》篇中的"子张问""子曰不知命"两章成为《问王》《知道》两篇。

① 中华书局编辑部：《汉魏古注十三经（下）》，《论语（魏）何晏集解·序》，中华书局1998年版，第2页。

汉武帝太始四年　公元前93年

1. 汉武帝复封禅泰山

《汉书·武帝纪》：

> 四年春三月，行幸泰山。壬午，祀高祖于明堂，以配上帝，因受计。癸未，祀孝景帝于明堂。甲申，修封。丙戌，禅石闾。[①]

　　此为汉武帝的第六次封禅，封禅不仅仅只有武帝的奢靡无度、好大喜功，以及国家层面的宗教动员，而更重要的是"受命改制"，是社会转型期对精神思想和价值观念更新的大典仪式。故汉武封禅是凸显儒学思想正统化、制度化的标志，是汉武帝依托和运用中国文化"尚象"思维和感悟特征，从具体制度和礼仪上开始儒家化的历程。[②]　就儒学的发展而言，儒学正统地位的确立和发展也使得封禅的具体形式、制度发生了变化。在最早的封禅典礼中，所祭的对象只是天和地，其内容就是受命之君主向天地说明自己承接新的天命以取代旧有的统治，同时向天地报告自己的功绩。但是，到了汉朝儒学确立正统地位后，儒学中对祖先、家庭的重视也被糅合进了封禅之中，祖先的地位被抬高到了与天相配的程度，这也可以看做是儒学对封禅的一种影响。同时，儒家思想体系中最为核心的仁义礼智等道德条目也被融合进封禅之中[③]，使得儒学的官学地位愈发明显。

---

① 班固：《汉书》卷六《武帝纪》，中华书局1962年版，第207页。
② 何平立：《汉武封禅：儒学正统化大典》，《上海大学学报（社会科学版）》2003年第4期。
③ 石敏杰、彭耀光：《封禅文化与汉代儒学的发展》，《中华文化论坛》2015年第8期。

汉武帝征和四年　公元前89年

1. 武帝罢神仙事

《资治通鉴》卷二十二：

> 三月,上耕于钜定。还,幸泰山,修封。庚寅,祀于明堂。癸巳,禅石闾,见群臣,上乃言曰:"朕即位以来,所为狂悖,使天下愁苦,不可追悔。自今事有伤害百姓,糜费天下者,悉罢之!"田千秋曰:"方士言神仙者甚众,而无显功,臣请皆罢斥遣之!"上曰:"大鸿胪言是也。"于是悉罢诸方士候神人者。是后上每对群臣自叹:"向时愚惑,为方士所欺。天下岂有仙人,尽妖妄耳! 节食服药,差可少病而已。"夏,六月,还,幸甘泉。①

汉武帝执政后期,因长期征战,汉家王朝已出现衰落之势,儒者徐乐上书汉武帝,言武帝朝已出现"亡秦之迹",学术界大都认为②,为了扭转颓势,武帝颁布《轮台罪己诏》,使国家重新回来了与民休息、重视经济发展的轨道。对外征战、对内实行兴利政策、大兴酷吏政治,是武帝一朝政治的主要内容,但是,《轮台罪己诏》仅涉及了对外政策,并没有谈及经济、司法两大重要领域,所以,《轮台罪己诏》并不是武帝治国方略转折的标志

---

① 司马光:《资治通鉴》卷二十二《汉纪十四》,中华书局1956年版,第738页。
② 张岂之主编,王子今、方光华编:《中国历史·秦汉魏晋南北朝卷》,高等教育出版社2001年版,第68页;杨生民:《汉武帝传》,人民出版社2001年,第342—346页;庄春波:《汉武帝评传》,南京大学出版社2001年版,第400—402页。

性事件,直到盐铁会议,汉家治国之策才开始转向"守文"即儒家政治。①
而且,《资治通鉴》所录汉武帝之史料,多出自南朝刘宋王俭所著小说《汉武故事》,完全不可信,司马光在《资治通鉴》中采录《汉武故事》,是刻意制造出了符合其政治需要的汉武帝形象。②

---

① 杨勇:《再论汉武帝晚年政治取向——种政治史与思想史的联合考察》,《清华大学学报(哲学社会科学版)》2016年第2期。

② 辛德勇:《汉武帝晚年政治取向与司马光的重构》,《清华大学学报(哲学社会科学版)》2014年第6期。

汉昭帝始元元年　公元前86年

1. 公户满意以儒术责燕王

《汉书·武五子传》：

　　帝崩，太子立，是为孝昭帝，赐诸侯王玺书。旦得书，不肯哭，曰："玺书封小。京师疑有变。"遣幸臣寿西长、孙纵之、王孺等之长安，以问礼仪为名。王孺见执金吾广意，问帝崩所病，立者谁子，年几岁。广意言待诏五莋宫，宫中喧言帝崩，诸将军共立太子为帝，年八九岁，葬时不出临。归以报王。王曰："上弃群臣，无语言，盖主又不得见，甚可怪也。"复遣中大夫至京师上书言："窃见孝武皇帝躬圣道，孝宗庙，慈爱骨肉，和集兆民，德配天地，明并日月，威武洋溢，远方执宝而朝，增郡数十，斥地且倍，封泰山，禅梁父，巡狩天下，远方珍物陈于太庙，德甚休盛，请立庙郡国。"奏报闻。时大将军霍光秉政，褒赐燕王钱三千万，益封万三千户。旦怒曰："我当为帝，何赐也！"遂与宗室中山哀王子刘长、齐孝王孙刘泽等结谋，诈言以武帝时受诏，得职吏事，修武备，备非常。……汉武帝驾崩，燕王旦欲谋反，公户满意劝之曰："古者天子必内有异姓大夫，所以正骨肉也；外有同姓大夫，所以正异族也。周公辅成王，诛其两弟，故治。武帝在时，尚能宽王。今昭帝始立，年幼，富于春秋，未临政，委任大臣。古者诛罚不阿亲戚，故天下治。方今大臣辅政，奉法直行，无敢所阿，恐不能宽王。王可自谨，无自令身死国灭，为天下笑。"于是燕王旦乃恐惧服罪，叩头谢过。[①]

---

① 班固：《汉书》卷六十三《武五子传》，中华书局1962年版，第2751—2752页。

公户满意以"异姓大夫""同姓大夫"之礼来劝诫燕王旦,按照孟子对此的解释,"异姓大夫""君有过则谏,反复之而不听,则去"。而"同姓之卿""君有大过则谏;反复之而不听,则易位"①。如果燕王旦一意孤行,自己定会落得身死国灭的下场,公户满意从现实的政局出发,最终用儒家之礼暂时平息了燕王旦的谋反活动,这也反映出,孟学在当时有一定的学术影响力。

---

① 杨伯峻:《孟子译注》卷十《万章章句下》,中华书局 2010 年版,第 232 页。

汉昭帝始元五年　公元前82年

1. 举贤良文学、增博士弟子

《汉书·昭帝纪》：

> 六月，封皇后父骠骑将军上官安为桑乐侯。诏曰："朕以眇身获保宗庙，战战栗栗，夙兴夜寐，修古帝王之事，通《保傅传》、《孝经》、《论语》、《尚书》，未云有明。其令三辅、太常举贤良各二人，郡国文学高第各一人。赐中二千石以下至吏民爵，各有差。"①

颜师古注引文颖曰："贾谊作《保傅传》，在《大戴礼记》。"另《汉书·儒林传》："昭帝时举贤良文学，增博士弟子员满百人。"

昭帝举贤良文学，重儒经，实为欲改武帝王霸之策，主张与民休息的具体体现。另《汉书·韦贤传》："贤为人质朴少欲，笃志于学，兼能《礼》、《尚书》，以《诗》教授，号称邹鲁大儒。征为博士，给事中，进授昭帝《诗》，稍迁光禄大夫、詹事，至大鸿胪。"昭帝重儒者，重儒术，迫切地要求结束对匈奴的战争，休养生息，发展生产，这一政策转型终于在盐铁会后得以完成。

---

① 班固：《汉书》卷七《昭帝纪》，中华书局 1962 年版，第 222—223 页。

汉昭帝元凤二年　公元前79年

1.孟卿教授于兰陵

《汉书·儒林传》：

> 孟喜字长卿，东海兰陵人也。父号孟卿，善为《礼》、《春秋》，授后苍、疏广。世所传《后氏礼》、《疏氏春秋》，皆出孟卿。孟卿以《礼经》多、《春秋》烦杂，及使喜从田王孙受《易》。喜好自称誉，得《易》家候阴阳灾变书，诈言师田生且死时枕喜膝，独传喜，诸儒以此耀之。……孟卿，东海人也。事萧奋，以授后仓、鲁闻丘卿。仓说《礼》数万言，号曰《后氏曲台记》，授沛闻人通汉子方、梁戴德延君、戴圣次君、沛庆普孝公。孝公为东平太傅。德号大戴，为信都太傅；圣号小戴，以博士论石渠，至九江太守。由是《礼》有大戴、小戴、庆氏之学。通汉以太子舍人论石渠，至中山中尉。普授鲁夏侯敬，又传族子咸，为豫章太守。大戴授琅邪徐良斿卿，为博士、州牧、郡守，家世传业。小戴授梁人桥仁季卿、杨荣子孙。仁为大鸿胪，家世传业，荣琅邪太守。由是大戴有徐氏，小戴有桥、杨氏之学。[①]

刘汝霖言："按孟卿之设教，当非一年之事。考疏广、后苍俱在宣帝之初任职，则其受教于孟卿在当昭帝时。且元凤三年眭孟被杀，孟与卿出一门下，其年代当相差不远，故志之于此。"[②]今从之。

---

①　班固：《汉书》卷八十八《儒林传》，中华书局1962年版，第3599—3615页。

②　刘汝霖：《汉晋学术编年》，中华书局1987年版，第89—90页。

"孟卿，东海人也。事萧奋，以授后仓、鲁闻孟丘卿。仓说《礼》数万言，号曰《后氏曲台记》，授沛闻人通汉子方。通汉以太子舍人论石渠，至中山中尉。"①儒者孟卿以《礼》《春秋》教授于家乡，形成了独立的经学派别。"盖自宣帝以下，儒者渐当路，至于元成三朝，为相者皆一时大儒。其不通经术为相者，如薛宣，以经术浅见轻，卒策免。朱博以武吏自杀。盖非经术士，即不得安其高位。至御史大夫，大率多升而为丞相。其未得为相者，宣帝时如萧望之，元帝时如贡禹、薛广德、郑弘，成帝时如何武、师丹、彭宣，亦皆名儒。"②"通经"成为昭宣之时入仕的重要手段。

---

① 唐晏著，吴东民点校：《两汉三国学案》，中华书局 1986 年版，第 325 页。
② 钱穆：《秦汉史》，生活·读书·读书三联书店 2005 年版，第 189—190 页。

汉昭帝元凤三年　公元前78年

1.眭孟说灾异

《汉书·眭两夏侯京翼李传》：

　　眭弘字孟，鲁国蕃人也。少时好侠，斗鸡走马，长乃变节，从嬴公受《春秋》。以明经为议郎，至符节令。孝昭元凤三年正月，泰山、莱芜山南匈匈有数千人声，民视之，有大石自立，高丈五尺，大四十八围，入地深八尺，三石为足。石立后有白乌数千下集其旁。是时昌邑有枯社木卧复生，又上林苑中大柳树断枯卧地，亦自立生，有虫食树叶成文字，曰"公孙病已立"，孟推《春秋》之意，以为"石、柳皆阴类，下民之象，泰山者岱宗之岳，王者易姓告代之处。今大石自立，僵柳复起，非人力所为，此当有从匹夫为天子者。枯社木复生，故废之家公孙氏当复兴者也"。孟意亦不知其所在，即说曰："先师董仲舒有言，虽有继体守文之君，不害圣人之受命。汉家尧后，有传国之运。汉帝宜谁差天下，求索贤人，禅以帝位，而退自封百里，如殷、周二王后，以承顺天命。"孟使友人内官长赐上此书。时，昭帝幼，大将军霍光秉政，恶之，下其书廷尉。奏赐、孟妄设祅言惑众，大逆不道，皆伏诛。后五年，孝宣帝兴于民间，即位，征孟子为郎。[①]

　　眭孟以董仲舒《春秋》灾异之说解释泰山石暴长事，认为有天子起于民间，昭帝需禅让帝位，霍光认为其妖言惑众，故诛杀之。眭孟习《公羊春

①　班固：《汉书》卷七十五《眭两夏侯京翼李传》，中华书局1962年版，第3153—3154页。

秋》，是毋生、董氏派的大师。但《春秋》之大义是否真的以灾异比附政事？"'天道远，人道迩。'儒者所以欲知天道者，考求政事之缺失，弭阴阳之错行而已。然而董仲舒以言天灾而下狱，眭孟以言天道而被诛，夫岂不然？然而适以自祸也。况《春秋》一经，本不必参以祸福异说，大义昭然，圣心固自有在也。乃或更参以不可究诘之论，而途径愈荒，则不止于自祸，且祸及家国天下矣。"①

2. 蔡义为汉昭帝说《韩诗》

《汉书·公孙刘田王杨蔡陈郑传》：

> 蔡义，河内温人也。以明经给事大将军莫府。家贫，常步行，资礼不逮众门下，好事者相合为义买犊车，令乘之。数岁，迁补覆盎城门侯。久之，诏求能为《韩诗》者，征义待诏，久不进见。义上疏曰："臣山东草莱之人，行能亡所比，容貌不及众，然而不弃人伦者，窃以闻道于先师，自托于经术也。愿赐清闲之燕，得尽精思于前。"上召见义，说《诗》，甚说之，擢为光禄大夫、给事中，进授昭帝。数岁，拜为少府，迁御史大夫，代杨敞为丞相，封阳平侯。又以定策安宗庙益封，加赐黄金二百斤。②

汉武帝对于匈奴的战争持续了三十九年，其间又平东瓯、南越，通"西南夷"，国家的全部政治、经济力量，一切人力和物力，都被动员起来投入战争中。但是，随着战争的结束，法家也随之由政治舞台的统治地位跌落下来，武帝时期的战争及战时体制的结束，新的和平和休养稳定时期的到来，也必然使一度居于支配地位的法家思想重新跌落下来，由无权的儒生和儒学取而代之。③蔡义通过向汉昭帝说《韩诗》而取得禄位，正体现了这一思想转型。

---

① 唐晏著，吴东民点校：《两汉三国学案》，中华书局 1986 年版，第 423 页。
② 班固：《汉书》卷六十六《公孙刘田王杨蔡陈郑传》，中华书局 1962 年版，第 2898—2899 页。
③ 金春峰：《汉代思想史》，中国社会科学出版社 2006 年版，第 255—260 页。

汉昭帝元平元年　公元前74年

1. 王式以《诗》谏昌邑王

《汉书·儒林传》：

> 王式字翁思，东平新桃人也。事免中徐公及许生。式为昌邑王师。昭帝崩，昌邑王嗣立，以行淫乱废，昌邑群臣皆下狱诛，唯中尉王吉、郎中令龚遂以数谏减死论。式系狱当死，治事使者责问曰："师何以亡谏书？"式对曰："臣以《诗》三百五篇朝夕授王，至于忠臣孝子之篇，未尝不为王反复诵之也；至于危亡失道之君，未尝不流涕为王深陈之也。臣以三百五篇谏，是以亡谏书。"使者以闻，亦得减死论，归家不教授。①

王式因以《诗》谏昌邑王，故被免罪归家。《诗》何以能匡正君王之言行？"孔子之说《诗》曰：'诗三百，一言以蔽之，曰：思无邪。'此可悟孔门存《诗》之旨也。夫《诗》有《颂》、有《雅》、有《风》，惟《颂》则有美无刺，若《雅》则已美刺居半矣，若夫十五国之《诗》，大抵皆刺诗也。下之至于《溱洧》、《桑中》，所谓无邪者安在乎？不知此正所以为无邪也。自《关雎》以下，皆陈古以刺今。古者，无邪也；今者，邪也。思古之无邪，以正今之有邪，而邪者无邪矣。此所以云'思无邪'也。"②《诗》可以刺今，可以使人无邪念，不仅能够陶冶君王的情操，更能够涵养忠、孝、廉、耻等美德。

---

① 班固：《汉书》卷八十八《儒林传》，中华书局1962年版，第3610页。
② 唐晏著，吴东民点校：《两汉三国学案》，中华书局1986年版，第211页。

汉宣帝本始二年　公元前72年

1. 后苍传《礼》

《汉书·儒林传》：

> 孟卿，东海人也。事萧奋，以授后仓、鲁闾丘卿。仓说《礼》数万言，号曰《后氏曲台记》，授沛闻人通汉子方、梁戴德延君、戴圣次君、沛庆普孝公。孝公为东平太傅。德号大戴，为信都太傅；圣号小戴，以博士论石渠，至九江太守。由是《礼》有大戴、小戴、庆氏之学。①

另《汉书·艺文志·六艺略·礼》：

> 汉兴，鲁高堂生传《士礼》十七篇。讫孝宣世，后仓最明。戴德、戴圣、庆普皆其弟子，三家立于学官。②

另《文选》卷六〇李善注引《七略》曰："宣帝时，行射礼。博士后仓为之辞，至今记之曰《曲台记》。"

后仓受学于孟卿，并以《礼》授通汉子方、戴德、戴圣、庆普，作《后氏曲台记》，形成学派，兹列学术谱系如下：

高堂生—徐生（子某，孙延、襄）—公户满意—桓生—单次—萧奋—孟卿—后仓—闾丘卿—闻人通汉—刘茂—刘昆—马融—何休—卢植—郑

---

①　唐晏著，吴东民点校：《两汉三国学案》，中华书局1986年版，第211页。

②　班固：《汉书》卷三十《艺文志》，中华书局1962年版，第1710页。

玄—刘表—蒋琬—王肃—孙炎—高堂隆—射慈—薛综—谯周①

另《汉书·艺文志·六艺略·孝经序》：“《孝经》者……汉兴，长孙氏、博士江翁、少府后仓、谏大夫翼奉、安昌侯张禹传之，各自名家。”后仓还是汉初传《孝经》诸学派中的重要一家。

① 唐晏著，吴东民点校：《两汉三国学案》，中华书局 1986 年版，第 323 页。

汉宣帝地节三年　公元前67年

1. 疏广通《春秋》

《汉书·隽疏于薛平彭传》：

> 疏广字仲翁，东海兰陵人也。少好学，明《春秋》，家居教授，学者自远方至。征为博士、太中大夫。地节三年，立皇太子，选丙吉为太傅，广为少傅，数月，吉迁御史大夫，广徙为太傅。……广由是见器重，数受赏赐。太子每朝，因进见，太傅在前，少傅在后。父子并为师傅，朝廷以为荣。①

疏广以《春秋》进仕，被征为博士，后为太子少傅、太傅，其不贪恋富贵，在功成名就之时急流勇退，"今仕宦至二千石，宦成名立，如此不去，惧有后悔。岂如父子相随出关，归老故乡，以寿命终，不亦善乎？"而且，疏广归乡后，"日令家共具设酒食，请族人故旧相娱乐。故人或劝以买田宅为子孙计，广曰：'自有先人旧田宅，子孙勤力其中，足以共衣食，与凡人齐。今复增益之以为赢余，但教子孙怠惰耳。贤而多财，则损其志；愚而多财，则益其过。且夫富者，众之怨也。吾既亡以教化子孙，不欲益其过而生怨。'于是族人说服，皆以寿终"②。疏广不置办家产、不遗子孙，而是散尽家财，接济贫苦百姓，做到了"达则兼善天下"。

---

① 班固：《汉书》卷七十一《隽疏于薛平彭传》，中华书局1962年版，第3039页。
② 唐晏著，吴东民点校：《两汉三国学案》，中华书局1986年版，第424页。

2. 王式授经

《汉书·儒林传》：

> 山阳张长安幼君先事式，后东平唐长宾、沛褚少孙亦来事式，问经数篇，式谢曰："闻之于师具是矣，自润色之。"不肯复授。唐生、褚生应博士弟子选，诣博士，抠衣登堂，颂礼甚严，试诵说，有法，疑者丘盖不言。诸博士惊问何师，对曰事式。皆素闻其贤，共荐式。诏除下为博士。式征来，衣博士衣而不冠，曰："刑余之人，何宜复充礼官？"既至，止舍中，会诸大夫博士，共持酒肉劳式，皆注意高仰之。博士江公世为《鲁诗》宗，至江公著《孝经说》，心嫉式，谓歌吹诸生曰："歌《骊驹》。"式曰："闻之于师：客歌《骊驹》，主人歌《客毋庸归》。今日诸君为主人，日尚早，未可也。"江翁曰："经何以言之？"式曰："在《曲礼》。"江翁曰："何狗曲也！"式耻之，阳醉逷地。式客罢，让诸生曰："我本不欲来，诸生强劝我，竟为竖子所辱！"遂谢病免归，终于家。张生、唐生、褚生皆为博士。张生论石渠，至淮阳中尉。唐生楚太傅。由是《鲁诗》有张、唐、褚氏之学。张生兄子游卿为谏大夫，以《诗》授元帝。其门人琅邪王扶为泗水中尉，陈留许晏为博士。由是张家有许氏学。初，薛广德亦事王式，以博士论石渠，授龚舍。广德至御史大夫，舍泰山太守，皆有传。[1]

王式授经之年未有文献明确记，郑杰文、李梅所著《中国学术思想编年》(秦汉卷)、梅新林、俞樟华主编的《中国学术编年》(两汉卷)通过考辨后，均将此事系于此年，今从之。

王式本为昌邑王师，昌邑王被废，遂归家传授经书，后学有张长安、唐长宾、褚少孙等，后因弟子唐、褚等博士的推荐，王式受诏为博士，因与博士江公辩论被辱而归家。

---

[1] 班固：《汉书》卷八十八《儒林传》，中华书局 1962 年版，第 3610—3611 页。

汉宣帝元康三年　公元前63年

1. 夏侯胜撰《尚书》《论语说》

《汉书·眭两夏侯京翼李传》：

> 宣帝初即位……胜为人质朴守正，简易亡威仪。见时谓上为君，误相字于前，上亦以是亲信之。尝见，出道上语，上闻而让胜，胜曰："陛下所言善，臣故扬之。尧言布于天下，至今见诵。臣以为可传，故传耳。"朝廷每有大议，上知胜素直，谓曰："先生通正言，无惩前事。"胜复为长信少府，迁太子太傅。受诏撰《尚书》、《论语说》，赐黄金百斤。①

刘汝霖言："考宣帝时为太子太傅者，最后为萧望之。而《望之传》谓其由御史大夫左迁乃为太子太傅。《百官表》'五凤二年太子太傅黄霸为御史大夫'，可知霸之为太子太傅在萧望之之前，而胜必更在前矣。最初为太子太傅者乃丙吉，丙吉之后乃疏广。《汉书·广传》，广归里时太子年十二，即元康三年。则继广者，当即夏侯胜，《丙吉传》亦称丙吉于封侯时太子太傅夏侯胜云云，吉于三年封侯，则胜之为太子太傅，亦当在此年。"②

夏侯胜从夏侯始昌习《尚书》及《洪范五行传》，后事简卿，又从欧阳氏问，为学精孰，善说礼服，遂受诏撰《尚书》《论语说》，《汉书·艺文志·六

---

① 班固：《汉书》卷七十五《眭两夏侯京翼李传》，中华书局1962年版，第3156—3159页。
② 刘汝霖：《汉晋学术编年》卷二，中华书局1987年版，第111—112页。

艺略》著录《大、小夏侯章句》各二十九卷，又《大、小夏侯解故》二十九篇，《汉书·艺文志·六艺略·论语》著录《鲁夏侯说》二十一卷，今有马国翰在《玉函山房辑佚书·经编·尚书类》辑夏侯胜撰《尚书大夏侯章句》一卷、夏侯建撰《尚书小夏侯章句》一卷。夏侯胜以经术立身，谏诤直言，宣帝下诏讨论武帝的"尊号"和"庙乐"，夏侯胜以武帝奢靡无度、征伐无数为由，建议"不宜为立庙乐"，体现出了儒者的气节。①

---

① 葛剑雄：《夏侯胜与汉武帝"庙乐"之争》，《领导文萃》2000 年第 11 期。

汉宣帝神爵元年　公元前61年

1. 孟喜授《易》

《汉书·儒林传》：

　　孟喜字长卿，东海兰陵人也。父号孟卿，善为《礼》、《春秋》，授后苍、疏广。世所传《后氏礼》、《疏氏春秋》，皆出孟卿。孟卿以《礼经》多、《春秋》烦杂，乃使喜从田王孙受《易》。喜好自称誉，得《易》家候阴阳灾变书，诈言师田生且死时枕喜膝，独传喜，诸儒以此耀之。同门梁丘贺疏通证明之，曰："田生绝于施雠手中，时喜归东海，安得此事？"又蜀人赵宾好小数书，后为《易》，饰《易》文，以为"箕子明夷，阴阳气亡箕子；箕子者，万物方荄兹也"。宾持论巧慧，《易》家不能难，皆曰"非古法也"。云受孟喜，喜为名之。后宾死，莫能持其说。喜因不肯仞，以此不见信。喜举孝廉为郎，曲台署长，病免，为丞相掾。博士缺，众人荐喜。上闻喜改师法，遂不用喜。喜授同郡白光少子、沛翟牧子兄，皆为博士。繇是有翟、孟、白之学。①

　　孟喜易学的基本特点是将易理解为阴阳两气消息虚盈所构成的宇宙图式，消息虚盈所造成的天地运行、四时分布、气候变化，使易符号化。也可以说是将易之卦爻客观实体化，成为卦气，以卦气之消息盈虚取代阴阳二气而成为天地、四时、气候、灾变之根、始基。如是前一意义，易的符号只起编码表微的作用；如是后一意义，则八卦乾坤就成为天地之体，八卦

---

① 班固：《汉书》卷八十八《儒林传》，中华书局 1962 年版，第 3599 页。

就完全同五行一样,即是学说,又是构成宇宙的基元。孟喜的卦气说,后一种意义是更为显著的。[1]

---

[1]　金春峰:《汉代思想史》,中国社会科学出版社 2006 年版,第 286—292 页。

汉宣帝神爵二年　公元前60年

1. 王褒以辞赋为谏大夫

《汉书·严朱吾丘主父徐严终王贾传》：

王褒字子渊，蜀人也。宣帝时修武帝故事，讲论六艺群书，博尽奇异之好，征能为《楚辞》九江被公，召见诵读，益召高材刘向、张子侨、华龙、柳褒等待诏金马门。神爵、五凤之间，天下殷富，数有嘉应。上颇作歌诗，欲兴协律之事，丞相魏相奏言知音善鼓雅琴者渤海赵定、梁国龚德，皆召见待诏。于是益州刺史王襄欲宣风化于众庶，闻王褒有俊材，请与相见，使褒作《中和》、《乐职》、《宣布》诗，选好事者令依《鹿鸣》之声习而歌之。……褒既为刺史作颂，又作其传，益州刺史因奏褒有轶材。上乃征褒。既至，诏褒为圣主得贤臣颂其意。……是时，上颇好神仙，故褒对及之。上令褒与张子侨等并待诏，数从褒等放猎，所幸宫馆，辄为歌颂，第其高下，以差赐帛。议者多以为淫靡不急，上曰："……辞赋大者与古诗同义，小者辩丽可喜。辟如女工有绮縠，音乐有郑卫，今世俗犹皆以此虞说耳目，辞赋比之，尚有仁义风谕，鸟兽草木多闻之观，贤于倡优博弈远矣。"顷之，擢褒为谏大夫。其后太子体不安，苦忽忽善忘，不乐。诏使褒等皆之太子宫虞侍太子，朝夕诵读奇文及所自造作。疾平复，乃归。太子喜褒所为《甘泉》及《洞箫》颂，令后宫贵人左右皆诵读之。[1]

---

[1]　班固：《汉书》卷六十四下《严朱吾丘主父徐严终王贾传》，中华书局1962年版，第2821—2829页。

王褒因善辞赋,后被宣帝召用,并以辞赋侍太子。有汉一朝,汉赋的发展与儒学的盛衰有密切的关系。西汉初期,儒学尚未兴盛,反映在汉赋上则是百家思想并存。自武帝始,儒学居于主导地位,对汉赋产生了重大影响,主要表现是:儒家批评君主过失的传统及诗教的"谲谏"原则,促成了汉大赋的"讽谏"功能;儒家向往古代圣贤及《诗经》中的"颂",促成了汉大赋的"颂扬"功能。特别是在《上林赋》中,司马相如在结语将汉武帝描绘成儒家的圣王形象,并将天子与儒者、五经与治天下相契合,将"颂扬"的功能发挥得淋漓尽致。从王褒由辞赋入仕可以看出,崇尚辞赋为当时重要的社会风气。

汉宣帝五凤元年　公元前57年

1. 萧望之为太子太傅

《汉书·萧望之传》：

（神爵）三年，代丙吉为御史大夫。……是时，大司农中丞耿寿昌奏设常平仓，上善之，望之非寿昌。丞相丙吉年老，上重焉，望之又奏言："百姓或乏困，盗贼未止，二千石多材下不任职。三公非其人，则三光为之不明，今首岁日月少光，咎在臣等。"上以望之意轻丞相，乃下侍中建章卫尉金安上、光禄勋杨恽、御史中丞王忠，并诘问望之。望之免冠置对，天子由是不说。……上于是策望之曰："有司奏君责使者礼，遇丞相亡礼，廉声不闻，敖慢不逊，亡以扶政，帅先百僚。君不深思，陷于兹秽，朕不忍致君于理，使光禄勋恽策诏，左迁君为太子太傅，授印。"望之既左迁，而黄霸代为御史大夫。数月间，丙吉薨，霸为丞相。霸薨，于定国复代焉。望之遂见废，不得相。为太傅，以《论语》、《礼服》授皇太子。[①]

萧望之专治《齐诗》，并善《鲁论语》，望之屡任朝廷要职，与其善经术有着直接的关系，宣帝虽尚"霸道"，任用法士，整饬吏治，打击豪强。但宣帝朝的另一个重要特点，就是一大批经术之士得到重用。被宣帝重用的经术之士主要有疏广、疏受叔侄，韦贤、韦玄成父子，夏侯胜、萧望之师徒，以及于定国、平当、王吉、贡禹等。宣帝重用大批经术之士，使其政治染上

---

① 班固：《汉书》卷七十八《萧望之传》，中华书局1962年版，第3279—3282页。

了很重的儒家王道色彩,出现了一大批循吏,许多儒者因明经而被拔举,进而促进了习经风气的兴盛。①

① 边家珍:《汉宣帝与经学》,《理论学刊》2004 年第 10 期。

汉宣帝甘露元年　公元前53年

1. 议《公羊》《穀梁》异同

《汉书·儒林传》：

> 自元康中始讲，至甘露元年，积十余岁，皆明习。乃召《五经》名儒太子太傅萧望之等大议殿中，平《公羊》、《穀梁》同异，各以经处是非。时《公羊》博士严彭祖、侍郎申挽、伊推、宋显，《穀梁》议郎尹更始、待诏刘向、周庆、丁姓并论。《公羊》家多不见从，愿请内侍郎许广，使者亦并内《穀梁》家中郎王亥，各五人，议三十余事。望之等十一人各以经谊对，多从《穀梁》。由是《穀梁》之学大盛。庆、姓皆为博士。姓至中山太傅，授楚申章昌曼君，为博士，至长沙太傅，徒众尤盛。①

即便有汉宣帝的扶植，《穀梁春秋》学术地位的上升也并非一帆风顺，但积十余岁，萧望之等从《穀梁春秋》者甚多，加之其与宣帝"霸王道杂之术"相合，在石渠会议上被立为官学也就顺理成章。

---

① 班固：《汉书》卷八十八《儒林传》，中华书局1962年版，第3618页。

汉宣帝甘露二年　公元前52年

1. 扬雄生

《汉书·扬雄传》：

> 扬雄字子云,蜀郡成都人也。……雄少而好学,不为章句,训诂通而已,博览无所不见。为人简易佚荡,口吃不能剧谈,默而好深湛之思,清静亡为,少耆欲,不汲汲于富贵,不戚戚于贫贱,不修廉隅以徼名当世。家产不过十金,乏无儋石之储,晏如也。自有大度,非圣哲之书不好也;非其意,虽富贵不事也。顾尝好辞赋。[1]

《汉书·扬雄传》:扬雄于天凤五年卒,时年71岁。由天凤五年上推70年,故将其生年系于此。

扬雄是汉代著名的哲学家,其模仿《周易》作《太玄》,对《周易》取超越的态度。又模仿《论语》作《法言》,希望起到当代《论语》的作用,在汉代神学经学的高压之下,扬雄的这种态度是理性的独立与尊严的恢复。西汉末年,经历了长期的黄老和法家对儒家思想的渗透以后,扬雄以孟子自况,大力发扬和抬高孟子的地位,致力于恢复孔孟思想的人文主义传统,这在思想史上的影响更为深远,对宋明理学扬孟抑荀,扬雄起了前驱先路的作用,其影响在北宋达到了高潮。[2]

---

① 班固:《汉书》卷八十七上《扬雄传》,中华书局1962年版,第3513—3514页。
② 金春峰:《汉代思想史》,中国社会科学出版社2006年版,第373—394页。

汉宣帝黄龙元年　公元前 49 年

1. 增博士弟子员十二人

《汉书·百官公卿表》：

> 武帝建元五年初置《五经》博士，宣帝黄龙元年稍增员十二人。①

汉宣帝虽以"霸王道相杂"为治国方针，但是，其并没有压制儒学，反而任用儒生、扶持儒经，并通过提升《穀梁春秋》的学术地位来改善政治，这些措施都大大地促进了儒学的发展，并为元帝时期政治儒学化做好了铺垫。但是，"昭帝时举贤良文学，增博士弟子员满百人，宣帝末增倍之"②。宣帝增博士弟子的做法，为日后儒学的发展带来了隐忧。

---

① 班固：《汉书》卷十九上《百官公卿表》，中华书局 1962 年版，第 726 页。
② 班固：《汉书》卷八十八《儒林传》，中华书局 1962 年版，第 3601 页。

汉元帝初元元年　公元前48年

1.王吉、贡禹被征

《汉书·王贡两龚鲍传》：

　　吉与贡禹为友，世称"王阳在位，贡公弹冠"，言其取舍同也。元帝初即位，遣使者征贡禹与吉。吉年老，道病卒，上悼之，复遣使者吊祠云。初，吉兼通《五经》，能为驺氏《春秋》，以《诗》、《论语》教授，好梁丘贺说《易》，令子骏受焉。骏以孝廉为郎。左曹陈咸荐骏贤父子，经明行修，宜显以厉俗。光禄勋匡衡亦举骏有专对材。迁谏大夫，使责淮阳宪王。迁赵内史。……贡禹字少翁，琅邪人也。以明经洁行著闻，征为博士，凉州刺史，病去官。复举贤良为河南令。岁余，以职事为府官所责，免冠谢。禹曰："冠一免，安复可冠也！"遂去官。元帝初即位，征禹为谏大夫，数虚己问以政事。是时年岁不登，郡国多困，禹奏言："……今大夫僭诸侯，诸侯僭天子，天子过天道，其日久矣。承衰救乱，矫复古化，在于陛下。臣愚以为尽如太古难，宜少放古以自节焉。……方今齐三服官作工各数千人，一岁费数巨万。蜀广汉主金银器，岁各用五百万。三工官官费五千万，东西织室亦然。厩马食粟将万匹。臣禹尝从之东宫，见赐怀案，尽文画金银饰，非当所以赐食臣下也。东宫之费亦不可胜计。天下之民所为大饥饿死者，是也。今民大饥而死，死又不葬，为犬猪食。人至相食，而厩马食粟，苦其大肥，气甚怒至，乃日步作之。王者受命于天，为民父母，固当若此乎！……唯陛下深察古道，从其俭者，大减损乘舆服御器物，三分去二。……独可以圣心参诸天地，揆之往古，不可与臣下议也。若其阿意顺指，随君上下，臣禹不胜拳拳，不敢不尽愚心。"天子纳善其忠，乃下诏令太仆减食谷马，水衡减食肉兽，省宜春下苑以与贫民，又罢角抵诸戏及齐三服官。迁禹为光禄大夫。①

王吉、贡禹都是著名的儒者，以经术闻名，王吉卒于道，而贡禹上疏元帝应节俭，言辞既恳切，又略带锋芒，元帝纳其言，迁之为光禄大夫。元帝好儒，自此西汉政治进入了儒学化时代，不仅儒生居显位者明显增多，儒学在施政、社会秩序等方面发挥着越来越重要的作用，开启了儒家的"周政"模式。

---

① 班固：《汉书》卷七十二《王贡两龚鲍传》，中华书局 1962 年版，第 3066—3073 页。

汉元帝初元二年　公元前47年

1. 张禹授太子《论语》

《汉书·匡张孔马传》：

> 张禹字子文，河内轵人也，至禹父徙家莲勺。禹为儿，数随家至市，喜观于卜相者前。久之，颇晓其别蓍布卦意，时从旁言。卜者爱之，又奇其面貌，谓禹父：“是儿多知，可令学经。”及禹壮，至长安学，从沛郡施雠受《易》，琅邪王阳、胶东庸生问《论语》，既皆明习，有徒众，举为郡文学。甘露中，诸儒荐禹，有诏太子太傅萧望之问。禹对《易》及《论语》大义，望之善焉，奏禹经学精习，有师法，可试事。奏寝，罢归故官。久之，试为博士。初元中，立皇太子，而博士郑宽中以《尚书》授太子，荐言禹善说《论语》。诏令禹授太子《论语》，由是迁光禄大夫。数岁，出为东平内史。[①]

郑杰文、李梅所著《中国学术思想编年》（秦汉卷）系此事于是年，今从之。

张禹对《论语》的整理深深影响了中国《论语》学史的发展，张禹整理的本子即如今所使用的通行本，这在学术界已成定论。近年来，海昏侯墓出土的《齐论语》震惊学术界，诸多学者就《齐论语》展开系列研究，其中不乏就《齐论语》与张禹的《张侯论》做联系比较的研究。《汉书·张禹传》云：“初，禹为师，以上难数对己问经，为《论语章句》献之。始，鲁扶卿及夏

---

① 班固：《汉书》卷八十一《匡张孔马传》，中华书局 1962 年版，第 3347—3348 页。

侯胜、王阳、萧望之、韦玄成皆说《论语》，篇第或异。禹先事王阳，后从庸生，采获所安，最后出而尊贵。诸儒为之语曰：'欲为《论》，念张文。'由是学者多从张氏，余家寝微。"可知张禹最初所从是传《齐论》的王吉和庸生，后来应该是综合了《齐论》和《鲁论》而成《汉志》著录的"《鲁安昌侯说》二十一篇"。由此来看，"张文"也就是后来所说的《张侯论》，即张禹用来教授成帝的本子。①

---

① 田旭东：《浅议〈论语〉在西汉的流传及其地位——从海昏侯墓出土〈齐论〉说起》，《秦汉研究》2018 年刊。

汉元帝初元三年　公元前46年

1.四月,翼奉上书请徙都

《汉书·眭两夏侯京翼李传》:

　　明年夏四月乙未,孝武园白鹤馆灾。奉自以为中,上疏曰:"臣前上五际地震之效,曰极阴生阳,恐有火灾。不合明听,未见省答,臣窃内不自信。今白鹤馆以四月乙未,时加于卯,月宿亢灾,与前地震同法。臣奉乃深知道之可信也。不胜拳拳,愿复赐间,卒其终始。"上复延问以得失。奉以为祭天地于云阳汾阴,及诸寝庙不以亲疏迭毁,皆烦费,违古制。又宫室苑囿,奢泰难供,以故民困国虚,亡累年之畜。所由来久,不改其本,难以末正,乃上疏曰:"臣闻昔者盘庚改邑以兴殷道,圣人美之。……今东方连年饥馑,加之以疾疫,百姓菜色,或至相食。地比震动,天气混浊,日光侵夺。繇此言之,执国政者岂可以不怀怵惕而戒万分之一乎!故臣愿陛下因天变而徙都,所谓与天下更始者也。天道终而复始,穷则反本,故能延长而亡穷也。今汉道未终,陛下本而始之,于以永世延祚,不亦优乎!如因丙子之孟夏,顺太阴以东行,到后七年之明岁,必有五年之余蓄,然后大行考室之礼,虽周之隆盛,亡以加此。唯陛下留神,详察万世之策。"书奏,天子异其意,答曰:"问奉:今园庙有七,云东徙,状何如?"奉对曰:"昔成王徙洛,般庚迁殷,其所避就,皆陛下所明知也。非有圣明,不能一变天下之道。臣奉愚戆狂惑,唯陛下裁赦。"其后,贡禹亦言当定迭毁礼,上遂从之。及匡衡为丞相,奏徙南北郊,其议皆自奉发之。奉以中郎为博士、谏大夫，年老以寿终。子及孙，皆以学在儒官。①

　　翼奉与萧望之、匡衡同出于后苍门下，皆为西汉著名的饱学之儒。然而，翼奉与萧望之的政治命运却形成了鲜明对比，这也确实是学术界乐于提起的话题。钱穆先生从学术史角度出发，将其他西汉儒者与其二者进行归类，分出了"灾异派"与"礼制派"两派。"一好言灾异，一好言礼制。言灾异，本之天意。言礼制，揆之民生。京房、翼奉、刘向、谷永、李寻之徒言灾异，贡禹、韦玄成、匡衡、翟方进、何武之徒言礼制。（刘）向晚年议兴辟雍，亦倡言礼乐矣。"②不过有学者认为，将昭、宣以后的汉代学术分为礼乐派与灾异派具体到个人身上对于解释政治史的问题没有太大帮助，更倾向于从这两批儒生不同的政治参与方式来解读他们天壤之别的人生际遇。萧望之、刘向、京房等儒生选择的政治参与方式，注定要卷入你死我活的政治斗争之中，而斗争的失败才是儒生们悲剧命运的主要原因；而翼奉、匡衡这些人的政治参与有一个共同的特点，就是与朝中的实权派保持良好的关系，不敢与之违忤。③

2. 六月，诏举明阴阳灾异者

《汉书·元帝纪》：

　　六月，诏曰："盖闻安民之道，本由阴阳。间者阴阳错谬，风雨不时。朕之不德，庶几群公有敢言朕之过者，今则不然。偷合苟从，未肯极言，朕甚闵焉。永惟烝庶之饥寒，远离父母、妻子，劳于非业之作，卫于不居之官，恐非所以佐阴阳之道也。其罢甘泉、建章宫卫，令就农。百官各省费。条奏毋有所讳。有司勉之，毋犯四时之禁。丞相、御史举天下明阴阳灾异者各三人。"于是言事者众，或进擢召见，人人自以得上意。④

①　班固：《汉书》卷七十五《眭两夏侯京翼李传》，中华书局 1962 年版，第 3175—3178 页。
②　顾颉刚：《古史辨（第五册）》，上海古籍出版社 1982 年版，第 168 页。
③　张立克：《汉元帝时期儒生的政治参与研究》，《兰州学刊》2014 年第 8 期。
④　班固：《汉书》卷九《元帝纪》，中华书局 1962 年版，第 284 页。

汉元帝深信阴阳灾异说,因地震、洪水等灾害频发,汉元帝于是下诏选拔深谙阴阳灾异之人。儒家经学在西汉中后期发生了学术性格上的巨大转变,即经学的阴阳五行化。在此背景下,儒生们纷纷结合经典来谈论灾异问题,创立了诸如《春秋》公羊灾异说、《易》阴阳灾异论、《齐诗》四始五际说、《洪范五行》灾异论等多种形态的经学阴阳灾异思想。这些新思想并不符合孔门一贯的宗旨,与汉初诸儒坚守的儒学传统也存在巨大的差异。然而它们一经系统地提出,却很快赢得了儒学团体内部乃至帝国官僚系统的共同承认,并长期被奉为官方意识形态。造成这种局面的原因是十分复杂的,灾异思想悠久而丰富的理论来源,西汉政权合法性论证的需要,儒生们对君权膨胀的警惕,元、成以后相对自由与宽松的学术政治氛围,以阴阳五行为框架的知识体系的"科学性"与强大解释力等,共同构成了西汉经学灾异思潮倾动一时的历史根源与现实契机。①

---

① 　冯鹏:《西汉经学阴阳灾异思想探源》,《孔子研究》2018 年第 3 期。

汉元帝初元四年　公元前 45 年

1. 京房以孝廉为郎

《汉书·眭两夏侯京翼李传》：

> 京房字君明，东郡顿丘人也。治《易》，事梁人焦延寿。……初元四年以孝廉为郎。[1]

对于京房《易学》的研究，学术界多从其思想渊源或师承关系方面入手。京房集"八宫卦序、卦气、纳甲、灾异"等为一体，构建了一个庞大的象数体系。这套体系用独特的象数语言阐明了当时易学家对天人关系的理解。这种关于天人关系的阐发，正是对董仲舒公羊学重构天人关系的回应与开新。在从天道观及王道思想回应、开新董仲舒公羊大义的同时，基于《周易》经传，京房构建了具有易学特色的学术体系。京房易学一经产生，即令汉代经学在整体上成为高度哲学性的天人之学，易学也逐渐凌驾于其他经学之上，成为群经之首、大道之源。[2]

---

[1]　班固：《汉书》卷七十五《眭两夏侯京翼李传》，中华书局 1962 年版，第 3160 页。
[2]　卜章敏：《京房易学对董仲舒公羊学的回应与开新》，《孔子研究》2018 年第 4 期。

汉元帝初元五年　公元前44年

1.四月,诏博士弟子不限员

《汉书·元帝纪》:

> 夏四月,有星孛于参。诏曰:"……其令……博士弟子毋置员,以广学者。……"①

又有《汉书·儒林传》:

> 昭帝时举贤良文学,增博士弟子员满百人,宣帝末增倍之。元帝好儒,能通一经者皆复。②

元帝初元五年,汉元帝再度放宽博士弟子的人数,表现了自身好儒,且儒学昌盛。元帝即位不久,即大幅度增加博士弟子数量。昭帝时博士弟子不过百人,宣帝末也只是"增倍之",元帝好儒,"能通一经者皆复"。在元帝用儒方针的指引下,朝廷大臣以经学相矜尚,儒生布满朝廷上下,他们或位至公卿,或为地方长官。元帝放弃宣帝的霸王之道,转而以儒、以《诗》治国,是适应历史形势的应对策略,而不是懦弱无能的表现。事实上,正是由于元帝以儒家仁义之道为治国指导思想,才使得业已动荡的社会又暂时平静下来,西汉王朝才没有即刻崩溃,而又苟延残喘了几十年。

---

① 班固:《汉书》卷九《元帝纪》,中华书局1962年版,第285页。
② 班固:《汉书》卷八十八《儒林传》,中华书局1962年版,第3596页。

因此,我们认为元帝以儒、《诗》治国,对于延缓西汉王朝的灭亡,是有积极意义的①。

2. 六月,贡禹为御史大夫

《汉书·佞幸传》:

> 初,显闻众人匈匈,言己杀前将军萧望之。望之当世名儒,显恐天下学士姗己,病之。是时,明经著节士琅邪贡禹为谏大夫,显使人致意,深自结纳。显因荐禹天子,历位九卿,至御史大夫,礼事之甚备。议者于是称显,以为不妒谮望之矣。②

另《汉书·王贡两龚鲍传》:

> 自禹在位,数言得失,书数十上。……又言古者不以金钱为币,专意于农,故一夫不耕,必有受其饥者。今汉家铸钱,及诸铁官皆置吏卒徒,攻山取铜铁,一岁功十万人已上,中农食七人,是七十万人常受其饥也。……故民弃本逐末,耕者不能半。贫民虽赐之田,犹贱卖以贾,穷则起为盗贼。何者?末利深而惑于钱也。是以奸邪不可禁,其原皆起于钱也。疾其末者绝其本,宜罢采珠玉金银铸钱之官,无复以为币。市井勿得贩卖,除其租铢之律,租税禄赐皆以布帛及谷。使百姓一归于农,复古道便。……禹又言:"孝文皇帝时,贵廉洁,贱贪污……故令行禁止,海内大化,天下断狱四百,与刑错亡异。武帝始临天下,尊贤用士……遂从耆欲,用度不足,乃行一切之变,使犯法者赎罪,入谷者补吏,是以天下奢侈,官乱民贫,盗贼并起,亡命者众。……今欲兴至治,致太平,宜除赎罪之法。相、守选举不以实,及有臧者,辄行其诛,亡但免官,则争尽力为善,贵孝弟,贱贾人,进真贤,举实廉,而天下治矣。……自成、康以来,几且千岁,欲为治者甚

① 梁锡锋:《汉元帝与经学》,《郑州大学学报(哲学社会科学版)》2002年第5期。
② 班固:《汉书》卷九十三《佞幸传》,中华书局1962年版,第3729页。

众,然而太平不复兴者,何也? 以其舍法度而任私意,奢侈行而仁义废也。……"①

再《汉书·百官公卿表》:

初元五年六月辛酉,长信少府贡禹为御史大夫。②

事又见《资治通鉴》卷二八。

贡禹是西汉宣、元时大臣,曾位列丞相(御史大夫)。《汉书》卷七十二《王贡两龚鲍传》言:"贡禹字少翁,琅邪人也。以明经絜行著闻,征为博士、凉州刺史,病去官。复举贤良为河南令。岁余,以职事为府官所责,免冠谢。禹曰:'冠一免,安复可冠也!'遂去官。"贡禹刚烈不挠的性格,班固将王吉与贡禹同列一卷,不仅因这两人曾同朝为官,籍贯同为琅邪郡,更因他们均为儒学名臣,是琅邪经学的传承和践履者。③ 此外,贡禹有着强烈的儒家民本思想与用世精神,相信王道古制,针对当时官富民贫的社会现状,主张"循古节俭""放古自节",自皇帝朝廷开始,以化天下。事实上,类似贡禹、匡衡、韦玄成等这样的儒生在元帝朝以后越来越多,他们政治参与的方式才代表了儒生的主流,是他们构筑了一个新兴的,影响中国历史发展进程的阶层——士大夫官僚阶层④。

3. 十二月,贡禹卒

《汉书·元帝纪》:

冬十二月丁未,御史大夫贡禹卒。⑤

---

① 班固:《汉书》卷七十二《王贡两龚鲍传》,中华书局1962年版,第3075—3078页。
② 班固:《汉书》卷十九下《百官公卿表》,中华书局1962年版,第816页。
③ 叶薇:《贡禹的谏疏文》,《潍坊学院学报》2014年第4期。
④ 张立克:《汉元帝时期儒生的政治参与研究》,《兰州学刊》2014年第8期。
⑤ 班固:《汉书》卷九《元帝纪》,中华书局1962年版,第287页。

事又见《汉书·百官公卿表》。

贡禹作为汉元帝的重臣之一,曾尝试将儒家思想与国家财政、经济结合起来,却造成了历史的倒退。学术界对贡禹的评价是带有批判性的。贡禹任御史大夫时,他强烈地反对雇佣国家征募的劳工采矿或铸币,反对让农民生产矿工所需的粮食和布。在他的努力推动下,国家的盐铁专卖被取消了。但不久,国家的收入锐减,盐铁专卖又不得不恢复。贡禹还关闭了用于稳定大宗商品价格的粮仓,但不久又恢复重建。贡禹又提出一个建议,就是以货币产生前的经济来代替货币经济。这明显是一种历史倒退的行为,但贡禹仍乐此不疲。[①] 汉元帝时期虽然重视儒生,儒学昌盛,但是儒学并没有发挥好它的社会批判性,反而因为贡禹等儒者盲目贯彻儒家思想,导致国家经济、财政不稳,使西汉帝国开始露出败象。

---

① 武玉林:《宣元用人之替与西汉帝国败象》,《领导科学》2011年第28期。

汉元帝永光元年　公元前43年

1.二月,诏举质朴敦厚逊让有行之士

《汉书·元帝纪》:

> 二月,诏丞相、御史举质朴敦厚逊让有行者,光禄岁以此科第郎、从官。①

汉元帝即位后,一反汉朝杂用"霸道""王道"的传统政策,对宣帝时的政治有颇多改变。他大量征用儒生委以重任,并规定凡儒生只要通一经就可免去徭役。元帝还在地方特设《五经》百石卒史,倡导儒学并提出以质朴、敦厚、逊让、有行四项儒家标准来选拔人才和考核郎官。

2.欧阳地余为少府

《汉书·百官公卿表》:

> 永光元年,侍中中大夫欧阳余为少府,五年卒。②

又有《汉书·儒林传》:

---

① 班固:《汉书》卷九《元帝纪》,中华书局1962年版,第287页。
② 班固:《汉书》卷十九下《百官公卿表》,中华书局1962年版,第817页。

欧阳生字和伯,千乘人也。事伏生,授倪宽。宽又受业孔安国,至御史大夫,自有传。宽有俊材,初见武帝,语经学。上曰:"吾始以《尚书》为朴学,弗好,及闻宽说,可观。"乃从宽问一篇。欧阳、大小夏侯氏学皆出于宽。宽授欧阳生子,世世相传,至曾孙高子阳,为博士。高孙地余长宾以太子中庶子授太子,后为博士,论石渠。元帝即位,地余侍中,贵幸,至少府。[①]

自欧阳生从伏生治《尚书》起,至欧阳歙累世经学,代为博士,史称"欧阳八博士",并且形成了独树一帜的《尚书》欧阳氏学,虽历经两汉错综复杂的历史环境,却长期居于官学地位。

---

① 班固:《汉书》卷八十八《儒林传》,中华书局1962年版,第3603页。

汉元帝永光二年　公元前42年

1. 三月，诏举茂材异等贤良直言之士

《汉书·元帝纪》：

> 三月壬戌朔，日有蚀之。诏曰："朕战战栗栗，夙夜思过失，不敢荒宁。惟阴阳不调，未烛其咎。娄敕公卿，日望有效。至今有司执政，未得其中，施与禁切，未合民心。暴猛之俗弥长，和睦之道日衰，百姓愁苦，靡所错躬。是以氛邪岁增，侵犯太阳，正气湛掩，日久夺光。乃壬戌，日有蚀之。天见大异，以戒朕躬，朕甚悼焉。其令内郡国举茂材异等贤良直言之士各一人。"①

元帝因灾异之变诏令郡国举贤才。灾异学说在元帝时期已成为介入政治的必备思想工具，汉儒完善了天人感应的灾异说。从理论上来看，这种学说能够让官员利用灾异来限制王权。但从灾异说现实的运用上看，其完全背离汉儒的理论设计，沦落为政治权力的附庸。②

2. 韦玄成为宰相

《汉书·韦贤传》：

---

① 班固：《汉书》卷九《元帝纪》，中华书局1962年版，第289页。
② 蔡亮：《政治权力绑架下的西汉天人感应灾异说》，《社会科学文摘》2017年第11期。

171

及元帝即位，以玄成为少府，迁太子太傅，至御史大夫。永光中，代于定国为丞相。贬黜十年之间，遂继父相位，封侯故国，荣当世焉。玄成复作诗，自著复玷缺之艰难，因以戒示子孙。①

又有《汉书·百官公卿表》：

永光二年二月丁酉，御史大夫韦玄成为丞相。②

---

① 班固：《汉书》卷七十三《韦贤传》，中华书局 1962 年版，第 3113 页。
② 班固：《汉书》卷十九下《百官公卿表》，中华书局 1962 年版，第 816 页。

汉元帝永光三年　公元前41年

1.十一月,置博士弟子员千人

《汉书·元帝纪》:

> 冬,复盐铁官、博士弟子员。以用度不足,民多复除,无以给中外徭役。[1]

另《汉书·儒林传》:

> 元帝好儒,能通一经者皆复。数年,以用度不足,更为设员千人,郡国置《五经》百石卒史。[2]

到汉元帝永光三年,博士弟子人员扩大至千人之规模,以体现元帝好儒之心。

---

①　班固:《汉书》卷九《元帝纪》,中华书局1962年版,第291页。
②　班固:《汉书》卷八十八《儒林传》,中华书局1962年版,第3596页。

汉元帝永光五年　公元前 39 年

1. 欧阳地馀卒

《汉书·儒林传》：

> （欧阳地馀）戒其子曰："我死，官属即送汝财物，慎毋受。汝九卿儒者子孙，以廉洁著，可以自成。"及地馀死，少府官属共送数百万，其子不受。天子闻而嘉之，赐钱百万。地馀少子政为王莽讲学大夫。由是《尚书》世有欧阳氏学。[①]

郑杰文、李梅所著《中国学术思想编年》（秦汉卷）此事于是年，今从之。

欧阳生从伏生受《尚书》，世世相传至欧阳高，即欧阳地馀祖父。欧阳地馀从家学，以明《尚书》为博士，参加石渠阁会议。元帝兴儒学，欧阳地馀贵幸，官至少府。后子孙传其所学，故尚书学有欧阳氏学一支。

---

① 班固：《汉书》卷八十八《儒林传》，中华书局 1962 年版，第 3603—3604 页。

汉元帝建昭元年　公元前38年

1.京房试用考功课法

《汉书·眭两夏侯京翼李传》：

> 房罢出，后上令房上弟子晓知考功课吏事者，欲试用之。房上中郎任良、姚平，愿以为刺史，试考功法，臣得通籍殿中，为奏事，以防雍塞。石显、五鹿充宗皆疾房，欲远之，建言宜试以房为郡守。元帝于是以房为魏郡太守，秩八百石，居得以考功法治郡。房自请，愿无属刺史，得除用它郡人，自第吏千石已下，岁竟乘传奏事。天子许焉。①

事又见《资治通鉴》卷二九。

京房因直谏元帝，弹劾石显，得罪了大宦官石显、五鹿充宗等人。被后者排挤出京城。此时京房向汉元帝请求运用考功法治理魏郡，得到了皇帝的许可。

---

① 班固：《汉书》卷七十五《眭两夏侯京翼李传》，中华书局1962年版，第3163页。

汉元帝建昭三年　公元前36年

1.六月,韦玄成卒

《汉书·韦贤传》:

> 玄成为相七年,守正持重不及父贤,而文采过之。建昭三年薨,谥曰共侯。①

另《汉书·元帝纪》:"(三年)六月甲辰,丞相玄成薨。"《隋书·经籍志》:《七录》有《韦玄成集》二卷。《汉书·百官公卿表》:"(建昭三年)六月甲辰,丞相玄成薨。"《资治通鉴》卷二九所略同。

韦玄成,字少翁,鲁国邹人,丞相韦贤之子。少好学,谦逊侠士,尤敬贫贱。以父任为郎,常侍骑又以明经擢谏大夫,迁大河都尉。父贤死,玄成佯狂让爵于兄。朝议高其节。拜河南太守元帝永光初,(公元前43年)遂继父相位,封侯。邹鲁为之谚云:"遗黄金满籯,不如教子一经。"玄成为相七年,守正持重不及父,而文采过之。卒,谥工候。玄成好为四言诗,著有《自劾》及《戒是示子孙》二首。有集二卷,传于世。

---

① 班固:《汉书》卷七十三《韦贤传》,中华书局1962年版,第3115页。

汉元帝建昭四年　公元前35年

1. 三月,谷永说灾异

《汉书·五行志》:

> 建昭四年三月,雨雪,燕多死。谷永对曰:"皇后桑蚕以治祭服,共事天地宗庙,正以是日疾风自西北,大寒雨雪,坏败其功,以章不乡。宜斋戒辟寝,以深自责,请皇后就宫,禹闭门户,毋得擅上。且令众妾人人更进,以时博施。皇天说喜,庶几可以得贤明之嗣。即不行臣言,灾异俞甚,天变成形,臣虽欲复捐身关策,不及事已。"其后许后坐祝诅废。①

在西汉后期众多的言灾异的奏疏中,最有文采的是刘向和谷永的奏疏。元帝时期,朝政最主要的问题是宦官专权的问题,刘向及京房等人上奏有关灾异的奏疏几乎都是围绕这个问题展开的。此次谷永借雨雪不时之灾,劝谏皇帝制止后宫擅权。②

---

① 班固:《汉书》卷二十七中之下《五行志》,中华书局1962年版,第1425页。
② 袁亚铮:《西汉晚期的社会与文学研究》,南开大学2014年博士学位论文,第1页。

汉成帝建始元年　公元前32年

1. 刘更生更名为刘向

《汉书·楚元王传》：

> 成帝即位，显等伏辜，更生乃复进用，更名向。向以故九卿召拜为中郎，使领护三辅都水。数奏封事，迁光禄大夫。[1]

刘向在成帝即位之年改名，原名刘更生。

---

[1]　班固：《汉书》卷三十六《楚元王传》，中华书局1962年版，第1949页。

汉成帝建始三年　公元前 30 年

1. 十二月, 诏举贤良

《汉书·成帝纪》:

> 冬十二月戊申朔, 日有蚀之。夜, 地震未央宫殿中。诏曰:"盖闻天生众民, 不能相治, 为之立君以统理之。君道得, 则草木昆虫咸得其所; 人君不德, 谪见天地, 灾异娄发, 以告不治。朕涉道日寡, 举错不中, 乃戊申日蚀、地震, 朕甚惧焉。公卿其各思朕过失, 明白陈之。'女无面从, 退有后言。'丞相、御史与将军、列侯、中二千石及内郡国举贤良方正能直言极谏之士, 诣公车, 朕将览焉。"①

汉成帝即位的第三年, 又发生了日食、地震的现象。汉成帝下诏推举贤良方正能直言进谏之士。

---

① 班固:《汉书》卷十《成帝纪》, 中华书局 1962 年版, 第 307 页。

汉成帝建始四年　公元前29年

1.夏,杜钦对策

《汉书·杜周传》：

其夏,上尽召直言之士诣白虎殿对策,策曰："天地之道何贵？王者之法何如？《六经》之义何上？人之行何先？取人之术何以？当世之治何务？各以经对。"钦对曰："臣闻天道贵信,地道贵贞；不信不贞,万物不生。生,天地之所贵也。王者承天地之所生,理而成之,昆虫草木靡不得其所。王者法天地,非仁无以广施,非义无以正身；克己就义,恕以及人,《六经》之所上也。不孝,则事君不忠,莅官不敬,战陈无勇,朋友不信。孔子曰：'孝无终始,而患不及者,未之有也。'孝,人行之所先也。观本行于乡党,考功能于官职,达观其所举,富观其所予,穷观其所不为,乏观其所不取,近观其所为主,远观其所主。孔子曰：'视其所以,观其所由,察其所安,人焉廋哉？'取人之术也。殷因于夏尚质,周因于殷尚文,今汉家承周、秦之敝,宜抑文尚质,废奢长俭,表实去伪。孔子曰恶紫之夺朱,当世治之所务也。臣窃有所忧,言之则拂心逆指,不言则渐日长,为祸不细,然小臣不敢废道而求从,违忠而耦意。臣闻玩色无厌,必生好憎之心；好憎之心生,则爱宠偏于一人；爱宠偏于一人,则继嗣之路不广,而嫉妒之心兴矣。如此,则匹妇之说,不可胜也。唯陛下纯德普施,无欲是从,此则众庶咸说,继嗣日广,而海内长安。万事之是非何足备言！"钦以前事病,赐帛

180

罢,后为议郎,复以病免。①

　　杜钦引用《孝经·庶人章》的"孝无终始,而患不及者,未之有也",回答汉成帝关于"天地之道""王者之法"的问题,"孝"是真正的"天地之道"与"王道之法"。君上应该好生仁德善待臣下子民,相应的,臣下子民应该以忠孝回报君上。汉成帝荒淫骄奢,百姓受灾严重,国势已承衰落之势,但依旧有儒臣希望成帝贯彻汉朝"以孝治天下"的施政纲领。从学术史角度看,西汉时期,"孝"已上升到"天道""地道""王道"的地位,与之相应的《孝经》《论语》在当时拥有特殊的重要地位。

2. 夏,谷永对策

《汉书·谷永杜邺传》:

　　其夏,皆令诸方正对策,语在《杜钦传》。永对毕,因曰:"臣前幸得条对灾异之效,祸乱所极,言关于圣聪。书陈于前,陛下委弃不纳,而更使方正对策,背可惧之大异,问不急之常论,废承天之至言,角无用之虚文,欲末杀灾异,满谰诬天,是故皇天勃然发怒,甲己之间暴风三溱,拔树折木,此天至明不可欺之效也。"上特复问永,永对曰:"日食、地震,皇后、贵妾专宠所致。"语在《五行志》。是时,上初即位,谦让委政元舅大将军王凤,议者多归咎焉。永知凤方见柄用,阴欲自托,乃复曰:"……白气起东方,贱人将兴之表也;黄浊冒京师,王道微绝之应也。……急复益纳宜子妇人,毋择好丑,毋避尝字,毋论年齿。推法言之,陛下得继嗣于微贱之间,乃反为福。……"时对者数十人,永与杜钦为上第焉。上皆以其书示后宫。后上尝赐许皇后书,采永言以责之,语在《外戚传》。②

---

①　班固:《汉书》卷六十《杜周传》,中华书局 1962 年版,第 2673—2675 页。
②　班固:《汉书》卷八十五《谷永杜邺传》,中华书局 1962 年版,第 3450—3454 页。

事又见《汉书·五行志》、《汉书·外戚传》、《资治通鉴》卷三〇。

谷永以灾异警示汉成帝贱人将兴,应择宜子妇以得子嗣,而永固大位。

汉成帝河平二年　公元前 27 年

1. 刘歆为黄门侍郎

《汉书·楚元王传》：

> 歆字子骏,少以通《诗》、《书》能属文召见成帝,待诏宦者署,为黄门郎。[1]

刘向之子刘歆初入仕为黄门郎。

---

① 班固:《汉书》卷三十六《楚元王传》,中华书局 1962 年版,第 1967 页。

汉成帝阳朔二年　公元前 23 年

1. 九月, 诏举可充博士位者

《汉书·成帝纪》：

(阳朔二年)九月，奉使者不称。诏曰："古之立太学，将以传先王业，流化于天下也。儒林之官，四海渊原，宜皆明于古今，温故知新，通达国体，故谓之博士。否则学者无述焉，为下所轻，非所以尊道德也。'工欲善其事，必先利其器。'丞相、御史其与中二千石、二千石杂举可充博士位者，使卓然可观。"①

2. 桓谭生

《后汉书·桓谭冯衍列传》：

桓谭字君山，沛国相人也。父成帝时为太乐令。谭以父任为郎，因好音律，善鼓琴。博学多通，遍习《五经》，皆诂训大义，不为章句。能文章，尤好古学，数从刘歆、杨雄辩析疑异。性嗜倡乐，简易不修威仪，而憙非毁俗儒，由是多见排抵。②

桓谭，字君山，是东汉时期的大儒，生于西汉末期。

---

① 班固：《汉书》卷十《成帝纪》，中华书局 1962 年版，第 313 页。
② 范晔：《后汉书》卷二十八上《桓谭冯衍列传》，中华书局 2005 年第 2 版，第 639 页。

汉成帝鸿嘉元年　公元前 20 年

1. 丞相张禹去相

《汉书·匡张孔马传》：

> 为相六岁，鸿嘉元年以老病乞骸骨，上加优再三，乃听许。赐安车驷马，黄金百斤，罢就第，以列侯朝朔望，位特进，见礼如丞相，置从事史五人，益封四百户。天子数加赏赐，前后数千万。……禹成就弟子尤著者，淮阳彭宣至大司空，沛郡戴崇至少府九卿。宣为人恭俭有法度，而崇恺弟多智，二人异行。[1]

事又见《汉书·百官公卿表》、《资治通鉴》卷三一。

张禹以明经入仕，尤其擅长《论语》，当丞相六年，于鸿嘉元年上书乞骸骨，被汉成帝允准。

2. 九月，日食，谷永对灾异

《汉书·五行志》：

> 永始元年九月丁巳晦，日有食之。谷永以京房《易占》对曰："元年九月日蚀，酒亡节之所致也。独使京师知之，四国不见者，若曰，湛

---

① 班固：《汉书》卷八十一《匡张孔马传》，中华书局 1962 年版，第 3349 页。

湎于酒,君臣不别,祸在内也。"①

谷永上书言异常天象等灾异多达四十余次,固然有其个人学术背景的影响,但成帝乃至整个朝堂对天变的关注度上升也不可忽视。西汉中后期,在各种因素一步步推动之下,朝中逐渐形成一个天象解说的怪圈。君主十分重视异常天象的发生,认为这反映了朝政上出现问题,从而希望听到各方解说天象的声音,以助改善朝政。君主的态度在促进了天象解说者进言献策的同时,亦推动了各方政治势力攻击敌方,最终导致臣子成为天变的主流责任承担者。出于某些原因或目的(例如改善吏治、护除异己等),这一结论得到君主认可,越发推进了各方争相解说天象达成其政治目的。②

3. 杜邺说王音

《汉书·谷永杜邺传》:

> 杜邺字子夏,本魏郡繁阳人也。祖父及父积功劳皆至郡守,武帝时徙茂陵。邺少孤,其母张敞女。邺壮,从敞子吉学问,得其家书。以孝廉为郎。与车骑将军王音善。平阿侯谭不受城门职,后薨,上闵悔之,乃复令谭弟成都侯商位特进,领城门兵,得举吏如将军府。邺见音前与平阿有隙,即说音曰:"邺闻人情,恩深者其养谨,爱至者其求详。夫戚而不见殊,孰能无怨?此《棠棣》、《角弓》之诗所以作也。昔秦伯有千乘之国,而不能容其母弟,《春秋》亦书而讥焉。周、召则不然,忠以相辅,义以相匡,同己之亲,等己之尊,不以圣德独兼国宠,又不为长专受荣任,分职于陕,并为弼疑。故内无感恨之隙,外无侵侮之羞,俱享天祐,两荷高名者,盖以此也。窃见成都侯以特进领城门兵,复有诏得举吏如五府,此明诏所欲庞也。将军宜承顺圣意,加异往时,每事凡议,必与及之,指为诚发,出于将军,则孰敢不说谕?

---

① 班固:《汉书》卷二十七下之下《五行志》,中华书局 1962 年版,第 1505 页。
② 陈敏学:《秦汉政治视野下的天象解说》,中央民族大学 2017 年博士学位论文,第 3 页。

昔文侯寤大雁之献而父子益亲,陈平共一饭之馔而将相加欢,所接虽在楹阶俎豆之间,其于为国折冲厌难,岂不远哉!窃慕仓唐、陆子之义,所白奥内,唯深察焉。"音甚嘉其言,由是与成都侯商亲密,二人皆重邺。后以病去郎。商为大司马卫将军,除邺主簿,以为腹心,举侍御史。[1]

郑杰文、李梅所著《中国学术思想编年》(秦汉卷)此事于是年,今从之。

杜邺以《诗经》《春秋》诸意劝王音与王商解怨,为二人所重,因此被举荐为侍御史。

---

① 班固:《汉书》卷八十五《谷永杜邺传》,中华书局 1962 年版,第 3473—3474 页。

汉成帝永始二年　公元前15年

1.二月,日食,陨星,谷永对灾异

《汉书·五行志》:

　　永始二年二月乙酉晦,日有食之。谷永以京房《易占》对曰:"今年二月日食,赋敛不得度,民愁怨之所致也。所以使四方皆见,京师阴蔽者,若曰,人君好治宫室,大营坟墓,赋敛兹重,而百姓屈竭,祸在外也。"……成帝永始二年二月癸未,夜过中,星陨如雨,长一二丈,绎绎未至地灭,至鸡鸣止。谷永对曰:"日月星辰烛临下土,其有食陨之异,则退逐幽隐靡不咸睹。星辰附离于天,犹庶民附离王者也。王者失道,纲纪废顿,下将叛去,故星叛天而陨,以见其象。《春秋》记异,星陨最大,自鲁严以来,至今再见。臣闻三代所以丧亡者,皆繇妇人群小,湛湎于酒。《书》云:'乃用其妇人之言,四方之逋逃多罪,是信是使。'《诗》曰:'赫赫宗周,褒姒灭之。''颠覆厥德,荒沈于酒。'及秦所以二世而亡者,养生大奢,奉终大厚。方今国家兼而有之,社稷宗庙之大忧也。"京房《易传》曰:"君不任贤,厥妖天雨星。"①

　　事又见《资治通鉴》卷三一。

　　谷永借天灾谏皇上省赋敛,整顿朝纲,远离小人佞臣。许皇后失宠后,李平、赵氏姐妹得宠。在王氏一族的授意下,谷永故技重施,数言星

---

① 班固:《汉书》卷二十七下之下《五行志》,中华书局1962年版,第1505—1511页。

阪、日食等异象为后宫之责。①

2.十一月,翟方进为丞相

《汉书·百官公卿表》:

> 十月己丑,丞相宣免。十一月壬子,执金吾翟方进为丞相。②

另《汉书·翟方进传》:

> 居官三岁,永始二年迁御史大夫。数月,会丞相薛宣坐广汉盗贼群起及太皇太后丧时三辅吏并征发为奸,免为庶人。方进亦坐为京兆尹时奉丧事烦扰百姓,左迁执金吾。二十余日,丞相官缺,群臣多举方进,上亦器其能,遂擢方进为丞相,封高陵侯,食邑千户。身既富贵,而后母尚在,方进内行修饰,供养甚笃。及后母终,既葬三十六日,除服起视事,以为身备汉相,不敢逾国家之制。为相公洁,请托不行郡国。持法刻深,举奏牧守九卿,峻文深诋,中伤者尤多。如陈咸、朱博、萧育、逢信、孙闳之属,皆京师世家,以材能少历牧守列卿,知名当世,而方进特立后起,十余年间至宰相,据法以弹咸等,皆罢退之。③

事又见《资治通鉴》卷三一。
大儒翟方进为丞相,恢复了宣帝时期外儒内法的治国方略。

①　陈敏学:《秦汉政治视野下的天象解说》,中央民族大学 2017 年博士学位论文,第 85 页。
②　班固:《汉书》卷十九下《百官公卿表》,中华书局 1962 年版,第 834—835 页。
③　班固:《汉书》卷八十四《翟方进传》,中华书局 1962 年版,第 3416—3417 页。

汉成帝永始三年　公元前 14 年

1. 十月，复甘泉泰畤等祠

《汉书·成帝纪》：

> 冬十月庚辰，皇太后诏有司复甘泉泰畤、汾阴后土、雍五畤、陈仓陈宝祠。[1]

另《汉书·郊祀志》：

> 后上以无继嗣故，令皇太后诏有司曰："盖闻王者承事天地，交接泰一，尊莫著于祭祀。孝武皇帝大圣通明，始建上下之祀，营泰畤于甘泉，定后土于汾阴，而神祇安之，飨国长久，子孙蕃滋，累世遵业，福流于今。今皇帝宽仁孝顺，奉循圣绪，靡有大愆，而久无继嗣。思其咎职，殆在徙南北郊，违先帝之制，改神祇旧位，失天地之心，以妨继嗣之福。春秋六十，未见皇孙，食不甘味，寝不安席，朕甚悼焉。《春秋》大复古，善顺祀。其复甘泉泰畤、汾阴后土如故，及雍五畤、陈宝祠在陈仓者。"天子复亲郊礼如前。又复长安、雍及郡国祠著明者且半。[2]

皇太后以刘向所言，恢复了甘泉泰畤、汾阴后土、雍五畤、陈仓陈宝祠等祭祀。在扬雄、班固、张衡等人的赋作中，甘泉宫作为西汉政治的一道

---

[1]　班固：《汉书》卷十《成帝纪》，中华书局 1962 年版，第 323 页。
[2]　班固：《汉书》卷二十五下《郊祀志》，中华书局 1962 年版，第 1259 页。

重要景观,彰显的是西汉政治的缺失。甘泉宫某些建筑物的修造确实与武帝的仙意私欲有关,但甘泉更重要的意义在于军事、宗教方面,这早在秦代已然。武帝为一统的汉政权缔造了至上神太一,甘泉宫于军事、宗教的重要地位决定它奉祀的神灵是太一。甘泉泰畤自武帝以后至西汉后期,成为皇权神圣的见证。西汉后期掀起一场甘泉泰畤之祭与南郊祭天的制度之争,持后论者以为甘泉之祭不合古礼。扬雄《甘泉赋》的写作正是这场制度之争的产物。扬雄以赋的形式表达个人立场,主张罢甘泉泰畤之祭。这也影响到东汉班固、张衡对于甘泉宫的赋写。[①]

甘泉泰畤的成立,并不仅是为祭祀体系增添了一座新的神坛,也带动了西汉早中期国家祭祀的最大变革。东方传统真正被吸纳进王朝祭礼,国家祭祀建立了全新传统。至上神被重新定义,国家祭祀中心也随之发生了变更,并由此带动了祭祀体系重心的迁移。同时,泰畤的设立也开启了武帝封禅、大规模东巡及一系列新祠畤的建立。可以说,武帝朝的祭祀改革,是被太一祭祀的建立所领起的。同时,泰畤也作为武帝朝全面制度改革的一部分,与封禅、更改官号、改正朔、易服色等动作并列,是武帝变更秦制、建设“汉家法式”的重要一步。西汉末年,南郊郊祀制度得以建立,南郊郊天成为最高国家祭祀,并延续两千年之久。从此,太一永远退出了国家祭祀的舞台。作为一种性质不同于后代之“天”的至上神,太一祭祀体现着西汉国家祭祀的取向与运转方式,也系联着西汉中期制度与文化的转向。理解太一祭祀,有助于理解西汉国家祭祀的构成与精神。[②]

2. 罢百两篇《尚书》

《汉书·儒林传》:

> 世所传《百两篇》者……后樊并谋反,乃黜其书。[③]

张霸所上的伪书至此被罢黜。

---

① 侯文学:《甘泉赋的文化承——兼论扬雄〈甘泉赋〉的创作背景》,《贵州社会科学》2017 年第 7 期。
② 田天:《西汉太一祭祀研究》,《史学月刊》2014 年第 4 期。
③ 班固:《汉书》卷八十八《儒林传》,中华书局 1962 年版,第 3607 页。

汉成帝元延元年　公元前 12 年

1. 七月，光禄勋平当被贬

《汉书·百官公卿表》：

元延元年，大鸿胪平当为光禄勋，七月坐前议昌陵贬为钜鹿太守。①

另《汉书·隽疏于薛平彭传》：

迁丞相司直。坐法，左迁逆方刺史，复征入为太中大夫给事中，累迁长信少府、大鸿胪、光禄勋。先是太后姊子卫尉淳于长白言昌陵不可成，下有司议。当以为作治连年，可遂就。上既罢昌陵，以长首建忠策，复下公卿议封长。当又以为长虽有善言，不应封爵之科。坐前议不正，左迁钜鹿太守。后上遂封上。当以经明《禹贡》，使行河，为骑都尉，领河堤。②

平当因为通晓《尚书·禹贡》而被委以治问之任，官至光禄勋，此年被贬。

---

①　班固：《汉书》卷十九下《百官公卿表》，中华书局 1962 年版，第 838 页。
②　班固：《汉书》卷七十一《隽疏于薛平彭传》，中华书局 1962 年版，第 3050 页。

2.杜邺议复长安南北郊

《汉书·郊祀志》：

> 后成都侯王商为大司马卫将军辅政，杜邺说商曰："'东邻杀牛，不如西邻之瀹祭'，言奉天之道，贵以诚质大得民心也。行秽祀丰，犹不蒙祐；德修荐薄，吉必大来。古者坛场有常处，燎禋有常用，赞见有常礼；牺牲玉帛虽备而财不匮，车舆臣役虽动而用不劳。是故每举其礼，助者欢说，大路所历，黎元不知。今甘泉、河东天地郊祀，咸失方位，违阴阳之宜。及雍五畤皆旷远，奉尊之役休而复起，缮治共张无解已时，皇天著象殆可略知。前上甘泉，先驱失道；礼月之夕，奉引复迷。祠后土还，临河当渡，疾风起波，船不可御。又雍大雨，坏平阳宫垣。乃三月甲子，震电灾林光宫门。祥瑞未著，咎征仍臻。迹三郡所奏，皆有变故。不答不飨，何以甚此！《诗》曰'率由旧章。'旧章，先王法度，文王以之，交神于祀，子孙千亿。宜如异时公卿之议，复还长安南北郊。"①

杜邺向大司马王商建议祈神求福，恢复长安南北郊祭祀。

---

① 班固：《汉书》卷二十五下《郊祀志》，中华书局 1962 年版，第 1262—1263 页。

汉成帝绥和元年　公元前8年

1. 谷永卒

《汉书·谷永杜邺传》：

> 永于经书，泛为疏达，与杜钦、杜邺略等，不能洽浃如刘向父子及扬雄也。其于天官、《京氏易》最密，故善言灾异，前后所上四十余事，略相反复，专攻上身与后宫而已。党于王氏，上亦知之，不甚亲信也。永所居任职，为北地太守岁余，卫将军商薨，曲阳侯根为票骑将军，荐永，征入为大司农。岁余，永病，三月，有司奏请免。故事，公卿病，辄赐告，至永独即时免。数月，卒于家。本名并，以尉氏樊并反，更名永云。①

事又见《资治通鉴》卷三二。

谷永博学经术，通天文、灾异学说，精通京房《易》学，多次上书以灾异言事。《隋书·经籍志》有集两卷，今已佚。现有黄奭辑《谷永易义》；《全汉文》卷四十五、四十六录其《灾异对》《说成帝距祭祀方术》等奏疏及书信数十篇。

---

①　班固：《汉书》卷八十五《谷永杜邺传》，中华书局1962年版，第3472—3473页。

汉哀帝建平二年(太初元将元年)
公元前5年

1. 张禹卒

《汉书·匡张孔马传》：

禹虽家居，以特进为天子师，国家每有大政，必与定议。永始、元延之间，日蚀、地震尤数，吏民多上书言灾异之应，讥切王氏专政所致。上惧变异数见，意颇然之，未有以明见，乃车驾至禹弟，辟左右，亲问禹以天变，因用吏民所言王氏事示禹。禹自见年老，子孙弱，又与曲阳侯不平，恐为所怨。禹则谓上曰："春秋二百四十二年间，日蚀三十余，地震五，或为诸侯自杀，或夷狄侵中国，灾变之异深远难见，故圣人罕言命，不语怪神。性与天道，自子赣之属不得闻，何况浅见鄙儒之所言！陛下宜修政事以善应之，与下同其福喜，此经义意也。新学小生，乱道误人，宜无信用，以经术断之。"上雅信爱禹，由此不疑王氏。后曲阳侯根及诸王子弟闻知禹言，皆喜说，遂亲就禹。禹见时有变异，若上体不安，常择日洁斋露蓍，正衣冠立筮，得吉卦则献其占，如有不吉，禹为感动有忧色。成帝崩，禹及事哀帝，建平二年薨，谥曰节侯。[①]

张禹从施雠学《易经》，从王阳、庸生习《论语》，被推为郡文学。甘露

---

① 班固：《汉书》卷八十一《匡张孔马传》，中华书局1962年版，第3351—3352页。

年间,诸儒推荐做了博士。初元年间授太子《论语》,升任光禄大夫。河平四年(前25年),代王商任丞相,封安昌侯。建平二年(前5年),张禹去世,谥号节侯。

2.“张侯论”

《汉书·匡张孔马传》:

> 初,禹为师,以上难数对己问经,为《论语章句》献之。始鲁扶卿及夏侯胜、王阳、萧望之、韦玄成皆说《论语》,篇第或异。禹先事王阳,后从庸生,采获所安,最后出而尊贵。诸儒为之语曰:“欲为《论》,念张文。”由是学者多从张氏,余家寝微。[①]

另《经典释文·序录》:“安昌侯张禹受《鲁论》于夏侯建,又从庸生、王吉受《齐论》,择善而从,号曰‘张侯论’,最后而行于汉世。”邢昺《论语著书解经序》:“汉中垒校尉刘向言《鲁论语》二十篇,皆孔子弟子记诸善言也。太子太傅夏侯胜、前将军萧望之、丞相韦贤及子玄成等传之。《齐论语》二十二篇,其二十篇中,章句颇多于《鲁论》,琅琊王卿及胶东庸生、昌邑中尉王吉皆以教授。故有《鲁论》,有《齐论》。鲁共王时尝欲以孔子宅为宫,坏,得古文《论语》。《齐论》有《问王》《知道》,多于《鲁论》二篇,古《论》亦无此二篇。分《尧曰》下章《子张问》以为一篇,有两《子张》,凡二十一篇,篇次不与齐、鲁《论》同。安昌侯张禹本受《鲁论》,兼讲齐说,善者从之,号曰‘张侯论’,为世所贵,包氏、周氏《章句》出焉。”

孔子去世后,七十子之徒开始大规模讲习孔子语录,这一活动有利于孔子言论的汇集。先秦时期《论语》文本是写本与诵本同时并存的。定州简本是诵本《论语》而形成的抄本,它不仅作为汉代《论语》最早的传本,同时也开启今文系统。也就是说,汉代《论语》传本的今文系统是沿承先秦时期的诵本传统,其发展轨迹是由简本而《齐论》与《鲁论》。古《论》则属于先秦时期的写本。因此,汉代《论语》传本虽不止三《论》,但其它传本难

---

① 班固:《汉书》卷八十一《匡张孔马传》,中华书局1962年版,第3352页。

以超越古《论》及由简本衍生的《齐论》《鲁论》。"张侯论"基于《鲁论》而对《齐论》"择善而从",可看作是向简本的回归。①

① 夏德靠:《〈论语〉文本的生成及其早期流布形态》,《四川师范大学学报(社会科学版)》2014年第1期。

汉哀帝建平三年　公元前 4 年

1. 三月，平当卒

《汉书·百官公卿表》："三月己酉，丞相当薨。"另《汉书·隽疏于薛平彭传》：

> 哀帝即位，征（于）当为光禄大夫诸吏散骑，复为光禄勋、御史大夫，至丞相。以冬月，赐爵关内侯。明年春，上使使者召，欲封当。当病笃，不应召。室家或谓当："不可强起受侯印为子孙耶？"当曰："吾居大位，已负素餐之责矣，起受侯印，还卧而死，死有余罪。今不起者，所以为子孙也。"遂上书乞骸骨。上报曰："朕选于众，以君为相，视事日寡，辅政未久，阴阳不调，冬无大雪，旱气为灾，朕之不德，何必君罪？君何疑而上书乞骸骨，归关内侯爵邑？使尚书令谭赐君养牛一，上尊酒十石。君其勉致医药以自持。"后月余，卒。[1]

事又见《汉书·哀帝纪》《资治通鉴》卷三四。

平当，字子思，以明经为博士，遇灾异则以经术言得失，累迁长信少府、大鸿胪、光禄勋，御史大夫，至丞相。尤其擅长《尚书·禹贡》，故曾主管治河。

---

[1]　班固：《汉书》卷七十一《隽疏于薛平彭传》，中华书局 1962 年版，第 3051 页。

汉平帝元始元年　公元1年

1. 六月,封周公,孔子后

《汉书·平帝纪》:

> 封周公后公孙相如为褒鲁侯,孔子后孔均为褒成侯,奉其祀。追谥孔子曰褒成宣尼公。[1]

是年,封周公、孔子后,以褒扬儒学。

---

① 班固:《汉书》卷十二《平帝纪》,中华书局1962年版,第351页。

汉平帝元始二年　公元2年

1. 桥仁作《礼记章句》

《汉书·百官公卿表》："元始二年，大鸿胪桥仁。"另《汉书·儒林传》：

> 小戴授梁人桥仁季卿、杨荣子孙。仁为大鸿胪，家世传业，荣琅琊太守。由是大戴有徐氏，小戴有桥、杨氏之学。[①]

《后汉书·李陈庞陈桥列传》：

> 桥玄字公祖，梁国睢阳人也。七世祖仁，从同郡戴德学，著《礼记章句》四十九篇，号曰"桥君学"。[②]

桥仁受小戴《礼记》，作《礼记章句》四十九篇，形成学派。桥仁于元始二年为大鸿胪。

汉初对先秦礼学的传习，最早是由高堂生开始的，高堂生所传之"士礼"，即现在所称之"仪礼"。高堂生之后，礼学的传承分为礼容和礼经两条脉络展开，前者以徐生最为擅长，后者经后仓之后日益兴盛，遂有大、小戴及庆氏之学，东汉时制作《汉礼》的曹褒、集汉代礼学之大成的郑玄均出自这一脉。[③]

---

① 班固：《汉书》卷八十八《儒林传》，中华书局1962年版，第3615页。
② 范晔：《后汉书》卷五十一《李陈庞陈桥列传》，中华书局2005年第2版，第1144—1145页。
③ 李东泽：《汉代的礼俗与社会控制》，山东师范大学2018年硕士学位论文，第76页。

汉平帝元始三年　公元 3 年

1. 春,刘歆杂定婚礼

《汉书·平帝纪》:

> 三年春,诏有司为皇帝纳采安汉公莽女。语在《莽传》。又诏光禄大夫刘歆等杂定婚礼。四辅、公卿、大夫、博士、郎、吏家属皆以礼娶,亲迎立轺并马。①

事又见《资治通鉴》卷三六。

汉初时叔孙通定汉礼仪,至此刘歆复以《仪礼》及大、小戴《礼记》重修婚礼。

---

① 班固:《汉书》卷十二《平帝纪》,中华书局 1962 年版,第 355 页。

新莽始建国元年　公元 9 年

1. 正月，刘歆为国师嘉新公

《汉书·王莽传》：

> 始建国元年正月朔……又按金匮，辅臣皆封拜。以……少阿、羲和、京兆尹红休侯刘歆为国师，嘉新公。[①]

事又见《资治通鉴》卷三七。

王莽按照哀章所献金匮封辅臣，刘歆被封为国师、嘉新公。

2. 桓荣离京授徒

《后汉书·桓荣丁鸿列传》：

> 桓荣字春卿，沛郡龙亢人也。少学长安，习《欧阳尚书》，事博士九江朱普。贫窭无资，常客佣以自给，精力不倦，十五年不窥家园。至王莽篡位乃归。会朱普卒，荣奔丧九江，负土成坟，因留教授，徒众数百人。[②]

桓荣在京城事朱普习《欧阳尚书》，及王莽篡位，乃离京归家，闻其师

---

①　班固：《汉书》卷九十九中《王莽传》，中华书局 1962 年版，第 4099—4100 页。
②　范晔：《后汉书》卷三十七《桓荣丁鸿列传》，中华书局 2005 年第 2 版，第 1249 页。

卒,即奔丧九江,遂于九江留居收徒。东汉建国后,桓荣年逾六十,受到光武帝刘秀的赏识,拜为议郎,赐钱十万,以经教授太子。后又拜为《欧阳尚书》博士。桓荣讲学宫中,儒雅万方,皇帝深为器重,遂委为太子少傅。[①]

3. 桑钦从涂恽习古文《尚书》

《汉书·儒林传》:

> 孔氏有古文《尚书》,孔安国以今文字读之,因以起其家逸《书》,得十余篇,盖《尚书》兹多于是矣。……安国为谏大夫,授都尉朝……都尉朝授胶东庸生。庸生授清河胡常少子……常授虢徐敖。敖为右扶风掾,又传《毛诗》,授王璜、平陵涂恽子真。子真授河南桑钦君长。王莽时,诸学皆立。刘歆为国师,璜、恽等皆贵显。[②]

桑钦著述久佚,王绍兰辑有《汉桑钦古文尚书说》一卷、《桑钦地理志考异》,郝懿行辑有《郭注引水经》。

4. 王璜传古文《尚书》《费氏易》

《汉书·儒林传》:

> 费直字长翁,东莱人也。治《易》为郎,至单父令。长于卦筮,亡章句,徒以《彖》、《象》、《系辞》十篇文言解说上下经。琅邪王璜平中能传之。璜又传古文《尚书》。[③]

王璜传古文《尚书》及《费氏易》,说明了此时古文经学的兴盛。

---

① 张荣明:《政治与学术之间的汉代章句学》,《南开学报(哲学社会科学版)》2007年第1期。

② 班固:《汉书》卷八十八《儒林传》,中华书局1962年版,第3607页。

③ 班固:《汉书》卷八十八《儒林传》,中华书局1962年版,第3602页。

新莽始建国二年　公元 10 年

1. 扬雄自杀几死

《汉书·扬雄传》：

王莽时，刘歆、甄丰皆为上公，莽既以符命自立，即位之后欲绝其原以神前事，而丰子寻、歆子棻复献之。莽诛丰父子，投棻四裔，辞所连及，便收不请。时雄校书天禄阁上，治狱使者来，欲收雄，雄恐不能自免，乃从阁上自投下，几死。莽闻之曰："雄素不与事，何故在此？"间请问其故，乃刘棻尝从雄学作奇字，雄不知情。有诏勿问。然京师为之语曰："惟寂寞，自投阁；爰清静，作符命。"[1]

刘棻造符命被杀案连及扬雄，雄惧而自天禄阁跳下欲自杀，几死，王莽详问而赦其罪。

---

[1]　班固：《汉书》卷八十七下《扬雄传》，中华书局 1962 年版，第 3584 页。

新莽地皇三年　公元 22 年

1. 包咸讲授于东海

《后汉书·儒林列传》：

> 包咸字子良，会稽曲阿人也。少为诸生，受业长安，师事博士右师细君，习《鲁诗》《论语》。王莽末，去归乡里，于东海界为赤眉贼所得，遂见拘执。十余日，咸晨夜诵经自若，贼异而遣之。因住东海，立精舍讲授。①

包咸先于京师从右师细君习《鲁诗》《论语》，王莽末年战乱中离京归乡，途中为东海义军所劫，在东海立精舍讲授经学。

---

① 范晔：《后汉书》卷七十九下《儒林列传》，中华书局 2005 年第 2 版，第 1733 页。

新莽地皇四年(刘玄更始元年) 公元 23 年

1. 刘昆避难河南

《后汉书·儒林列传》:

> 刘昆字桓公,陈留东昏人,梁孝王之胤也。少习容礼。平帝时,受《施氏易》于沛人戴宾。能弹雅琴,知清角之操。王莽世,教授弟子恒五百余人。每春秋飨射,常备列典仪,以素木瓠叶为俎豆,桑弧蒿矢,以射"菟首"。每有行礼,县宰辄率吏属而观之。王莽以昆多聚徒众,私行大礼,有僭上心,乃系昆及家属于外黄狱。寻莽败得免。既而天下大乱,昆避难河南负犊山中。[①]

刘昆从戴宾学《施氏易》,王莽时教授弟子五百余人,常聚众演习古礼,被王莽视为有僭越犯上之心而下狱,王莽末年天下大乱,乘机逃至负犊山中。

2. 欧阳歙事更始帝

《后汉书·儒林列传》:

> 欧阳歙字正思,乐安千乘人也。自欧阳生传《伏生尚书》,至歙八世,皆为博士。歙既传业,而恭谦好礼让。王莽时,为长社宰。更始

---

① 范晔:《后汉书》卷七十九上《儒林列传》,中华书局 2005 年第 2 版,第 1720 页。

立,为原武令。世祖平河北,到原武,见歆在县修政,迁河南都尉,后行太守事。①

习《伏生尚书》之欧阳歆事王莽、更始、光武帝。

3. 桓荣抱经避世

《后汉书·桓荣丁鸿列传》:

> 莽败,天下乱。荣抱其经书与弟子逃匿山谷,虽常饥困而讲论不辍,后复客授江淮间。②

王莽败,天下乱,名儒桓荣持经书率弟子避乱山中。

---

① 范晔:《后汉书》卷七十九上《儒林列传》,中华书局 2005 年第 2 版,第 1724 页。
② 范晔:《后汉书》卷三十七《桓荣丁鸿列传》,中华书局 2005 年第 2 版,第 839 页。

东汉儒学纪年

（建武元年　公元 25 年—
建安二十五年　公元 220 年）

光武帝建武元年　公元 25 年

1. 包咸归乡里教授

《后汉书·儒林列传》：

> 包咸字子良，会稽曲阿人也。……光武即位，乃归乡里。太守黄
> 谠署户曹史，欲召咸入授其子。咸曰："礼有来学，而无往教。"谠遂遣
> 子师之。举孝廉，除郎中。①

天下大乱，名儒包咸归乡里教授经书。包咸是两汉之际名儒，在光武
帝建东汉之际回归故乡教授儒家经典。后入朝为官，作《论语包氏章句》
（已佚），其残存章句只能在后世学者著作中见到（郑玄《论语集注》等）。
《论语包氏章句》一书在《论语》学史和中国经学史上占十分重要的历史地
位，包咸《论语章句》是《张侯论》的重要注本，为东汉章句之学的代表作之
一。包氏言简意赅的语词考释、灵活贴切的句意绎述、注重致用的思想阐
释，都具有重要的学术价值，在《论语》诠释史上占有显著的学术地位。②
包咸对汉代儒学的影响直接延续到马融、郑玄。

2. 博士丁恭议缩列侯封地

《后汉书·儒林列传》：

---

① 范晔：《后汉书》卷七十九下《儒林列传》，中华书局 2005 年第 2 版，第 1733—1734 页。
② 蒋鸿青：《论包咸〈论语章句〉的学术成就》，《扬州大学学报（人文社会科学版）》2010 年第
2 期。

丁恭字子然，山阳东缗人也。习《公羊严氏春秋》。恭学义精明，教授常数百人，州郡请召不应。建武初，为谏议大夫、博士，封关内侯。①

另《后汉书·光武帝纪》：

二年春正月甲子朔，日有食之。大司马吴汉率九将军击檀乡贼于邺东，大破降之。庚辰，封功臣皆为列侯，大国四县，余各有差。……博士丁恭议曰："古帝王封诸侯不过百里，故利以建侯，取法于雷，强干弱枝，所以为治也。今封诸侯四县，不合法制。"帝曰："古之亡国，皆以无道，未尝闻功臣地多而灭亡者。"乃遣谒者即授印绶，策曰："在上不骄，高而不危；制节谨度，满而不溢。敬之戒之。传尔子孙，长为汉藩。"②

事又见《资治通鉴》卷四十。

光武帝封功臣，大者四县，丁恭因以古制建议缩小诸侯封地。丁恭在儒学史上的重要贡献在于对《公羊严氏春秋》的学习与传承。有学者对丁恭等汉儒对"习《公羊严氏春秋》"的师承关系进行了考证后认为，范晔《后汉书·儒林传》治《春秋严氏学》的学者有丁恭、周泽、甄宇、楼望、程曾。治严氏学的可以是严彭祖的弟子，也可以是再传弟子或后学。丁恭治严氏学，未必是严彭祖的弟子，班固只讲王中是严弟子，没有提到丁恭，便是证明。因此，丁恭等人可能就是公孙文的弟子，就是尤盛徒众中的一个成员。当时是普通学子，班固不予记，到他们出人头地，班固又不及见，因此，名字就留在了《后汉书·儒林传》中。③

3. 尹敏上疏陈《洪范》消灾之术

《后汉书·儒林列传》：

① 范晔：《后汉书》卷七十九下《儒林列传》，中华书局 2005 年第 2 版，第 1739 页。
② 范晔：《后汉书》卷一上《光武帝纪》，中华书局 2005 年第 2 版，第 18—19 页。
③ 周桂钿：《汉代公羊学传授考》，《史学史研究》1996 年第 2 期。

尹敏字幼季，南阳堵阳人也。少为诸生。初习《欧阳尚书》，后受《古文》，兼善《毛诗》《穀梁》《左氏春秋》。建武二年，上疏陈《洪范》消灾之术。时世祖方草创天下，未遑其事，命敏待诏公车，拜郎中，辟大司空府。帝以敏博通经记，令校图谶，使蠲去崔发所为王莽著录次比。敏对曰："谶书非圣人所作，其中多近鄙别字，颇类世俗之辞，恐疑误后生。"帝不纳。敏因其阙文增之曰："君无口，为汉辅。"帝见而怪之，召敏问其故。敏对曰："臣见前人增损图书，敢不自量，窃幸万一。"帝深非之，虽竟不罪，而亦以此沈滞。与班彪亲善，每相遇，辄日旰忘食，夜分不寝，自以为钟期、伯牙、庄周、惠施之相得也。①

《后汉书·五行志》李贤注引《续汉书》：

建武二年，尹敏上疏曰："六沴作见，若是供御，帝用不差，神则大喜，五福乃降，用章于下。若不供御，六罚既侵，六极其下。明供御则天报之福，不供御则祸灾至。欲尊六事之体，则貌、言、视、听、思、心之用，合六事之揆以致乎太平，而消除坎坷孽害也。"②

尹敏通《欧阳尚书》《古文尚书》《毛诗》《穀梁春秋》《左氏春秋》，并于建武二年上疏陈《洪范》消灾之术。光武帝令尹敏校定图谶，尹敏称谶书不是圣人所作，恐贻误后生，光武帝不听。尹敏则私作谶言以塞帝口。尹敏和薛汉同为东汉初年的名儒，两者在对待谶纬的问题上却大相径庭。一方面薛汉继承家学，在光武帝令其校定图谶之前就已经广泛教授灾异谶纬之学。而尹敏面对谶纬之学则保持着相对客观冷静的态度，认为谶纬不是圣人之言，与其保持着一定距离。从这一方面可看出，谶纬思潮在两汉之际的兴盛，已深深影响到彼时的各位名儒；从另一方面可看出，治世者十分清楚谶纬之学对构建国家意识形态的重要性。谶纬思潮之所以兴盛，不仅与经学的学术发展有关，与当权者的政治需要也有着紧密联系。

① 范晔：《后汉书》卷七十九上《儒林列传》，中华书局 2005 年第 2 版，第 1726 页。
② 范晔：《后汉书》志第十三《五行志一》，中华书局 2005 年版，第 2223 页。

4. 牟长为博士

《后汉书·儒林列传》：

> 牟长字君高，乐安临济人也。其先封牟，春秋之末，国灭，因氏焉。长少习《欧阳尚书》，不仕王莽世。建武二年，大司空弘特辟，拜博士，稍迁河内太守，坐垦田不实免。①

刘汝霖所著《汉晋学术编年》将此事系于建武二年②，今从之。有学者认为，经学私教的兴起正是在东汉初年。其中提到《欧阳尚书》学者牟长"为博士及在河内，诸生讲习常有千余人，著录前后万人"。这种私学兴盛的局面，是西汉一代所不曾有过的，而且自刘秀时期开此风气之后，影响到整个东汉一代。

刘秀建立东汉王朝之初，便注意"退功臣而进文吏"。史称"光武中兴，爱好经术，未及下车，而先访儒雅"。当然他这样做的目的是很清楚的：既是为了选拔治国人才，也是为了防范功臣、宗室诸王和外戚专权，以加强中央集权统治。所谓"进文吏"，主要就是重用经生。其中就包括牟长这样的儒生。③

5. 范升为议郎

《后汉书·郑范陈贾张列传》：

> 范升字辩卿，代郡人也。少孤，依外家居。九岁通《论语》、《孝经》，及长，习《梁丘易》、《老子》，教授后生。王莽大司空王邑辟升为议曹史……升称病乞身，邑不听，令乘传使上党。升遂与汉兵会，因留不还。建武二年，光武征诣怀宫，拜议郎，迁博士，上疏让曰："臣与

---

① 范晔：《后汉书》卷七十九上《儒林列传》，中华书局 2005 年第 2 版，第 1725 页。
② 刘汝霖：《汉晋学术编年》卷四，华东师范大学出版社 2010 年版，第 254 页。
③ 杨天宇：《刘秀与经学》，《史学月刊》1997 年第 3 期。

博士梁恭、山阳太守吕羌俱修《梁丘易》。二臣年并耆艾，经学深明，而臣不以时退，与恭并立，深知羌学，又不能达，惭负二老，无颜于世。诵而不行，知而不言，不可开口以为人师，愿推博士以避恭、羌。"帝不许，然由是重之，数诏引见，每有大议，辄见访问。①

刘汝霖所著《汉晋学术编年》将此事系于建武二年②，今从之。从范升的史料记看，与儒学关系最为紧密的并不是其被拜为议郎之事，而是"九岁通《论语》、《孝经》"。范升九岁通《孝经》意味着《孝经》不仅是经纬天下的政治书，更是一本讲求人伦的道德书目，以至于被汉代贵族列为童蒙时期的读物之一。从另一个角度分析，也可以理解为《孝经》一书不仅面向经营天下的王侯将相，更是面向广大士人阶层、贵族甚至民间知识分子所读之书。范升九岁通《孝经》绝不是孤证，类似的例子参见皇侃等，在此不再赘述。

① 范晔：《后汉书》卷三十六《郑范陈贾张列传》，中华书局 2005 年第 2 版，第 823—824 页。
② 刘汝霖：《汉晋学术编年》卷四，华东师范大学出版社 2010 年版，第 255 页。

光武帝建武三年　公元 27 年

1. 寇恂修乡校

《后汉书·邓寇列传》：

　　寇恂字子翼，上谷昌平人也。……（建武）三年，遣使者即拜为汝南太守……恂素好学，乃修乡校，教生徒，聘能为《左氏春秋》者，亲受学焉。[①]

　　寇恂是一代儒将，《后汉书》作者范晔对寇恂非常推崇，不仅在评论中称赞"其唯君子乎"，而且在赞语中这样评价寇恂的事迹："子翼守温，萧公是埒。系兵转食，以集鸿烈。诛文屈贾，有刚有折。"

2. 张玄举明经

《后汉书·儒林列传》：

　　张玄字君夏，河内河阳人也。少习《颜氏春秋》，兼通数家法。建武初，举明经，补弘农文学，迁陈仓县丞。清净无欲，专心经书，方其讲问，乃不食终日。及有难者，辄为张数家之说，令择从所安。诸儒皆伏其多通，著录千余人。玄初为县丞，尝以职事对府，不知官曹处，吏白门下责之。时右扶风琅邪徐业，亦大儒也，闻玄诸生，试引见之，

①　范晔：《后汉书》卷十六《邓寇列传》，中华书局 2005 年第 2 版，第 411—414 页。

与语,大惊曰:"今日相遭,真解蒙矣!"遂请上堂,难问极日。后玄去官,举孝廉,除为郎。会《颜氏》博士缺,玄试策第一,拜为博士。居数月,诸生上言玄廉说《严氏》、《冥氏》,不宜专为《颜氏》博士。光武且令还署,未及迁而卒。①

刘汝霖所著《汉晋学术编年》,郑杰文、李梅所著《中国学术思想编年》(秦汉卷)均将此事系于建武三年,今从之。历史上对张玄着墨不多,可考的可靠史料即以上文字,后世儒者与当世学者对其研究亦相对缺乏,应是其史料篇幅较少,著作未被流传的缘故。

3. 王充生

《论衡·自纪》:

> 王充者,会稽上虞人也,字仲任。其先本魏郡元城一姓。孙一几世尝从军有功,封会稽阳亭。一岁仓卒国绝,因家焉,以农桑为业。世祖勇任气,卒咸不揆于人。岁凶,横道伤杀,怨仇众多。会世扰乱,恐为怨仇所擒,祖父泛举家檐载,就安会稽,留钱唐县,以贾贩为事。生子二人,长曰蒙,少曰诵,诵即充父。祖世任气,至蒙、诵滋甚,故蒙、诵在钱唐,勇势凌人。末复与豪家丁伯等结怨,举家徙处上虞。建武三年,充生。为小儿,与侪伦遨戏,不好狎侮。侪伦好掩雀、捕蝉、戏钱、林熙,充独不肯。诵奇之。②

王充是东汉著名思想家,其思想反对谶纬,推崇"自然"之旨,对道家思想进行了传承与发展,熊铁基先生在《秦汉新道家略论稿》中将其视为是"新道家",但王充自幼所学《论语》《孟子》等著作,皆为儒家经典,也接触过当时的名儒,王充的儒生观在于强调儒生的学问与道德。这本是儒学的题中之义,是儒生区别于其他诸生的根本标志。但王充推陈出新,针

---

① 范晔:《后汉书》卷七十九下《儒林列传》,中华书局 2005 年版,第 1741 页。
② 黄晖:《论衡校释》卷三十《自纪》,中华书局 1990 年版,第 1187—1188 页。

对汉代儒生在大一统专制政权下人格蜕变和学术创造力萎缩的现实，重申并强化了先秦儒家的道德观，创造性地提出了"文儒""鸿儒"等概念，揭示了文人之"为文"的特征与功用，体现了儒生自我批判、自我更新的能力与境界。①

---

① 黄宛峰：《论王充的儒生观》，《齐鲁学刊》2004 年第 2 期。

光武帝建武四年　公元 28 年

1. 许淑注《左氏传》

《经典释文·序录》：

> 太中大夫许淑、九江太守服虔、侍中孔嘉、魏司徒王朗、荆州刺史王基、大司农董遇、征士燉煌周生列举注解《左氏传》。①

许淑注《左传》之确年难以考证。是年其以太中大夫与范升论辩，郑杰文、李梅所著《中国学术思想编年》（秦汉卷）将此事系于建武四年，今从之。

许淑《左传》注今已不见全貌，有马国翰辑《春秋左传许氏注》一卷。

---

① 陆德明撰，吴承仕疏证：《经典释文序录疏证》，中华书局 2008 年版，第 108—109 页。

光武帝建武六年　公元 30 年

1. 贾逵生

《后汉书·郑范陈贾张列传》：

> 贾逵字景伯，扶风平陵人也。九世祖谊，文帝时为梁王太傅。曾祖父光，为常山太守，宣帝时以吏二千石自洛阳徙焉。父徽，从刘歆受《左氏春秋》，兼习《国语》、《周官》，又受《古文尚书》于涂恽，学《毛诗》于谢曼卿，作《左氏条例》二十一篇。[①]

郑杰文、李梅所著《中国学术思想编年》(秦汉卷)将此事系于建武六年，今从之。贾逵曾任侍中，古文经学家。汉明帝时，虚言谶语横行，忠言时被塞闭(有的学者和臣子常因进言获罪)。贾逵欲进忠言，但又虑及己身。于是逵利用朝廷尊信谶纬，上书说《左传》与谶纬相合，可立博士。与治今文经学的李育相辩难。献所作《春秋左传解诂》《国语解诂》，力斥术数谶纬之学。汉章帝时，屡次奏称《古文尚书》与《尔雅》相应，提高了古文经学的地位。此外，贾逵还是一位史学家，做到了由史入经，经史贯通，与班固不同的是，贾逵对史学的贡献，主要不在于当代史的撰作，而是对古代史籍的传承与诠释。[②]

---

① 范晔：《后汉书》卷三十六《郑范陈贾张列传》，中华书局 2005 年第 2 版，第 828 页。
② 邱居里：《贾逵与史学》，《史学史研究》2006 年第 4 期。

光武帝建武七年　公元 31 年

1. 杜林等议郊祀制

《后汉书·祭祀志上》：

至七年五月,诏三公曰:"汉当郊尧。其与卿大夫、博士议。"时侍御史杜林上疏,以为"汉起不因缘尧,与殷、周异宜,而旧制以高帝配。方军师在外,且可如元年郊祀故事"。上从之。①

建武元年郊天祭地,礼简祭寡,后相沿袭,至此欲繁郊祀之礼,杜林等上疏反对。杜林等大儒反对郊祀之礼繁琐化,是出于"公心"所虑,并没有厚古薄今,是谓开明之儒士。

---

① 范晔:《后汉书》志第七《祭祀志上》,中华书局 2005 年第 2 版,第 2145 页。

光武帝建武八年　公元 32 年

1. 班固生

《后汉书·班彪列传》：

> 固字孟坚。年九岁，能属文诵诗赋，及长，遂博贯载籍，九流百家之言，无不穷究。所学无常师，不为章句，举大义而已。性宽和容众，不以才能高人，诸儒以此慕之。①

班固，字孟坚，扶风安陵（今陕西咸阳）人。班彪之子，东汉史学家。《后汉书·班彪列传》，和帝永元四年（公元 92 年）班固死于狱中，时六十一岁，故将此生年系于此。郑杰文、李梅所著《中国学术思想编年》（秦汉卷）将此事系于建武八年，今从之。

---

① 范晔:《后汉书》卷四十上《班彪列传》,中华书局 2005 年第 2 版,第 894 页。

光武帝建武十五年　公元39年

1.十一月,欧阳歙下狱死

《后汉书·儒林列传》:

世祖即位,始为河南尹,封被阳侯。建武五年,坐事免官。明年,拜杨州牧,迁汝南太守。推用贤俊,政称异迹。九年,更封夜侯。歙在郡,教授数百人,视事九岁,征为大司徒。坐在汝南臧罪千余万发觉下狱。诸生守阙为歙求哀者千余人,至有自髡剔者。平原礼震,年十七,闻狱当断,驰之京师,行到河内获嘉县,自系,上书求代歙死。曰:"伏见臣师大司徒欧阳歙,学为儒宗,八世博士,而以臧咎当伏重辜。歙门单子幼,未能传学,身死之后,永为废绝,上令陛下获杀贤之讥,下使学者丧师资之益。乞杀臣身以代歙命。"书奏,而歙已死狱中。歙掾陈元上书追讼之,言甚切至,帝乃赐棺木,赠印绶,赙缣三千匹。①

另《后汉书·光武帝纪》:

十五年春正月……汝南太守欧阳歙为大司徒。……冬十一月甲戌,大司徒欧阳歙下狱死。②

---

① 范晔:《后汉书》卷七十九上《儒林列传》,中华书局 2005 年第 2 版,第 1724 页。
② 范晔:《后汉书》卷一上《光武帝纪》,中华书局 2005 年版,第 44—45 页。

事又见《资治通鉴》卷四三。

欧阳歙不是死于事王莽、更始、光武三朝,而是死于贪污。东汉光武帝建武十六年(公元 40 年)拜相,任大司徒。虽然颇有名声,但欧阳歙为人不知自爱,依靠自己的权位,贪得无厌。光武帝是一代明君,其大规模整顿吏治,撤换赃官酷吏,擢用一批公正贤良的循吏。[①] 一次,光武帝派遣谒者清查二千石以上官吏的土地,结果查出欧阳歙在汝南郡长任内,测量田亩作弊,贪污千余万钱,被捕下狱,最终死于在狱中。

---

① 臧嵘:《东汉光武帝整顿吏治、擢用贤良的政策和措施》,《中国国家博物馆馆刊》1989 年。

光武帝建武十六年　公元 40 年

1. 伏恭为博士

《后汉书·儒林列传》：

> 除剧令。视事十三年，以惠政公廉闻。青州举为尤异，太常试经第一，拜博士，迁常山太守。郭修学校，教授不辍，由是北州多为伏氏学。①

郑杰文、李梅所著《中国学术思想编年》（秦汉卷）将此事系于建武八年，今从之。伏恭出身文化世家，又身处今文经衰落而古文经崛起的重要时期。他结合自身为官与教授的经历，对其父所作的九篇《解说》进行删修，力图恢复《齐诗》的本来面目，伏恭的举措使得伏氏之学在北方得以进一步发展，促进了儒学西渐。②

---

① 范晔：《后汉书》卷七十九下《儒林列传》，中华书局 2005 年第 2 版，第 1734—1735 页。
② 庞鸿志：《伏恭与东汉〈齐诗〉的发展及传播》，《石家庄学院学报》2017 年第 4 期。

光武帝建武十七年　公元 41 年

1. 洼丹卒

《后汉书·儒林列传》：

> 洼丹字子玉，南阳育阳人也。世传《孟氏易》。王莽时，常避世教授，专志不仕，徒众数百人。建武初，为博士，稍迁，十一年，为大鸿胪。作《易通论》七篇，世号《洼君通》。丹学义研深，《易》家宗之，称为大儒。十七年，卒于官，年七十。①

洼丹（公元前 28—公元 41），字子玉，南阳（今河南南阳）人，东汉经学家。世传《孟氏易》，东汉时为大鸿胪。曾作《易通论》七篇，世号《洼君通》。

---

① 范晔：《后汉书》卷七十九上《儒林列传》，中华书局 2005 年第 2 版，第 1721 页。

光武帝建武十九年　公元 43 年

1. 周防十六岁为汝南郡守丞

《后汉书·儒林列传》：

周防字伟公，汝南汝阳人也。父扬，少孤微，常修逆旅，以供过客，而不受其报。防年十六，仕郡小吏。世祖巡狩汝南，召掾史试经，防尤能诵读，拜为守丞。防以未冠，谒去。师事徐州刺史盖豫，受《古文尚书》。经明，举孝廉，拜郎中。撰《尚书杂记》三十二篇，四十万言。太尉张禹荐补博士，稍迁陈留太守，坐法免。年七十八，卒于家。[1]

周防，汝南郡人，以能诵经为光武帝赏识而授官。关于周防的史料极为有限，但可知其继承了古文经衣钵。东汉时期汝南涌现了大批知名当世、享誉全国的经学大师，如戴凭被誉为"解经不穷戴侍中"，周举被称为"《五经》纵横周宣光"，许慎被赞为"《五经》无双许叔重"。汝南经学大师们有不少著作流传，据卢云《汉晋文化地理》统计，汝南郡经师所撰书籍共有三十八种，其中著名的如许慎《五经异义》《说文解字》、周防《尚书杂记》、许曼《易林》等。[2]

---

① 范晔：《后汉书》卷七十九上《儒林列传》，中华书局 2005 年第 2 版，第 1727 页。
② 尹雪华：《东汉汝南郡经学的发展与衰落》，《学术交流》2017 年第 1 期。

光武帝建武二十年　公元44年

1.钟兴以《春秋》授皇太子

《后汉书·儒林列传》：

> 钟兴字次文，汝南汝阳人也。少从少府丁恭受《严氏春秋》。恭荐兴学行高明，光武召见，问以经义，应对甚明。帝善之，拜郎中，稍迁左中郎将。诏令定《春秋》章句，去其复重，以授皇太子。又使宗室诸侯从兴受章句。封关内侯。兴自以无功，不敢受爵。帝曰："生教训太子及诸王侯，非大功邪？"兴曰："臣师于恭。"于是复封恭，而兴遂固辞不受爵，卒于官。①

钟兴师从丁恭，学《严氏春秋》，后定《春秋》章句，是东汉古文经学家，亦是"汝南经学"的代表人物之一。

---

① 范晔：《后汉书》卷七十九下《儒林列传》，中华书局 2005 年第 2 版，第 1740 页。

光武帝建武二十三年　公元 47 年

1. 杜林卒

《后汉书·宣张二王杜郭吴承郑赵列传》：

> 二十二年，复为光禄勋。顷之，代朱浮为大司空。博雅多通，称
> 为任职相。明年薨，帝亲自临丧送葬。[①]

杜林，字伯山，扶风茂陵人，东汉初期著名的古文经学家。杜林自幼喜欢读书，家藏颇富，又就学于当时著名学者张竦，故以博学多闻被世人称之为"通儒"，后世推崇他为"小学之宗"。杜林尤其精通《尚书》，他曾在西州得到一卷漆书《古文尚书》，视若珍宝，悉心研习，虽经战乱，从不离身。当时的学者卫宏见到杜林后，为他的才学所折服，因而卫宏与其门生徐巡一同投到他的门下，学习《古文尚书》。卫宏还做了《训旨》，使《古文尚书》之学大兴，以后更有贾逵为之作训，马融作传，郑玄注解，杜林在东汉首倡《古文尚书》之功不可小觑。

[①]　范晔：《后汉书》卷二十七《宣张二王杜郭吴承郑赵列传》，中华书局 2005 年第 2 版，第627 页。

光武帝建武三十年　公元54年

1. 班彪卒

《后汉书·班彪列传》：

> 后察司徒廉为望都长，吏民爱之。建武三十年，年五十二，卒官。所著赋、论、书、记、奏事合九篇。①

班彪（公元3年—公元54年），字叔皮，扶风安陵人，出身于汉代显贵和儒学之家，受家学影响很大。从小好古敏求，与其兄班嗣游学不辍，才名渐显。

班彪生当两汉之际由动乱转向和平的特殊岁月。从二十岁起，以做隗嚣和窦融的幕僚开始了自己的政治生涯。三十岁后入仕东汉朝廷，从徐令始，以望都长终，大部分时间是在司徒掾的位子上服务于国家和社会，始终是一个秩级不足千石的小官。历史上的班彪一直处于两个儿子班固和班超的阴影中。其实，他是了不起的史学家、思想家和颇有预见性的政治家。他一生虽然官小位卑，平淡无奇，但在刘秀一朝的重大决策中起过重要作用，更是《汉书》的奠基人。他笃信"死生有命，富贵在天"的人生理念，做人行事但求无愧我心，坦然面对官位利禄，决不蝇营苟取。甘于寂寞，安于清贫。官小事简而有闲，得以沉潜于历史文化的研究，为保存和延续我国传统文化和民族精神做出了无可替代的贡献。②

---

① 范晔：《后汉书》卷四十上《班彪列传》，中华书局2005年第2版，第893页。
② 孟祥才：《论班彪》，《东岳论丛》2006年第1期。

光武帝建武中元元年　公元 56 年

1. 诏议减省《五经》章句

《后汉书·肃宗孝章帝纪》：

　　盖三代导人，教学为本。汉承暴秦，褒显儒术，建立《五经》，为置博士。其后学者精进，虽曰承师，亦别名家。孝宣皇帝以为去圣久远，学不厌博，故遂立《大、小夏侯尚书》，后又立《京氏易》。至建武中，复置《颜氏、严氏春秋》，《大、小戴礼》博士。此皆所以扶进微学，尊广道艺也。中元元年诏书，《五经》章句烦多，议欲减省。[①]

儒生解说经文，日益繁琐，故皇上下诏删减诸经章句。

2. 周泽通《公羊严氏春秋》

《后汉书·儒林列传》：

　　周泽字稺都，北海安丘人也。少习《公羊严氏春秋》，隐居教授，门徒常数百人。建武末，辟大司马府，署议曹祭酒。数月，征试博士。中元元年，迁黾池令。奉公克己，矜恤孤羸，吏人归爱之。永平五年，迁右中郎将。十年，拜太常。[②]

---

① 范晔:《后汉书》卷三《肃宗孝章帝纪》,中华书局 2005 年第 2 版,第 95 页。
② 范晔:《后汉书》卷七十九下《儒林列传》,中华书局 2005 年第 2 版,第 1739 页。

周泽少习《公羊严氏春秋》，隐居教授，至是年为郿池令。关于东汉儒士隐居的问题，西汉独尊儒术，儒生积极入仕，因明经可以为官，东汉不一样，一些人崇尚"利禄"，同时也有不少人"学而优不仕"或者暂时不仕。而且，不论是政治清明的东汉前期，还是由盛转衰的后期，专心经学而不图仕进者都较为普遍。他们或一心求学问道，或专心研治经典，或隐居避征，以教授为乐。其中，隐居教授者不仅人数众多，其授业规模也很大。如周泽"少习《公羊严氏春秋》，隐居教授，门徒常数百人"。在西汉已开"学而优则仕"先河的大背景下，东汉因习经隐居不仕或暂时不仕者为数不少，成了东汉隐逸中一个突出现象。①

---

① 蒋波：《论经学背景下的东汉归隐现象》，《唐都学刊》2014年第1期。

光武帝建武中元二年　公元57年

1. 杜抚为骠骑将军西曹掾

《后汉书·儒林列传》：

> 杜抚字叔和,犍为武阳人也。少有高才。受业于薛汉,定《韩诗章句》。后归乡里教授。沈静乐道,举动必以礼。弟子千余人。后为骠骑将军东平王苍所辟,及苍就国,掾史悉补王官属,未满岁,皆自劾归。时抚为大夫,不忍去,苍闻,赐车马财物遣之。辟太尉府。建初中,为公车令,数月卒官。其所作《诗题约义通》,学者传之,曰《杜君法》云。[①]

杜抚先从薛汉受《韩诗》,后教授于乡里,为骠骑将军东平王刘苍辟为官属。后为公车令,卒于官。有《诗题约义通》传世,为时人推重。

---

① 范晔:《后汉书》卷七十九下《儒林列传》,中华书局 2005 年第 2 版,第 1736 页。

汉明帝永平元年　公元 58 年

1. 许慎生

《后汉书·儒林列传》：

许慎字叔重，汝南召陵人也。①

《说文解字》是许慎一生最经心之作，前后花费了他半生的心血。由于许慎对文字学做出了不朽贡献，后人尊称他为"字圣"。因许慎所著的《说文解字》闻名于世界，所以研究《说文解字》的人，皆称许慎为"许君"，称《说文解字》为"许书"，称传其学为"许学"。所著除《说文解字》外，还有《淮南鸿烈解诂》《五经异义》等。

---

① 范晔：《后汉书》卷七十九下《儒林列传》，中华书局 2005 年第 2 版，第 1746 页。

汉明帝永平二年　公元 59 年

1. 十月, 明帝幸辟雍行养老礼

《后汉书·显宗孝明帝纪》：

> 冬十月壬子, 幸辟雍, 初行养老礼。诏曰："光武皇帝建三朝之礼, 而未及临飨。眇眇小子, 属当圣业。间暮春吉辰, 初行大射; 令月元日, 复践辟雍。……"[①]

另《后汉书·儒林列传》：

> 中元元年, 初建三雍。明帝即位, 亲行其礼。天子始冠通天, 衣日月, 备法物之驾, 盛清道之仪, 坐明堂而朝群后, 登灵台以望云物, 袒割辟雍之上, 尊养三老五更。飨射礼毕, 帝正坐自讲, 诸儒执经问难于前, 冠带缙绅之人, 圜桥门而观听者盖亿万计。其后复为功臣子孙、四姓末属别立校舍, 搜选高能以受其业, 自期门羽林之士, 悉令通《孝经》章句, 匈奴亦遣子入学。济济乎, 洋洋乎, 盛于永平矣![②]

事又见《资治通鉴》卷四四。

汉代在礼仪中显示对三老的尊重, 比较突出的就是自明帝开始的"初行养老礼"。在两汉时期, 养老礼既属于礼法制度(政治制度), 性质上亦

---

① 范晔:《后汉书》卷二《显宗孝明帝纪》, 中华书局 2005 年第 2 版, 第 70 页。
② 范晔:《后汉书》卷七十九上《儒林列传》, 中华书局 2005 年第 2 版, 第 1717 页。

属于维系道德伦理的制度（伦理纲常），其颁布、推广与落实都离不开《孝经》及其相关纬书。《孝经》在汉代不仅是一部经纬天下的政治书，亦是普及纲常道德伦理，构建稳定社会秩序的伦理书。

汉明帝永平五年　公元62年

1. 班固《汉书》

《后汉书·班彪列传》：

> 固以为汉绍尧运，以建帝业，至于六世，史臣乃追述功德，私作本纪，编于百王之末，厕于秦、项之列，太初以后，阙而不录，故探撰前记，缀集所闻，以为《汉书》。起元高祖，终于孝平王莽之诛，十有二世，二百三十年，综其行事，傍贯《五经》，上下洽通，为《春秋》考纪、表、志、传凡百篇。固自永平中始受诏，潜精积思二十余年，至建初中乃成。当世甚重其书，学者莫不讽诵焉。①

《汉书》，又称《前汉书》，是中国第一部纪传体断代史，"二十四史"之一。由东汉史学家班固编撰，前后历时二十余年，于建初年中基本修成，后唐朝颜师古为之释注。《汉书》是继《史记》之后中国古代又一部重要史书，与《史记》《后汉书》《三国志》并称为"前四史"。《汉书》全书主要记述了上起西汉的汉高祖元年（公元前206年），下至新朝王莽地皇四年（公元23年）共二百三十年的史事。《汉书》包括本纪十二篇，表八篇，志十篇，传七十篇，共一百篇，后人划分为一百二十卷，全书共八十万字。

---

① 范晔：《后汉书》卷四十上《班彪列传》，中华书局2005年第2版，第896—897页。

汉明帝永平八年 公元65年

1. 包咸卒

《后汉书·儒林列传》：

> 显宗以咸有师傅恩，而素清苦，常特赏赐珍玩束帛，奉禄增于诸卿，咸皆散与诸生之贫者。病笃，帝亲辇驾临视。八年，年七十二，卒于官。子福，拜郎中，亦以《论语》入授和帝。①

包咸（公元前6—公元65），字子良，会稽曲阿人。少从右师细君习《鲁诗》《论语》。王莽末，教授于东海。光武即位后归乡，后举孝廉，为郎中，授太子《论语》，任谏议大夫、侍中、右中郎将、大鸿胪等职。有《论语章句》传世，久佚。今有马国翰辑《论语包氏章句》二卷，王仁骏辑《论语包注》一卷，龙璋辑《包咸注论语》一卷。

---

① 范晔：《后汉书》卷七十九下《儒林列传》，中华书局2005年第2版，第1734页。

汉明帝永平十年　公元67年

1. 樊鯈卒

《后汉书·樊宏阴识列传》：

> 其后广陵王荆有罪，帝以至亲悼伤之，诏鯈与羽林监南阳任隗杂理其狱。事竟，奏请诛荆。引见宣明殿，帝怒曰："诸卿以我弟故，欲诛之，即我子，卿等敢尔邪！"鯈仰而对曰："天下高帝天下，非陛下之天下也。《春秋》之义：'君亲无将，将而诛焉。'是以周公诛弟，季友鸩兄，经传大之。臣等以荆属托母弟，陛下留圣心，加恻隐，故敢请耳。如令陛下子，臣等专诛而已。"帝叹息良久。……十年，鯈卒。①

樊鯈，字长鱼，湖阳（今河南唐河）人，少随丁恭习《公羊严氏春秋》，后任长水校尉，曾以谶记正《五经》异说。

---

① 范晔：《后汉书》卷三十二《樊宏阴识列传》，中华书局 2005 年第 2 版，第 753—754 页。

汉明帝永平十一年　公元 68 年

1. 尹敏为郎中

《后汉书·儒林列传》：

> 后三迁长陵令。永平五年，诏书捕男子周虑。虑素有名称，而善于敏，敏坐系免官。及出，叹曰："瘖聋之徒，真世之有道者也。何谓察察而遇斯患乎？"十一年，除郎中，迁谏议大夫。卒于家。①

儒者尹敏先因周虑免官，至此年复为郎中。

---

① 范晔：《后汉书》卷七十九下《儒林列传》，中华书局 2005 年第 2 版，第 1726—1727 页。

汉明帝永平十三年 公元70年

1. 魏应通《鲁诗》

《后汉书·儒林列传》：

> 魏应字君伯，任城人也。少好学。建武初，诣博士受业，习《鲁诗》。闭门诵习，不交僚党，京师称之。后归为郡吏，举明经，除济阴王文学。以疾免官，教授山泽中，徒众常数百人。永平初，为博士，再迁侍中。十三年，迁大鸿胪。十八年，拜光禄大夫。建初四年，拜五官中郎将，诏入授千乘王伉。[①]

魏应精习《鲁诗》，汉明帝永平初年为博士，至是年迁大鸿胪。建初四年，拜五官中郎将。经明行修，弟子自远方至，著录数千人。白虎观讲论《五经》同异，魏应专掌难问。

---

① 范晔：《后汉书》卷七十九下《儒林列传》，中华书局 2005 年第 2 版，第 1734 页。

汉明帝永平十五年　公元72年

1. 明帝祠孔子

《后汉书·显宗孝明帝纪》：

三月……还，幸孔子宅，祠仲尼及七十二弟子。亲御讲堂，命皇太子、诸王说经。[1]

事又见《资治通鉴》卷四五。

是年三月，明帝亲至曲阜孔子故宅，礼祠孔子及七十二弟子。

2. 桓郁入授皇太子经

《后汉书·桓荣丁鸿列传》：

（桓）郁字仲恩，少以父任为郎。敦厚笃学，传父业，以《尚书》教授，门徒常数百人。荣卒，郁当袭爵，上书让于兄子汎，显宗不许，不得已受封，悉以租入与之。帝以郁先师子，有礼让，甚见亲厚，常居中论经书，问以政事，稍迁侍中。帝自制《五家要说章句》，令郁校定于宣明殿，以侍中监虎贲中郎将。永平十五年，入授皇太子经，迁越骑校尉，诏敕太子、诸王各奉贺致礼。郁数进忠言，多见纳录。

---

[1]　范晔：《后汉书》卷二《显宗孝明帝纪》，中华书局2005年第2版，第81页。

李贤注：

> 《华峤书》曰"帝自制《五行章句》"，此言"五家"，即谓五行之家
> 也。宣明殿在德阳殿后。《东观记》曰："上谓郁曰：'卿经及先师，致
> 复文雅。'其冬，上亲于辟雍，自讲所制《五行章句》已，复令郁说一篇。
> 上谓郁曰：'我为孔子，卿为子夏，起予者商也。'又问郁曰：'子几人能
> 传学？'郁曰：'臣子皆未能传学，孤兄子一人学方起。'上曰：'努力教
> 之，有起者即白之。'"①

桓郁少传父业，以《尚书》教授，门徒数百。明帝诏其入宫，研讨经学，
曾为明帝校定《五家要说章句》，又为太子讲经。汉明帝刘庄之《五家要说
章句》久佚，今有王仁俊辑《五家要说章句》一卷。

3. 诏使马严与杜抚、班固等杂定《建武注记》

《后汉书·马援列传》：

> 严字威卿。……而好击剑，习骑射。后乃白援，从平原杨太伯讲
> 学，专心坟典，能通《春秋左氏》，因览百家群言，遂交结英贤，京师大
> 人咸器异之。……永平十五年，皇后敕使移居洛阳。显宗召见，严进
> 对闲雅，意甚异之，有诏留仁寿闼，与校书郎杜抚、班固等杂定《建武
> 注记》。②

马融之父马严通《左传》，是年受诏与班固等定《建武注记》，是为诸种
《汉纪》基础之一。续补《汉书》的马续以及从班昭受读《汉书》的马融，都
出自扶风茂陵马氏，这显示出扶风安陵班氏与茂陵马氏的密切关系。在
政治和军事上，安陵班氏与平陵窦氏合作较多，而在文化上则与茂陵马氏
合作较多。扶风安陵班氏与扶风茂陵马氏同出一郡，二者关系甚为亲密。

---

① 范晔：《后汉书》卷三十七《桓荣丁鸿列传》，中华书局 2005 年第 2 版，第 842—843 页。
② 范晔：《后汉书》卷二十四《马援列传》，中华书局 2005 年第 2 版，第 574 页。

马援兄马余之子马严为将作大匠，又与班固等编定《建武注记》，这是班氏与马氏在文化上的第一次合作。而马续、马融兄弟即马严之子，后来班昭授马融《汉书》、马续述《汉书·天文志》，则是班氏与马氏两个家族合作关系的延续。①

---

① 　陈君：《政治文化视野中〈汉书〉文本的形成》，《文学遗产》2017 年第 5 期。

汉明帝永平十八年　公元75年

1. 杨仁为什邡令

《后汉书·儒林列传》：

> 杨仁字文义，巴郡阆中人也。建武中，诣师学习《韩诗》，数年归，静居教授。仕郡为功曹，举孝廉，除郎。太常上仁经中博士，仁自以年未五十，不应旧科，上府让选。显宗特诏补北宫卫士令，引见，问当世政迹。仁对以宽和任贤，抑黜骄戚为先。又上便宜十二事，皆当世急务。帝嘉之，赐以缣钱。及帝崩，时诸马贵盛，各争欲入宫。仁被甲持戟，严勒门卫，莫敢轻进者。肃宗既立，诸马共谮仁刻峻，帝知其忠，愈善之，拜什邡令。宽惠为政，劝课掾史弟子，悉令就学。其有通明经术者，显之右署，或贡之朝，由是义学大兴。垦田千余顷。行兄丧去官。后辟司徒桓虞府。……后为阆中令，卒于官。①

事又见《资治通鉴》卷四五。

杨仁通《韩诗》，教授乡里，举孝廉，因辞让博士，明帝诏补卫士令，杨仁因上便宜十二事。明帝卒，因拥立章帝即位有功，拜什邡令。

---

① 范晔：《后汉书》卷七十九下《儒林列传》，中华书局2005年第2版，第1736—1737页。

汉章帝建初元年 公元76年

1. 鲁丕为议郎

《后汉书·卓鲁魏刘列传》：

> 丕字叔陵，性沉深好学，孳孳不倦，遂杜绝交游，不答候问之礼。士友常以此短之，而丕欣然自得。遂兼通《五经》，以《鲁诗》《尚书》教授，为当世名儒。后归郡，为督邮功曹，所事之将，无不师友待之。建初元年，肃宗诏举贤良方正，大司农刘宽举丕。时对策者百有余人，唯丕在高第，除为议郎，迁新野令。视事期年，州课第一，擢拜青州刺史。务在表贤明，慎刑罚。七年，坐事下狱司寇论。①

鲁丕杜门苦学，兼通五经，教授乡里，名重当世，建初元年举贤良方正，为议郎，迁新野令，有政绩。东汉时期，由于帝王的提倡与爱好，儒学的学习与传播达到了极度的繁荣。关中地区虽已不是京畿重地，但依然成为全国儒学最发达的地区之一，出现了众多在全国享有名望的儒士，鲁丕即是其中之一。②

2. 李育为议郎

《后汉书·儒林列传》：

---

① 范晔：《后汉书》卷二十五《卓鲁魏刘列传》，中华书局 2005 年第 2 版，第 590 页。
② 唐会霞：《东汉关中儒学名士风貌考察》，《湖北社会科学》2012 年第 10 期。

李育字元春，扶风漆人也。少习《公羊春秋》。沈思专精，博览书传，知名太学，深为同郡班固所重。固奏记荐育于骠骑将军东平王苍，由是京师贵戚争往交之。州郡请召，育到，辄辞病去。常避地教授，门徒数百。颇涉猎古学。尝读《左氏传》，虽乐文采，然谓不得圣人深意，以为前世陈元、范升之徒更相非折，而多引图谶，不据理体，于是作《难左氏义》四十一事。建初元年，卫尉马廖举育方正，为议郎。后拜博士。①

李育先习今文经，后见古文经之《左传》，作《难左氏义》四十一事。李育的这部《难左氏义》一定程度上可以看做东汉第二次古今文经之争的一部分。贾逵在章帝支持下对今文经学发起的挑战，基本上是唱的独角戏，即有挑战而无反击，所以严格地说，谈不上争论。依《后汉书·儒林传》记载，只有一个《春秋公羊》学者，即李育，"颇涉猎古学，尝读《左氏传》，虽乐文采，然谓不得圣人深义"。在他拜博士前，曾作《难左氏义》四十一事，但并非针对贾逵的挑战，而是有感于"前世陈元、范升之徒更相非折，而多引谶纬，不据理体"而发。而真正的第二次古今文经之争的正式论战，则要后推至白虎观会议时②。

① 范晔：《后汉书》卷七十九下《儒林列传》，中华书局 2005 年第 2 版，第 1742 页。
② 杨天宇：《略论汉代今古文经学的斗争与融合》，《郑州大学学报（哲学社会科学版）》2001 年第 2 期。

汉章帝建初三年　公元 78 年

1. 程曾著书解经

《后汉书・儒林列传》：

　　程曾字秀升，豫章南昌人也。受业长安，习《严氏春秋》，积十余年，还家讲授。会稽顾奉等数百人常居门下。著书百余篇，皆《五经》通难，又作《孟子章句》。建初三年，举孝廉，迁海西令，卒于官。①

　　程曾通《严氏春秋》，教授于乡里，著书解《五经》，又作《孟子章句》，至是年举孝廉。其《孟子章句》，《隋志》、两《唐志》均不，马国翰从宋熙时子《孟子外书》注辑得《孟子程氏章句》一卷。孙启治、陈建华编《古佚书辑本目录》云："按《孟子外传》不足信，况宋人岂得见隋以前已亡之书而引之？此节殊不可信。"②

---

①　范晔：《后汉书》卷七十九下《儒林列传》，中华书局 2005 年第 2 版，第 1741 页。
②　孙启治、陈建华：《古佚书辑本目录》，中华书局 1997 年版，第 73 页。

汉章帝建初四年　公元 79 年

1. 杨终倡导论《五经》异同

《后汉书·杨李翟应霍爰徐列传》：

> （杨）终又言："宣帝博征群儒，论定《五经》于石渠阁。方今天下
> 少事，学者得成其业，而章句之徒，破坏大体。宜如石渠故事，永为后
> 世则。"于是诏诸儒于白虎观论考同异焉。①

事又见《资治通鉴》卷四六

白虎观论《五经》异同，系由杨终倡导提议。章帝爱士，"体之以忠恕，
文之以礼乐"。范晔《后汉书·杨终传》，建初四年，诸儒集会白虎观，杨终
因事在狱，贾逵等人以杨终深晓《春秋》奏请宽恕，终也上书自讼，即日得
赦与会。②

2. 魏应于白虎观会议中掌难问

《后汉书·儒林列传》：

> 应经明行修，弟子自远方至，著录数千人。肃宗甚重之，数进见，
> 论难于前，特受赏赐。时会京师诸儒于白虎观，讲论《五经》同异，使

---

① 范晔：《后汉书》卷四十八《杨李翟应霍爰徐列传》，中华书局 2005 年第 2 版，第 1078 页。
② 刘德杰：《汉章帝"雅好文章"与东汉文学发展》，《河北师范大学学报（哲学社会科学版）》2014
年第 2 期。

应专掌难问,侍中淳于恭奏之,帝亲临称制,如石渠故事。明年,出为上党太守,征拜骑都尉,卒于官。①

事又见《资治通鉴》卷四六。

章帝讲论《五经》异同于白虎观,魏应精通《鲁诗》,由其掌问难诸事。

3. 李育问难贾逵

《后汉书·儒林列传》:

> 四年,诏与诸儒论《五经》于白虎观,育以《公羊》义难贾逵,往返皆有理证,最为通儒。②

事又见《资治通鉴》卷四六。

建初四年(79)冬十一月,有诏命诸儒会于白虎观,讨论《五经》同异,皇帝亲自决断,并加以记录,著成《白虎议奏》。这是历史上一次著名的古今文经学之争,史称白虎观会议。在这次辩论中,李育运用《公羊春秋》的义理与主古文经的贾逵进行辩论,很有说服力。

4. 丁鸿参加白虎观会议

《后汉书·桓荣丁鸿列传》:

> 肃宗诏鸿与广平王羡及诸儒楼望、成封、桓郁、贾逵等,论定《五经》同异于北宫白虎观,使五官中郎将魏应主承制问难,侍中淳王恭奏上,帝亲称制临决。鸿以才高,论难最明,诸儒称之,帝数嗟美焉。时人叹曰:"殿中无双丁孝公。"数受赏赐,擢徙校书,遂代成封为少府。门下由是益盛,远方至者数千人。彭城刘恺、北海巴茂、九江朱

---

① 范晔:《后汉书》卷七十九下《儒林列传》,中华书局 2005 年第 2 版,第 1734 页。
② 范晔:《后汉书》卷七十九下《儒林列传》,中华书局 2005 年第 2 版,第 1742 页。

怅皆至公卿。元和三年,徙封马亭乡侯。^①

事又见《资治通鉴》卷四六。

丁鸿参加白虎观会议,于白虎观会议中论难最明。建初四年(79年),汉章帝刘炟诏令丁鸿与广平王刘羡以及诸名儒楼望、成封、桓郁、贾逵等人,在北宫的白虎观讨论《五经》的同异,由五官中郎将魏应主持承制问难,侍中淳于恭奏上,章帝亲自称制临决。丁鸿因为才学最高,论难最明,受到诸儒的称赞,章帝也多次予以赞美。当时人叹道:"殿中无双丁孝公。"丁鸿多次受赏赐,被提升为校书,又接替成封担任少府。他的门下从此更盛,远方来的数千人。彭城人刘恺、北海人巴茂、九江人朱伥都官至公卿之位。

5. 马融生

《后汉书·马融列传》:

> 马融字季长,扶风茂陵人也,将作大匠严之子。为人美辞貌,有俊才。初,京兆挚恂以儒术教授,隐于南山,不应征聘,名重关西,融从其游学,博通经籍。恂奇融才,以女妻之。^②

马融(79年—166年),字季长。扶风茂陵人,东汉时期著名经学家、文学家。马融一生著述讲学,解经之作甚多,有《三传异同说》《论语注》《诗注》《易注》《三礼注》《尚书注》《老子注》《淮南子注》《离骚注》《列女传》等,明人辑有《马季长集》。马融尤长于古文经学,其上承贾逵、许慎,下启郑玄、王肃,不仅在两汉经学史上占有重要地位,而且,他也是汉末,经学日渐式微,玄学兴起这一转折点上具有承上启下作用的关键性人物。

① 范晔:《后汉书》卷三十七《桓荣丁鸿列传》,中华书局 2005 年第 2 版,第 849 页。
② 范晔:《后汉书》卷六十上《马融列传》,中华书局 2005 年第 2 版,第 1319 页。

汉章帝建初七年　公元 82 年

1. 郑众作《春秋删》

《后汉书·郑范陈贾张列传》：

（郑众）在位以清正称。其后受诏作《春秋删》十九篇。①

西汉时期，经学章句繁琐，从东汉开始，学者开始对经学进行简化。其中就有郑众受诏作《春秋删》十九篇，体现《春秋》学章句逐渐趋于简省的学术趋势。②

①　范晔：《后汉书》卷三十六《郑范陈贾张列传》，中华书局 2005 年第 2 版，第 823 页。
②　文廷海、谭锐：《东汉〈春秋〉学的传授及其特点略论》，《求索》2010 年第 3 期。

汉章帝建初八年　公元83年

1. 郑众卒

《后汉书·郑范陈贾张列传》：

（建初）八年，（郑众）卒官。①

郑众，字仲师。河南开封人。东汉经学家，名儒郑兴之子，精通《易经》和《诗经》，曾作《周礼解诂》，郑玄《周礼注》多本其说。郑众（郑兴）的训诂虽然初时多为经注，依附于经学，但较之以前的随文作释毕竟有了突破，为后来的语文学的独立，训诂学、文字学专门的产生打下了基础，在训诂学史上起着承前启后、继往开来的作用。②

---

①　范晔：《后汉书》卷三十六《郑范陈贾张列传》，中华书局2005年第2版，第822页。
②　韩卫斌、温洁：《郑兴、郑众父子经籍训诂方面的成就》，《语文知识》2007年第3期。

汉章帝元和元年　公元84年

1. 鲁丕授经

《后汉书·卓鲁魏刘列传》：

元和元年征，再迁，拜赵相。门生就学者常百余人，关东号之曰
"《五经》复兴鲁叔陵"。赵王商尝欲避疾便时移住学官，丕止不听。
王乃上疏自言，诏书下丕。丕奏曰："臣闻《礼》，诸侯薨于路寝，大夫
卒于嫡室，死生有命，未有逃避之典也。学官传五帝之道，修先王礼
乐教化之处，王欲废塞以广游谦，事不可听。"诏从丕言，王以此惮之。
其后帝巡狩之赵，特被引见，难问经传，厚加赏赐。在职六年，嘉瑞屡
降，吏人重之。①

是年，鲁丕为赵相，教授学生，号称"《五经》复兴鲁叔陵"②。

2. 伏恭卒

《后汉书·儒林列传》：

（伏恭）年九十，元和元年卒。③

---

① 范晔：《后汉书》卷二十五《卓鲁魏刘列传》，中华书局 2005 年第 2 版，第 591 页。
② 范晔：《后汉书》卷二十五《卓鲁魏刘列传》，中华书局 2005 年第 2 版，第 591 页。
③ 范晔：《后汉书》卷七十九下《儒林列传》，中华书局 2005 年第 2 版，第 1735 页。

伏恭，字叔齐，东汉琅邪东武人，东汉明帝、章帝时大臣。

3. 孔僖为兰台令史

《后汉书·儒林列传》：

　　孔僖字仲和，鲁国鲁人也。自安国以下，世传《古文尚书》、《毛诗》。曾祖父子建，少游长安，与崔篆友善。及篆仕王莽为建新大尹，尝劝子建仕。对曰："吾有布衣之心，子有衮冕之志，各从所好，不亦善乎！道既乖矣，请从此辞。"遂归，终于家。僖与崔篆孙骃复相友善，同游太学，习《春秋》。因读吴王夫差时事，僖废书叹曰："若是，所谓画龙不成反为狗者。"骃曰："然。昔孝武皇帝始为天子，年方十八，崇信圣道，师则先王，五六年间，号胜文、景。及后恣己，忘其前之为善。"僖曰："书传若此多矣！"邻房生梁郁儳和之曰："如此，武帝亦是狗邪？"僖、骃默然不对。郁怒恨之，阴上书告骃、僖诽谤先帝，刺讥当世。事下有司，骃诣吏受讯。僖以吏捕方至，恐诛，乃上书肃宗自讼曰："臣之愚意，以为凡言诽谤者，谓实无此事而虚加诬之也。至如孝武皇帝，政之美恶，显在汉史，坦如日月。是为直说书传实事，非虚谤也。夫帝者为善，则天下之善咸归焉；其不善，则天下之恶亦萃焉。斯皆有以致之，故不可以诛于人也。且陛下即位以来，政教未过，而德泽有加，天下所具也，臣等独何讥刺哉？假使所非实是，则固应悛改；傥其不当，亦宜含容，又何罪焉？陛下不推原大数，深自为计，徒肆私忿，以快其意。臣等受戮，死即死耳，顾天下之人，必回视易虑，以此事窥陛下心。自今以后，苟见不可之事，终莫复言者矣。……齐桓公亲扬其先君之恶，以唱管仲，然后群臣得尽其心。今陛下乃欲以十世之武帝，远讳实事，岂不与桓公异哉？……"帝始亦无罪僖等意，及书奏，立诏勿问，拜僖兰台令史。[①]

---

① 范晔：《后汉书》卷七十九上《儒林列传》，中华书局 2005 年第 2 版，第 1727—1728 页。

《资治通鉴》卷四六所略同。

孔僖世为鲁地经学名家,为人所陷害,上书对"诽谤先帝,刺讥当世"进行自辩。孔僖慷慨陈词、有理有据,汉章帝纳其言,拜为兰台令史。

汉章帝元和二年　公元85年

1.三月,章帝以太牢祠孔子

《后汉书·肃宗孝章帝纪》:

> 三月己丑,进幸鲁,祠东海恭王陵。庚寅,祠孔子于阙里,及七十二弟子,赐褒成侯及诸孔男女帛。①

另《后汉书·儒林列传》:

> 元和二年春,帝东巡狩,还过鲁,幸阙里,以太牢祠孔子及七十二弟子,作六代之乐,大会孔氏男子二十以上者六十三人,命儒者讲《论语》。僖因自陈谢。帝曰:"今日之会,宁于卿宗有光荣乎?"对曰:"臣闻明王圣主,莫不尊师贵道。今陛下亲屈万乘,辱临敝里,此乃崇礼先师,增辉圣德。至于光荣,非所敢承。"帝大笑曰:"非圣者子孙,焉有斯言乎!"遂拜僖郎中,赐褒成侯损及孔氏男女钱帛,诏僖从还京师,使校书东观。②

事又见《资治通鉴》卷四七。

是年三月,章帝过鲁,亲祀孔子及七十二弟子,并命儒者讲习《论语》,拜孔子后裔孔僖为郎中。

---

① 范晔:《后汉书》卷三《肃宗孝章帝纪》,中华书局2005年第2版,第103页。
② 范晔:《后汉书》卷七十九上《儒林列传》,中华书局2005年第2版,第1729页。

2. 杨终作《春秋外传》

《后汉书·杨李翟应霍爰徐列传》：

> （杨）终兄凤为郡吏，太守廉范为州所考，遣凤侯终，终为范游说，坐徙北地。帝东巡狩，凤皇黄龙并集，终赞颂嘉瑞，上述祖宗鸿业，凡十五章，奏上，诏赍还故郡。著《春秋外传》十二篇，改定章句十五万言。永元十二年，征拜郎中，以病卒。[①]

杨终流放北地，章帝东巡，杨终作颂扬之文，章帝赦其还故郡，杨终因作《春秋外传》十二篇。

---

① 范晔：《后汉书》卷四十八《杨李翟应霍爰徐列传》，中华书局 2005 年第 2 版，第 1079—1080 页。

汉章帝章和元年　公元87年

1.曹褒杂定汉礼仪制度

《后汉书·张曹郑列传》：

> 褒既受命，及次序礼事，依准旧典，杂以《五经》谶记之文，撰次天子至于庶人冠婚吉凶终始制度，以为百五十篇，写以二尺四寸简。其年十二月奏上。帝以众论难一，故但纳之，不复令有司平奏。①

章帝欲改礼乐制度，曹褒上疏欲主其事，太常不从。章帝坚令曹褒主制汉礼，遂成天子至庶人冠婚吉凶终始制度百五十篇。曹褒依家学庆氏之礼立论，制定了涵盖"天子至于庶人"社会各个等级，包括"冠婚吉凶终始"人生各个方面的全面制度，堪称恢宏。也正是新礼的规模宏大，众儒难以达成一致的意见，新礼终章帝之世也没有得以实行。②

---

①　范晔：《后汉书》卷三十五《张曹郑列传》，中华书局 2005 年第 2 版，第 808 页。
②　禹平、严俊：《试论东汉的礼制建设》，《吉林大学社会科学学报》2009 年第 5 期。

汉章帝章和二年　公元 88 年

1. 召驯为光禄勋

《后汉书·儒林列传》：

> 召驯字伯春，九江寿春人也。……驯少习《韩诗》，博通书传，以志义闻，乡里号之曰"德行恂恂召伯春"。累仕州郡，辟司徒府。建初元年，稍迁骑都尉，侍讲肃宗。拜左中郎将，入授诸王。帝嘉其义学，恩宠甚崇。出拜陈留太守，赐刀剑钱物。元和二年，入为河南尹。章和二年，代任隗为光禄勋，卒于官，赐冢茔陪园陵。[①]

召驯字伯春，九江寿春人，少习《韩诗》，博通书传，乡人曰"德行恂恂召伯春"，建初元年(76年)，以经明侍讲肃宗。拜左中郎将，入授诸王，历官陈留太守、光禄勋。

[①]　范晔：《后汉书》卷七十九下《儒林列传》，中华书局 2005 年第 2 版，第 1736 页。

汉和帝永元元年　公元 89 年

1. 桓郁为长乐少府

《后汉书·桓荣丁鸿列传》：

　　和帝即位，富于春秋，侍中窦宪自以外戚之重，欲令少主颇涉经学，上疏皇太后曰："《礼记》云：'天下之命，悬于天子；天子之善，成乎所习。习与智长，则切而不勤；化与心成，则中道若性。昔成王幼小，越在襁褓，周公在前，史佚在后，太公在左，召公在右。中立听朝，四圣维之。是以虑无遗计，举无过事。'孝昭皇帝八岁即位，大臣辅政，亦选名儒韦贤、蔡义、夏侯胜等入授于前，平成圣德。近建初元年，张酺、魏应、召训亦讲禁中。臣伏惟皇帝陛下，躬天然之姿，宜渐教学，而独对左右小臣，未闻典义。昔五更桓荣，亲为帝师，子郁，结发敦尚，继传父业，故再以校尉入授先帝，父子给事禁省，更历四世，今白首好礼，经行笃备。又宗正刘方，宗室之表，善为《诗经》，先帝所褒。宜令郁、方并入教授，以崇本朝，光示大化。"由是迁长乐少府，复入侍讲。顷之，转为侍中奉车都尉。[1]

　　和帝即位，外戚窦宪上疏太后，为和帝选经学师傅，举荐桓郁、刘方入宫讲经。

---

[1]　范晔：《后汉书》卷三十七《桓荣丁鸿列传》，中华书局 2005 年第 2 版，第 843 页。

汉和帝永元三年　公元 91 年

1. 胡广生

《后汉书·邓张徐张胡列传》：

> 胡广字伯始，南郡华容人也。①

本传称其"年八十二，熹平元年薨"，以熹平元年（公元 172 年）上推八十一年，故系其生年于此。

胡广通经多闻，史称其"学究《五经》，古今术艺毕览之"，并在前人的学术基础之上，编纂《百官箴》四十八篇，为后世研究汉朝官制提供了有价值的资料。

---

① 范晔：《后汉书》卷四十四《邓张徐张胡列传》，中华书局 2005 年第 2 版，第 1015 页。

汉和帝永元四年　公元92年

1. 曹褒为射声校尉

《后汉书·张曹郑列传》：

> 永元四年,迁射声校尉。后太尉张酺、尚书张敏等奏褒擅制《汉礼》,破乱圣术,宜加刑诛。帝虽寝其奏,而《汉礼》遂不行。[1]

曹褒改定汉代礼制,一直受到群儒非议,和帝即位后,采曹褒新礼举行冠礼。后来受到太尉张酺、尚书张敏等"擅制汉礼,破乱圣术,宜加刑诛"的弹奏,和帝对之虽无处罚,但是新礼也就此寿终正寝。[2]

2. 班昭始续《汉书》

《后汉书·列女传》：

> 兄固著《汉书》,其八表及《天文志》未及竟而卒,和帝诏昭就东观藏书阁踵而成之。"[3]

事又见《资治通鉴》卷四八。

班昭始续《汉书》之确年不可考,以是年班固卒,姑暂厕此事于此。

---

① 范晔:《后汉书》卷三十五《张曹郑列传》,中华书局 2005 年第 2 版,第 808 页。
② 禹平、严俊:《试论东汉的礼制建设》,《吉林大学社会科学学报》2009 年第 5 期。
③ 范晔:《后汉书》卷八十四《列女传》,中华书局 2005 年第 2 版,第 1881 页。

因受家庭环境的熏陶,班昭自幼熟读儒家经典和各类史籍,逐渐掌握了丰富的历史和天文知识,写作能力也得到锻炼,完全有能力完成父兄的夙愿。

汉和帝永元五年　公元93年

1. 桓郁卒

《后汉书·桓荣丁鸿列传》：

> 永元四年，(桓郁)代丁鸿为太常。明年，病卒。郁经授二帝，恩宠甚笃，赏赐前后数百千万，显于当世。门人杨震、朱宠，皆至三公。初，荣受朱普学章句四十万言，浮辞繁长，多过其实。及荣入授显宗，减为二十三万言。郁复删省定成十二万言。由是有《桓君大小太常章句》。[①]

桓郁，字仲恩，沛郡龙亢(今安徽省怀远县龙亢镇)人。在治学方面，桓郁很好地传承了桓荣所治的《欧阳尚书》，并删定所学章句成为《桓君大小太常章句》，其经行笃备，为当时名儒，于是教授弟子数百，特别是教授了章、和二帝，开启了世代为帝师的先河。[②] 姚振宗《后汉艺文志》有桓荣、桓郁《尚书章句》。

---

① 范晔：《后汉书》卷三十七《桓荣丁鸿列传》，中华书局 2005 年第 2 版，第 844 页。
② 佘沛章：《龙亢桓氏与东汉政治》，湖南师范大学 2015 年硕士论文，第 18—23 页。

汉和帝永元十年　公元98年

1. 马严卒

《后汉书·马援列传》：

> 肃宗即位，征拜侍御史中丞，……建初元年，迁五官中郎将……二年，拜陈留太守。……典郡四年，坐与宗正刘轶、少府丁鸿等更相属托，征拜太中大夫；十余日，迁将作大匠。七年，复坐事免。后既为窦氏所忌，遂不复在位。及帝崩，窦太后临朝，严乃退居自守，训教子孙。永元十年，卒于家，时年八十二。[①]

马严，字威卿。扶风马氏家族自马严起，开始了由外戚家族向经学家族的转变。[②]

---

① 范晔：《后汉书》卷二十四《马援列传》，中华书局 2005 年第 2 版，第 575—576 页。
② 唐会霞：《两汉右扶风马氏家族述略》，《青海社会科学》2012 年第 5 期。

汉和帝永元十二年　公元100年

1.杨终卒

《后汉书·杨李翟应霍爰徐列传》：

> (杨)终兄凤为郡吏，太守廉范为州所考，遣凤侯终，终为范游说，坐徙北地。帝东巡狩，凤皇黄龙并集，终赞颂嘉瑞，上述祖宗鸿业，凡十五章，奏上，诏赍还故郡。著《春秋外传》十二篇，改定章句十五万言。永元十二年，征拜郎中，以病卒。①

李贤注：

> 《袁山松书》曰"侍中贾逵荐终博达忠直，征拜郎中。及卒，赐钱二十万"也。②

杨终为贾逵所赏识，是年被征为郎中，以病卒。

2.楼望卒

《后汉书·儒林列传》：

---

①　范晔：《后汉书》卷四十八《杨李翟应霍爰徐列传》，中华书局2005年第2版，第1079页。
②　范晔：《后汉书》卷四十八《杨李翟应霍爰徐列传》，中华书局2005年第2版，第1080页。

楼望字次子,陈留雍丘人也。少习《严氏春秋》。操节清白,有称乡间。建武中,赵节王栩闻其高名,遣使赍玉帛请以为师,望不受。后仕郡功曹。永平初,为侍中、越骑校尉,入讲省内。十六年,迁大司农。十八年,代周泽为太常。建初五年,坐事左转太中大夫,后为左中郎将。教授不倦,世称儒宗,诸生著录九千余人。年八十,永元十二年,卒于官,门生会葬者数千人,儒家以为荣。[1]

楼望,字次子,东汉陈留雍丘(今河南杞县)人,东汉经学家,一生教授不倦,世称"儒宗"。楼望专研《严氏春秋》,在东汉经学史上有重要的地位。

---

[1] 范晔:《后汉书》卷七十九下《儒林列传》,中华书局 2005 年第 2 版,第 1741 页。

汉和帝永元十三年　公元 101 年

1. 和帝幸东观

《后汉书·孝和孝殇帝纪》：

> 十三年春正月丁丑，帝幸东观，览书林，阅篇籍，博选术艺之士以
> 充其官。[①]

白虎观会议后，经书及传记仍有诸多异议，和帝好儒，亲至东观观览
经典。

2. 贾逵卒

《后汉书·郑范陈贾张列传》：

> 逵所著经传义诂及论难百余万言，又作诗、颂、诔、书、连珠、酒令
> 凡九篇，学者宗之，后世称为通儒。然不修小节，当世以此颇讥焉，故
> 不至大官。永元十三年卒，时年七十二。朝廷愍惜，除两子为太子
> 舍人。[②]

贾逵，字景伯，扶风平陵人。九世祖贾谊。父徽，从刘歆受《左氏春

---

① 范晔：《后汉书》卷四《孝和孝殇帝纪》，中华书局 2005 年第 2 版，第 128 页。
② 范晔：《后汉书》卷三十六《郑范陈贾张列传》，中华书局 2005 年第 2 版，第 832 页。

秋》，兼习《国语》《周礼》，又从涂恽受《古文尚书》，从谢曼卿学《毛诗》。曾作《左氏条例》二十一篇。逵少传父业，自幼诵习《左传》及《五经》本文，兼通古今文经。尤明《左传》、《国语》，曾作《左氏传国语解诂》二十一篇，上书献之，藏于秘馆。曾入白虎观、云台讲授《古文尚书》及《左氏传》，为章帝赏识，因请立《左传》博士，章帝于是令《左传》《穀梁传》《古文尚书》《毛诗》公开讲授，使古文经学在官学中取得一席之地。曾受诏撰欧阳、大小夏侯《尚书》异同，又撰齐、鲁、韩《诗》与毛《诗》异同，并作《周官解诂》。又善文辞，曾作诗、颂、诔、书、连珠、酒令九篇。贾逵行年事迹见《贾景伯年谱》。①

---

① 　陈邦福：《贾景伯年谱》，《国粹学报》第 7 卷第 8 号，1911 年。

汉和帝永元十四年　公元 102 年

1. 曹褒卒

《后汉书·张曹郑列传》：

> 褒博物识古，为儒者宗。十四年，卒官。作《通义》十二篇，演经杂论百二十篇，又传《礼记》四十九篇，教授诸生千余人，庆氏学遂行于世。①

曹褒，字书通，鲁国薛人。父充，善《庆氏礼》，从光武帝封禅定礼仪，明帝时又请改定礼乐。曹褒少承父学，尤好礼仪，章帝时拜博士，上疏请定礼乐，受诏次序礼制，以《五经》杂以谶记，撰天子之冠婚吉凶终始之礼，成一百五十篇。有《新礼》《汉礼》《通义》传于世，久佚。《全后汉文》卷二九存文（含残文）三篇②。

①　范晔：《后汉书》卷三十五《张曹郑列传》，中华书局 2005 年第 2 版，第 809 页。
②　郑杰文、李梅：《中国学术思想编年》（秦汉卷），陕西师范大学出版社 2005 年版，第 455 页。

汉安帝永初五年　公元 111 年

1. 赵岐生

《后汉书·吴延史卢赵列传》：

> 赵岐字邠卿，京兆长陵人也。初名嘉，生于御史台，因字台卿，后避难，故自改名字，示不忘本土也。[①]

赵岐，字邠卿，京兆长陵人，著有《孟子章句》《三辅决录》。赵岐在两汉儒学史中的最大贡献在于注解《孟子》，其在书中努力调停章句学与纯粹义理学的阐释之间的矛盾。此外，赵岐还个人情感平添其中，其章句学的意义并不仅仅是研究方法的更新，更在于他在其中寄托了个人的特别感受，由于此种感受是以经书的精神为基础，这使得章句学摆脱了功名利禄的诱惑而转向学术旨趣的追求。而如果从学术的角度来看，赵岐通过对经典的重新梳理，使得个人的身世遭际与思想情感通过学术活动而获得更为普遍的意义，也符合"立言"的三不朽之说。在人情和学术之间，赵岐的《孟子注》为我们理解汉代传、记学甚至是汉代的经学提供了很好的视角。[②]

---

①　范晔：《后汉书》卷六十四《吴延史卢赵列传》，中华书局 2005 年第 2 版，第 1433 页。

②　郜积意：《赵岐〈孟子注〉：章句学的运用与突破》，《孔子研究》2001 年第 1 期。

汉安帝永初六年　公元 112 年

1. 鲁恭卒

《后汉书·卓鲁魏刘列传》：

> 永初元年，(鲁恭)复代梁鲔为司徒。……恭再在公位，选辟高第，至列卿郡守者数十人。而其耆旧大姓，或不蒙荐举，至有怨望者。恭闻之，曰："学之不讲，是吾忧也。诸生不有乡举者乎?"终无所言。恭性谦退，奏议依经，潜有补益，然终不自显，故不以刚直为称。三年，以老病策罢。六年，年八十一，卒于家。[①]

鲁恭，字仲康，陕西省扶风平陵人，官至司徒。鲁恭虽专习《鲁诗》，但亦通晓其它儒经，"汉儒通经以致用，盖无人不以经学为尚。朝廷法律，本之《六经》，故其时臣下奏议，亦纯本经义，如周举、鲁恭为尤不失矩镂者也。然举治《尚书》，恭治《鲁诗》，而其奏则多以《易》理发明之，可知古人通一经必兼通他经，非止以一经毕乃事也"[②]。其著述今有王仁俊辑《周易鲁恭义》一卷、《易鲁氏义》一卷。

---

① 范晔：《后汉书》卷二十五《卓鲁魏刘列传》，中华书局 2005 年版，第 587—590 页。
② 唐晏著，吴东民点校：《两汉三国学案》，中华书局 1986 年版，第 239 页。

汉安帝永初七年　公元 113 年

1. 张衡作《南阳文学儒林书赞》

张衡《南阳文学儒林书赞》：

> 南阳太守上党鲍君，愍文学之驰废，怀儒林之陵迟，乃命匠修而新之。崇肃肃之仪，扬济济之化。①

张衡因南阳太守鲍德修葺郡学校舍，兴礼乐，宴群儒而作文赞之。

2. 崔瑗作《南阳文学官志》

《后汉书·崔骃列传》：

> 瑗高于文辞，……其《南阳文学官志》称于后世，诸能为文者皆自以弗及。②

崔瑗亦因南阳郡守鲍德兴儒学而作《南阳文学官志》。

---

① 张衡著，张震泽校注：《张衡诗文集校注》，上海古籍出版社 2009 年版，第 337 页。
② 范晔：《后汉书》卷五十二《崔骃列传》，中华书局 2005 年第 2 版，第 1163 页。

汉安帝元初三年　公元116年

1. 王逸为校书郎

《后汉书·文苑列传》：

> 王逸字叔师，南郡宜城人也。元初中，举上计吏，为校书郎。①

整理楚辞的王逸为校书郎。王逸所著的《楚辞章句》对《楚辞》进行了儒家化的诠释，该诠释继承了刘安、司马迁的认识，但是又不仅仅于此，而是进一步发展了他们的观点，将"楚辞"系属于经，附以五经道德仁义、天人合一以及"美刺"等观念。王逸的努力一方面加深了人们对楚辞的理解，另一方面也限制了楚辞更宽广的本来面貌。东汉经学的发达亦由此可见一斑，经学不仅在自己的范围内努力发展，也开始向其他领域浸润了。②

---

① 范晔：《后汉书》卷八十上《文苑列传》，中华书局2005年第2版，第1766页。
② 田海凤：《浅论王逸对〈楚辞〉的儒家诠释》，《连云港职业技术学院学报（综合版）》2005年第4期。

汉安帝元初四年　公元 117 年

1. 胡广为尚书郎

《后汉书·邓张徐张胡列传》：

> （胡）广少孤贫，亲执家苦。长大，随辈入郡为散吏。太守法雄之子真，从家来省其父。真颇知人。会岁终应举，雄敕真助其求才。雄因大会诸吏，真自于牖间密占察之，乃指广以白雄，遂察孝廉。既到京师，试以章奏，安帝以广为天下第一。旬月拜尚书郎，五迁尚书仆射。[①]

李贤注

> 《谢承书》曰："广有雅才，学究《五经》，古今术艺皆毕览之。年二十七，举孝廉。"[②]

法雄举荐胡广为孝廉，到京师雒阳（今陕西洛阳附近）参加殿试，由汉安帝亲自主持考试章奏，胡广被选为第一。此后仅一月，胡广就被拜为尚书郎，经五次升迁后任尚书仆射。

[①]　范晔：《后汉书》卷四十四《邓张徐张胡列传》，中华书局 2005 年第 2 版，第 1015 页。
[②]　范晔：《后汉书》卷四十四《邓张徐张胡列传》，中华书局 2005 年第 2 版，第 1015 页。

汉安帝元初七年(永宁元年)　公元 120 年

1. 班昭卒

《后汉书·列女传》：

> 昭年七十余卒，皇太后素服举哀，使者监护丧事。所著赋、颂、铭、诔、问、注、哀辞、书、论、上疏、遗令，凡十六篇。子妇丁氏为撰集之，又作《大家赞》焉。[1]

班昭又名姬，字惠班，扶风安陵人。东汉女史学家、文学家，史学家班彪之女、班固之妹，其兄班固著《汉书》，未竟而卒，班昭奉旨入东观藏书阁，续写《汉书》，完成《异姓诸侯王表》《诸侯王表》《高惠高后文功臣表》《景武昭宣元成功臣表》《外戚恩泽侯表》《百官公卿表》《古今人表》等八表。此外，班昭还作《女诫》，著赋、颂、铭、诔、哀辞、书论等十六篇，后人辑有《曹大家集》一卷，存于《关陇丛书·扶风班氏佚书》。[2]

---

① 范晔：《后汉书》卷八十四《列女传》，中华书局 2005 年第 2 版，第 1886 页。
② 朱维铮：《班昭考》，《中华文史论丛》2006 年第 2 期。

汉安帝永宁二年(建光元年)　公元 121 年

1.九月,许冲上《说文解字》

许慎子许冲《上书进说文》:

> 臣冲诚惶诚恐,顿首顿首,死罪死罪。臣稽首再拜,以闻皇帝陛下。建光元年九月已卯朔二十日戊午上。[1]

《说文解字》是首部按部首编排的汉语字典,全书共分五百四十个部首,收字九千三百五十三个,另有"重文"一千一百六十三个,共一万零五百一十六字。

2.马续续《汉书》

《后汉书·列女传》:

> 时《汉书》始出,多未能通者,同郡马融伏于阁下,从昭受读,后又诏融兄续继昭成之。[2]

另《后汉书·天文志上》:

---

[1]　严可均辑:《全后汉文(上)》卷四十九《许冲》,商务印书馆 1999 年版,第 497 页。
[2]　范晔:《后汉书》卷八十四《列女传》,中华书局 2005 年第 2 版,第 1881 页。

孝明帝使班固叙《汉书》,而马续述《天文志》。①

　　马续,字季则,马严之子。班固作《汉书》未竟而卒,除班昭外,又有马续帮助续完《汉书》。班昭曾授《汉书》于马续的弟弟马融,这对马续产生了一定的影响,《汉书》发轫于诸贤,草创于班彪,成书于班固,续补于班昭、马续,至此定型矣。②

---

① 　范晔:《后汉书》志第十《天文志上》,中华书局 2005 年第 2 版,第 2184 页。
② 　陈君:《知识与权力:关于〈汉书〉文本形成的几个问题》,《文学评论》2018 年第 3 期。

汉顺帝永建元年　公元 126 年

1. 刘珍卒

《后汉书·文苑列传》：

> 延光四年，拜宗正。明年，转卫尉，卒官。著诔、颂、连珠凡七篇。又撰《释名》三十篇，以辩万物之称号云。[1]

刘珍，字秋孙，或作秘孙，一名宝，南阳蔡阳人。安帝时为谒者仆射，后转任侍中、越骑校尉，延光四年（公元 125 年），官居宗正，后又转任卫尉，在官位上去世。刘珍著作颇多，曾著《建武以来名臣传》，又撰《东观汉记》二十二篇，《释名》三十篇，以辩万物之称号，为训诂学专著。另著有诔、颂、连珠凡七篇，原有集二卷，已佚，今存《东观汉记光武叙》、《章帝叙》等。今存《东观汉记·光武叙》《章帝叙》等残文五篇，见《全后汉文》卷五六。其《释名》，或谓与刘熙《释名》为二书，或谓刘珍作、刘熙续成，辨见陆侃如《中古文学系年》。[2]

---

① 范晔：《后汉书》卷八十上《文苑列传》，中华书局 2005 年第 2 版，第 1766 页。
② 陆侃如：《中古文学系年》，人民文学出版社 1985 年版，160—161 页。

汉顺帝永建二年　公元 127 年

1. 郑玄生

《后汉书·张曹郑列传》：

> 郑玄字康成，北海高密人也。八世祖崇，哀帝时尚书仆射。[1]

本传称其建安五年"其年六月卒，年七十四"，由建安五年（公元 200 年）上推 73 年，故于是年。郑杰文、李梅所著《中国学术思想编年》（秦汉卷）将此事系于永建二年，今从之。

郑玄字康成，北海高密人，东汉末年儒家学者、经学大师。郑玄曾入太学攻《京氏易》《公羊春秋》及《三统历》《九章算术》，又从张恭祖学《古文尚书》《周礼》和《左传》等，最后从马融学古文经。

从经学指导思想看，郑玄遍注群经，从一个方面说，是今文经学兼容了古文学的名物训诂成果，而更有学术性与生命力，丰富了内容；从另一方面看，则是古文经自觉地统一于正统经学，而且成了它的一部分。从此终结了所谓今古文的斗争，而同时为整个经学的终结创造了条件。郑玄在注经时，旁征博引，完全破除了今古文经说的界限。如《周礼郑注》，除征引杜子春、郑司农等前辈学者，还广泛征引《司马法》、《礼记》中的《王制》《明堂月令》《祭义》等篇及今文尚书说、公羊春秋说，等等。郑玄《驳五经异义》，既采今文说，亦采古文说，而驳左氏、周礼说，亦成为重要内容。他的《发墨守》《砭膏肓》《起废疾》，以公羊家的立场和观点批评何休的公

---

① 范晔：《后汉书》卷三十五《张曹郑列传》，中华书局 2005 年第 2 版，第 810 页。

羊学,有力地削弱了公羊春秋说和今文经说的权威。除了兼采诸家之说外,郑玄在注经时并不拘泥前人旧说,往往按以己意,如批判许慎的圣人有父说等,并对《诗》中的尊君卑臣等观念进行了批判等。而且,《周礼注》《仪礼注》《孝经注》等等,不仅名物训诂完备,有助于恢复"六艺"原来的学术面貌,使古籍能被读懂,得以承传、研习,亦极多新意新说。这种新的学风及其特重名物训诂和从事实出发的精神,对结束汉代经学旧学,开创新学,有良好的影响。王弼继承郑玄易学,开辟出魏晋玄学,这与郑玄学风的影响是分不开的。①

---

① 金春峰:《汉代思想史》,中国社会科学出版社 2006 年版,第 539—541 页。

汉顺帝永建三年　公元 128 年

1. 荀爽生

《后汉书·荀韩钟陈列传》:

> 爽字慈明,一名谞。幼而好学,年十二,能通《春秋》、《论语》。太尉杜乔见而称之,曰:"可为人师。"爽遂耽思经书,庆吊不行,征命不应。颍川为之语曰:"荀氏八龙,慈明无双。"①

另《后汉书·孝献帝纪》:初平元年"司空荀爽薨",本传言"会病薨,年六十三卒"②,由初平元年(公元 190 年)上推六十二年,故于是年。郑杰文、李梅所著《中国学术思想编年》(秦汉卷)将此事系于永建三年,今从之。

荀爽,字慈明,颍川颍阴人,东汉经学家。荀爽博览群经,尤善治《易》,荀爽易学在汉代易学史上占有重要地位,对后世易学的发展产生了广泛而深刻的影响。荀爽在对《周易》和易学基本理论进行全新阐释的基础上,创立了著名的乾升坤降(阳升阴降)说,并构成其易学理论的核心内容。荀爽通过对《周易》思想的深入开掘和充分发挥,形成了较为系统、完整的卦变说。另外,卦气说等传统的易学体例也在荀爽那里得到创造性运用。荀爽易学虽然在总体上属于象数易学的范围,但他的易学体例主要是用于解释经文,继承、贯彻的是古文费氏易学的传统,而且其中的人

---

① 范晔:《后汉书》卷六十二《荀韩钟陈列传》,中华书局 2005 年第 2 版,第 1386 页。
② 范晔:《后汉书》卷九《孝献帝纪》,中华书局 2005 年第 2 版,第 245 页。

文主义因素更趋明显和浓重,并与荀爽个人以中和理想为旨归的社会政治思想相映成辉。这一切又使汉代易学中象数形式和义理内涵的矛盾、冲突进一步激化,使象数易学走进死胡同,终于引发了扫落象数的王弼玄学派易学的兴起。① 其易学思想主要见于李鼎祚《周易集解》所辑荀氏《易注》。

① 张涛:《略论荀爽易学》,《河南大学学报(社会科学版)》1999 年第 3 期。

汉顺帝永建四年　公元 129 年

1. 何休生

《后汉书·儒林列传》：

> 何休字邵公，任城樊人也。父豹，少府。休为人质朴讷口，而雅有心思，精研《六经》，世儒无及者。[1]

本传言其"年五十四，光和五年卒"，由灵帝光和五年（公元 182 年）上推五十三年，故于是年。郑杰文、李梅所著《中国学术思想编年》（秦汉卷）将此事系于永建四年，今从之。

何休，即何子，字邵公，东汉时期今文经学家，儒学大师。早期春秋公羊学的理论体系总结完成于他的手中，他所概括的"三科九旨"等一系列命题事实上已成为后世春秋公羊学的理论核心。何休著述的重点是在春秋公羊学领域，同时旁涉其他经传。就著述的体裁来说，有注疏之作，如《春秋公羊传解诂》《孝经注》《论语注》等等；有纯学理的论著，如《春秋公羊文谥例》《春秋公羊传条例》等等。就著述的性质或特点而言，既有论战性的文字，如《左氏膏肓》《春秋汉议》等等；也有正面阐述自己基本理论或观点的篇章，如《春秋公羊传解诂》《冠礼约制》等等。它们互为关系，互为补充，共同构成了何休的思想学说体系，对中国古代思想的演进尤其是儒学思想的发展作出了一定的贡献。[2]

---

[1]　范晔：《后汉书》卷七十九下《儒林列传》，中华书局 2005 年第 2 版，第 1742 页。
[2]　黄朴民：《何休著述叙要》，《文献》2002 年第 4 期。

汉顺帝阳嘉二年　公元 133 年

1. 诏言地震之异

《后汉书·孝顺孝冲孝质帝纪》：

> 二年……夏四月……己亥，京师地震。五月庚子，诏曰："朕以不德，统奉鸿业，无以奉顺乾坤，协序阴阳，灾眚屡见，咎征仍臻。地动之异，发自京师，矜矜祇畏，不知所裁。群公卿士将何以匡辅不逮，奉荅戒异？异不空设，必有所应，其各悉心直言厥咎，靡有所讳。"①

事又见《资治通鉴》卷五一。

顺帝因京师地震下诏令群臣言灾异之因。其中李固因地震对策，言当世之弊，奏为政所宜；马融因顺帝诏言地震之异，而倡顺民尚俭轻赋敛；张衡因地震之异而奏言选官应轻孝行而重文学，先明经而后孝廉。在天人感应思想的影响下，地震作为最严重的灾异之一，是阴阳失衡的直接结果，预示着强臣专权、后宫干政、皇帝失德等重大政治灾难的发生。在地震之后，两汉帝王都及时推出一系列的"修德""修政"等措施，包括下罪己诏、举贤求言、关注民生等。同时，地震也是各派政治势力相互博弈，尤其是官僚士大夫阶层用来抨击外戚、宦官专权的重要理论工具②。

---

① 范晔：《后汉书》卷六《孝顺孝冲孝质帝纪》，中华书局 2005 年第 2 版，第 175 页。
② 陈冬仿：《基于灾异背景下的汉代地震及其政治功能论析》，《江汉论坛》2017 年第 9 期。

2.左雄奏征海内名儒为博士

《后汉书·左周黄列传》：

> （左）雄又奏征海内名儒为博士，使公卿子弟为诸生。有志操者，加其俸禄。及汝南谢廉，河南赵建，年始十二，各能通经，雄并奏拜童子郎。于是负书来学，云集京师。[①]

左雄奏言征海内名儒为博士，意在畅行儒学。汉承秦火之后，重建经学。汉代学术与先秦有着鲜明的差异。从思想内容上来看，汉人充分应用战国时开始流行的阴阳、五行学说，将之发展为解释世界的基本论理，在此基础上发展出汉代独特的天人感应与阴阳灾异学说。从制度上看，汉代将五经立为官学，设博士官，各掌专门之学。立太学，以经学教授。并以通经为选拔人才的重要标准。经学的制度化对经学形态的演变具有极为深刻的影响。其中最为重要的一点是，学术思想以自由争鸣为尚，而政治制度需要标准化以便于实行，因而政治与学术在这个意义上就构成矛盾关系。这重关系表现在经学上就是制度要求恪守师法、家法与学术演进屡屡突破师法、家法的矛盾。汉代经术以经世为旨，陆贾、贾谊、董仲舒、刘向、翼奉、谷永、扬雄、桓谭、王符、仲长统、荀悦通经致用，著言为当世立法；韦玄成、魏相、黄霸、匡衡、翟方进、萧望之等以经术位列公卿，施教于政；杨震、左雄、周举、陈蕃、李固、杜乔、李膺等学行俱显，弘道于当世。[②] 左雄亦是东汉中后期复兴儒学的重臣之一，他将所学付诸政治抱负，在东汉中后期，儒学经学逐渐走向衰微之际，运用自己所学赢得汉顺帝之认可，积极复兴儒学。

---

① 范晔：《后汉书》卷六十一《左周黄列传》，中华书局 2005 年第 2 版，第 1364—1365 页。

② 秦际明：《论汉代经学师法、家法与学官制度》，《中国哲学史》2016 年第 3 期。

汉顺帝永和元年　公元 136 年

1. 诏使伏无忌、黄景校定中书

《后汉书·伏侯宋蔡冯赵牟韦列传》：

> （伏晨）子（伏）无忌嗣，亦传家学，博物多识，顺帝时，为侍中屯骑校尉。永和元年，诏无忌与议郎黄景校定中书《五经》、诸子百家、艺术。①

顺帝复兴校书之举，诏伏无忌等校定中书。东观著作一个非常重要的工作就是修史，特别是本朝的历史。可以说，修史是东观一脉相承的悠久传统。有学者认为，东观著作的修史主要经历了三个时期。第一个时期以班彪、班固父子为中心，马融为其追随者。他们的任务是典校秘书，或撰述传记。后汉明帝以班固为兰台令史，撰《光武本纪》及诸传记。又以傅毅为兰台令史，与班固、贾述共典校书。第二时期以马融为中心，张衡、蔡邕为其追随者。他们的主要任务是校书。在此阶段曾诏史官谒者仆射刘珍及谏议大夫李尤杂作记、表、名臣、节士、儒林、外戚诸传，起自光武，讫乎永初。事业垂成而珍、尤继卒，复命侍中伏无忌与谏议大夫黄景作诸王、王子、功臣、恩泽侯表，南单于、西羌传，地理志。第三时期以蔡邕为中心，建安七子为其追随者。他们的任务集中在校订《五经》。而伏无忌、黄景校定中书属于上述三大阶段的第二阶段。②

---

① 范晔：《后汉书》卷二十六《伏侯宋蔡冯赵牟韦列传》，中华书局 2005 年第 2 版，第 600 页。
② 跃进：《东观著作的学术活动及其文学影响研究》，《文学遗产》2004 年第 1 期。

2. 张衡出为河间相

《后汉书·张衡列传》:

> 永和初,出为河间相。时国王骄奢,不遵典宪;又多豪右,共为不轨。衡下车,治威严,整法度,阴知奸党名姓,一时收禽,上下肃然,称为政理。视事三年,上书乞骸骨,征拜尚书。[1]

事又见《北堂书钞》卷五八引《文士传》。郑杰文、李梅所著《中国学术思想编年》(秦汉卷)将此事系于永和元年,今从之。

张衡是东汉时期著名的文学家、科学家,一生任职官府近四十年。关于张衡仕途任职情况,其好友崔瑗《河间相张平子碑》中有简要记载,其后范晔《后汉书·张衡列传》中亦有所记,但都不全面,甚至有疏误。对于张衡行迹,以前学者较少关注。直至二十世纪二十年代,张荫麟《张衡别传》才对张衡一生行迹作了简要考论。孙文青《张衡年谱》是一部较早的专门考证张衡生平行迹的著述。孙氏《年谱》融合碑文、传记等资料,努力罗列出张衡一生官职变迁轨迹,考证甚密,发明甚多,功不可没,后世各类张衡年谱多依此为。不过,因文献缺乏等原因,孙氏《年谱》的部分结论还可再作商榷。[2]

---

[1] 范晔:《后汉书》卷五十九《张衡列传》,中华书局 2005 年第 2 版,第 1311 页。

[2] 吴从祥:《张衡仕职考辨》,《史学月刊》2014 年第 9 期。

汉顺帝永和三年　公元 138 年

1. 郑玄为乡啬夫

《后汉书·张曹郑列传》：

> 玄少为乡啬夫，得休归，常诣学官，不乐为吏，父数怒之，不能禁。[1]

李贤注：

> 《郑玄别传》曰"玄年十一二，随母还家，正腊会同列十数人，皆美服盛饰，语言闲通，玄独漠然如不及，母私督数之，乃曰'此非我志，不在所愿'"也。[2]

汉承秦制，以吏为师，为学与为官紧密相连。郑玄心志非在为官，只在为学，其一生多次被征，均拒绝赴任。乡啬夫乃一介小吏，负责讼狱和收税。其为"少为乡啬夫"只有一个原因，即家境寒微，玄少时家贫，故任乡啬夫取俸禄。既可贴补家用，又可供己就学。[3]

---

① 范晔：《后汉书》卷三十五《张曹郑列传》，中华书局 2005 年第 2 版，第 810 页。
② 范晔：《后汉书》卷三十五《张曹郑列传》，中华书局 2005 年第 2 版，第 810 页。
③ 林晓希：《郑玄少时受业考》，《甘肃理论学刊》2015 年第 6 期。

汉顺帝永和四年　公元 139 年

1. 张衡卒

《后汉书·张衡列传》:

> 年六十二,永和四年卒。著《周官训诂》,崔瑗以为不能有异于诸儒也。又欲继孔子《易》说《彖》、《象》残缺者,竟不能就。所著诗、赋、铭、七言、《灵宪》、《应间》、《七辩》、《巡诰》、《悬图》凡三十二篇。……论曰:崔瑗之称平子曰:"数术穷天地,制作侔造化。"斯致可得而言欤!推其围范两仪,天地无所蕴其灵;运情机物,有生不能参其智。故知思引渊微,人之上术。记曰:"德成而上,艺成而下。"量斯思也,岂夫艺而已哉?何德之损乎![1]

张衡,字平子,在东汉历任郎中、太史令、侍中、河间相等职。张衡在天文学方面著有《灵宪》《浑仪图注》等,数学著作有《算罔论》,文学作品以《二京赋》《归田赋》等为代表。《隋书·经籍志》有《张衡集》十四卷,久佚。明人张溥编有《张河间集》,收入《汉魏六朝百三家集》。张衡的思想以儒家思想为主导,并从国家的利益出发,以礼义、仁惠的核心,强调以民为本,进而将自身的政治蓝图建立在社会政治与道德的批判之上。[2]

---

①　范晔:《后汉书》卷五十九《张衡列传》,中华书局 2005 年第 2 版,第 1311—1312 页。
②　王志尧、刘太祥等著:《张衡评传》,河南大学出版社 1997 年版,第 13—21 页。

汉顺帝汉安元年 公元 142 年

1. 张楷告疾不应召

《后汉书·郑范陈贾张列传》：

> （张）楷字公超，通《严氏春秋》《古文尚书》，门徒常百人。宾客慕之，自父党夙儒，偕造门焉。车马填街，徒从无所止，黄门及贵戚之家，皆起舍巷次，以候过客往来之利。楷疾其如此，辄徙避之。家贫无以为业，常乘驴车至县卖药，足给食者，辄还乡里。司隶举茂才，除长陵令，不至官。隐居弘农山中，学者随之，所居成市，后华阴山南遂有公超市。五府连辟，举贤良方正，不就。汉安元年，顺帝特下诏告河南尹曰："故长陵令张楷行慕原宪，操拟夷、齐，轻贵乐贱，窜迹幽薮，高志确然，独拔群俗。前比征命，盘桓未至，将主者玩习于常，优贤不足，使其难进欤？郡时以礼发遣。"楷复告疾不到。[1]

张楷以古文经学教授，名声大震，屡次被征召而不应。张楷是东汉兴办私学之代表。有学者研究认为，东汉私学招收学生的特点有下：第一，私学招收学生不受学生家庭经济条件的限制；第二，私学招收学生不受地域的限制；第三，私学对学生的招收不受年龄和辈分的限制。如张楷"家贫无以为业，常乘驴车至县卖药，足给食者，辄还乡里"。张楷的社会地位不高，只是一般平民。因此在他教授学生时，一般都不脱离生产。另，张楷由于精通《严氏春秋》《古文尚书》，"学者随之，所居成市"。由于私学不

---

[1] 范晔：《后汉书》卷三十六《郑范陈贾张列传》，中华书局 2005 年第 2 版，第 834 页。

限制学生的籍贯,使得一些学生为实现"明经"的目的,到远离家乡数千里之外的地方拜师求学。①

2. 崔瑗卒

《后汉书·崔骃列传》:

> 汉安初,大司农胡广、少府窦章共荐瑗宿德大儒,从政有迹,不宜久在下位,由此迁济北相。时李固为太山太守,美瑗文雅,奉书礼致殷勤。岁余,光禄大夫杜乔为八使,徇行郡国,以臧罪奏瑗,征诣廷尉。瑗上书自讼,得理出。会病卒,年六十六。临终,顾命子寔曰:"夫人禀天地之气以生,及其终也,归精于天,还骨于地。何地不可臧形骸,勿归乡里。其赗赠之物,羊豕之奠,一不得受。"寔奉遗令,遂留葬洛阳。瑗高于文辞,尤善为书、记、箴、铭,所著赋、碑、铭、箴、颂、《七苏》、《南阳文学官志》、《叹辞》、《移社文》、《悔祈》、《草书艺》、七言,凡五十七篇。其《南阳文学官志》称于后世,诸能为文者皆自以弗及。瑗爱士,好宾客,盛修肴膳,单极滋味,不问余产。居常蔬食菜羹而已。家无担石储,当世清之。②

崔瑗,字子玉,涿郡安平人。在经学方面,崔瑗游学太学时尤其重视天文历法的学习,精通《京房易传》,诸儒生以其为儒宗。此外,崔瑗还擅长书法,撰《草书势》一文,是中国古代书法理论的开篇之作。特别是崔氏一族所坚守的道德信念正代表了汉代儒家的传统。③

① 张鹤泉:《东汉时代的私学》,《史学集刊》1993 年第 1 期。
② 范晔:《后汉书》卷五十二《崔骃列传》,中华书局 2005 年第 2 版,第 1163—1164 页。
③ 张睿:《崔寔思想研究》,南开大学 2012 年博士论文,第 38—41 页。

汉顺帝汉安三年(建康元年)　公元144年

1. 马融注《周官》

贾公彦《周礼废兴》：

> 是以马融《传》云："……惟念前业未毕者唯《周官》，年六十有六，目暝意倦，自力补之，谓之《周官传》也。"又曰："故郑玄《序》云：世祖以来，通人达士大中大夫郑少赣名兴及子大司农仲师名众、故议郎卫次仲、侍中贾君景伯、南郡太守马季长皆作《周礼解诂》。"①

另《隋书·经籍志一》："《周官礼》一二卷，马融注。"事又见《太平广记》卷二○二引商芸《小说》。

马融注《周官》，今不存。《周官》即《周礼》，其为古文经，马融作为东汉时期著名的古文经大师，自然对《周官》青睐有加，但马融不是一个拘守儒门的"纯儒"，而是正如范晔所说的"通儒"。他既讲经注经，却又"达生任性，不拘儒者之节"。他的贡献在于发展了对儒经的全面解说研究，在于提倡私人办学，提倡畅谈学术不受地位、门户的限制，促进了儒学的发展。②

---

① 中华书局编辑部编：《唐宋注疏十三经·周礼注疏》(第二册)，中华书局1998年版，第5页。
② 臧云浦：《略论马融》，《徐州师范学院学报》1996年第2期。

汉桓帝建和元年　公元 147 年

1. 诏课试诸学生

《通典》卷一三：

> 桓帝建和初,诏诸学生年十六以上,比郡国明经试次第。上名高第十五人、上第十六人为中郎;中第十七人为太子舍人;下第十七人为王家郎。①

桓帝诏令课试诸学生以排定等级。《通典》言"建和初",故厕此条于此。郑杰文、李梅所著《中国学术思想编年》(秦汉卷)将此事系于建和元年,今从之。东汉自和帝始,外戚宦官交替专权,政治腐败,社会危机严重,代表社会、象征国家的皇权被两派势力异化,士大夫集团的权力和利益被严重剥夺,统治岌岌可危。作为专制政权组织基础的士大夫对此忧心忡忡。为匡时救世,他们开展了一系列社会拯救活动,大致可分为舆论层面政治批判和实践层面对弊政进行的直接或间接的纠治活动。士大夫的社会拯救活动对改善黑暗政治和维系东汉的统治起到了一定作用。但其批判时弊精神使专制制度在实际运行中保持一定的舆论开放和相对独立的批评、监督力量,降低了专制制度的封闭性和随意性。桓帝诏课试诸学生,为东汉后期士人群体注入人才②。

---

① 杜佑:《通典》卷十三《选举》,《图书集成》本。
② 朱顺玲:《东汉后期士大夫社会拯救活动述论》,《郑州大学学报(哲学社会科学版)》2005 年第 3 期。

2. 郑玄游学求师

《后汉书·张曹郑列传》：

> 遂造太学受业，师事京兆第五元先，始通《京氏易》、《公羊春秋》、《三统历》、《九章算术》。又从东郡张恭祖受《周官》、《礼记》、《左氏春秋》、《韩诗》、《古文尚书》。①

另《后汉书·党锢列传》：

> 杜密字周甫，颍川阳城人也。为人沈质，少有厉俗志。为司徒胡广所辟，稍迁代郡太守。征，三迁太山太守、北海相。……行春到高密县，见郑玄为乡佐，知其异器，即召署郡职，遂遣就学。②

《世说新语·文学》刘孝标注引《郑玄别传》：

> 玄少好学书数，十三诵《五经》，好天文、占候、风角、隐术。年十七，见大风起，诣县曰："某时当有火灾。"至时果然，智者异之。年二十一，博极群书，精历数图纬之言，兼精算术。遂去吏，师故兖州刺史第五元先，就东郡张恭祖受《周礼》、《礼记》、《春秋传》。周流博观，每经历山川，及接颜一见，皆终身不忘。③

杜密至高密，见郑玄有奇异之才，遂召至郡学习。后郑玄游学，师事第五元先、张恭祖等，遂博通《五经》。郑玄生于顺帝永建二年（公元 127 年），至是年二十一岁。《郑玄别传》谓其年二十一师事第五元先及张恭祖，故厕此条于此，郑杰文、李梅所著《中国学术思想编年》（秦汉卷）将此事系于建和元年，今从之。郑玄是在不断地游学中成长为一代大儒的。

---

① 范晔：《后汉书》卷三十五《张曹郑列传》，中华书局 2005 年第 2 版，第 810 页。
② 范晔：《后汉书》卷六十七《党锢列传》，中华书局 2005 年第 2 版，第 1485 页。
③ 徐震堮：《世说新语校笺》卷上，中华书局 1984 年版，第 103—104 页。

他先在地方官学学习,因不愿仅成为一名地方上的小官吏,他又到京师太学受业,先后向第五元先、张恭祖等人学经。直到中原地区再没有人教授得了自己,郑玄就西行入关,到扶风马融处继续深造。三年之后,郑玄向马融辞别。马融向门人感叹说:"郑生今去,吾道东矣。"①

①　卫永锋:《汉末三国的游学》,《成都大学学报(社会科学版)》2005年第6期。

汉桓帝建和三年　公元149年

1. 荀淑卒

《后汉书·荀韩钟陈列传》：

> 为大将军梁冀所忌，出补朗陵侯相。莅事明理，称为神君。顷之，弃官归，闲居养志。产业每增，辄以赡宗族知友。年六十七，建和三年卒。[①]

事又见《资治通鉴》卷五三。

荀淑，字季和，颍川郡颍阴人，东汉经学家，荀卿十一世孙。学问渊博，品德高尚，不喜章句训诂之学，而以经世致用为务。常常被俗儒所轻视，但却闻名于州里。安帝时，征召任为郎中，而后升涂长，李膺等师事之。荀淑主张抑制外戚，颇有政绩，后被梁冀所忌，出为外任，有子八人，号八龙。他的孙子荀彧是曹操手下著名的谋士。

2. 许慎卒

《后汉书·儒林列传》：

> 许慎……性淳笃，少博学经籍，马融常推敬之，时人为之语曰："《五经》无双许叔重。"为郡功曹，举孝廉，再迁除洨长。卒于家。初，

---

① 范晔:《后汉书》卷六十二《荀韩钟陈列传》，中华书局 2005 年第 2 版，第 1385 页。

慎以《五经》传说臧否不同，于是撰为《五经异义》，又作《说文解字》十四篇，皆传于世。[1]

严可均《许君事迹考》，谓许慎生于明帝朝（公元 58 年—公元 75 年），卒于桓帝朝（公元 147 年—公元 167 年）；陶方琦《许君年表》考许慎生于明帝初年，卒于桓帝建和二年后，今从之。

许慎，字叔重，东汉汝南召陵人。许慎博览群经，时人称之为"《五经》无双许叔重"。其著述有《五经异义》《说文解字》等。

---

① 范晔：《后汉书》卷七十九下《儒林列传》，中华书局 2005 年第 2 版，第 1746 页。

汉桓帝元嘉元年　公元 151 年

1. 伏无忌作《伏侯注》

《后汉书·伏侯宋蔡冯赵牟韦列传》：

> 元嘉中，桓帝复诏无忌与黄景、崔寔等共撰《汉记》。又自采集古今，删著事要，号曰《伏侯注》。[①]

伏无忌九世祖儒，系济南伏胜之后，其博学多识，继承家学，传习儒业。汉顺帝时，为侍中屯骑校尉。永和元年，受诏与议郎黄景校定中书《五经》、诸子百家；元嘉年间，又受诏与黄景、崔寔等人一起撰《汉记》。后自采史料，册著事要，编成《伏侯注》（又名《伏侯古今注》）一书。《伏侯注》，李贤注曰："书上自黄帝，下尽汉质帝，为八卷。"[②] 今有辑本一卷传世。

---

① 范晔：《后汉书》卷二十六《伏侯宋蔡冯赵牟韦列传》，中华书局 2005 年第 2 版，第 600 页。
② 范晔：《后汉书》卷二十六《伏侯宋蔡冯赵牟韦列传》，中华书局 2005 年第 2 版，第 600 页。

汉桓帝元嘉二年　公元 152 年

1. 马融徙朔方

《后汉书·马融列传》：

> 先是融有事忤大将军梁冀旨，冀讽有司奏融在郡贪浊，免官，髡徙朔方。[1]

另《后汉书·梁统列传》：

> 不疑好经书，善待士……冀不欲令与宾客交通，阴使人变服至门，记往来者。南郡太守马融、江夏太守田明，初除，过谒不疑，冀讽州郡以它事陷之，皆髡笞徙朔方。融自刺不诛，明遂死于路。[2]

马融以明经著称于世，因忤逆外戚，被贬朔方。陆侃如《中古文学系年》此事于是年，今从之。

---

①　范晔：《后汉书》卷六十上《马融列传》，中华书局 2005 年第 2 版，第 1333 页。
②　范晔：《后汉书》卷三十四《梁统列传》，中华书局 2005 年第 2 版，第 795 页。

汉桓帝永兴元年　公元 153 年

1. 孔融生

《后汉书·郑孔荀列传》：

> 孔融字文举，鲁国人，孔子二十世孙也。七世祖霸，为元帝师，位至侍中。父宙，太山都尉。[①]

孔融，字文举，鲁国人。东汉末年文学家，"建安七子"之一，为孔子的二十世孙、太山都尉孔宙之子。孔融善诗文，曹丕称其文"扬、班俦也"。明人张溥辑有《孔北海集》。除了杰出的文学成就，孔融之死也是学者们讨论的热点话题，孔融之死不光是死于和曹操不合作、和曹操有私怨，孔融之死，显示了汉末清流派和浊流派的斗争，最后以清流派失败而告终。另一方面，也反映了汉末的品评人物已经落入了不能务实的深渊，好名成癖，通过品评人物已不能为朝廷选拔有真才实学的人。这还表明了汉末清流派正统儒生，已经陷入了僵化的境地，不能权变，不能紧跟形势发展，已经不合时宜。[②]

---

① 范晔：《后汉书》卷七十《郑孔荀列传》，中华书局 2005 年第 2 版，第 1527 页。
② 白水河：《孔融之死与汉末政治》，《西北民族大学学报（哲学社会科学版）》2006 年第 2 期。

汉桓帝永寿元年　公元 155 年

1. 张奂为安定国属都尉

《后汉书·皇甫张段列传》：

> 张奂字然明，敦煌渊泉人也。……奂少游三辅，师事太尉朱宠，学《欧阳尚书》。初，《牟氏章句》浮辞繁多，有四十五万余言，奂减为九万言。后辟大将军梁冀府，乃上书桓帝，奏其《章句》，诏下东观。以疾去官，复举贤良，对策第一，擢拜议郎。永寿元年，迁安定属国都尉。①

张奂，字然明，历经和帝、安帝、顺帝、桓帝、灵帝五朝，历任议郎、安定属国都尉、匈奴中郎将、武威太守、度辽将军、大司农等职。张奂少时游学三辅，精研儒学；中年在对战羌敌中屡立战功，晚年因党事被禁锢而闭门著书，是儒家立功立言观念的践行者，在军队和士林中都有一定的影响力。就其与儒学的关系而言，张奂少从朱宠学《欧阳尚书》，删《牟氏章句》四十五万言为九万言，章帝以其书存于东观。张奂虽为东汉名将，却深受儒家经典的影响，可以说，他骨子里就是一个典型的儒家士人。② 唐晏评价张奂，虽"为之将，但不负经术矣。"③

---

① 范晔：《后汉书》卷六十五《皇甫张段列传》，中华书局 2005 年第 2 版，第 1444—1445 页。
② 张榕：《张奂交游考》，《河西学院学报》2015 年第 6 期。
③ 唐晏著，吴东民点校：《两汉三国学案》，中华书局 1986 年版，第 140 页。

汉桓帝永寿二年　公元 156 年

1. 诏复课试诸生

《通典》卷一三：

> 永寿二年甲午，诏复课试诸生，补郎、舍人。其后复制：学生满二岁，试通二经者，补文学掌故；其不能通二经者，须后试复随辈试，试通二经者，亦得为文学掌故。其已为文学掌故者，满二岁，试能通三经者，擢其高第，为太子舍人；其不得第者，后试复随辈试，第复高者，亦得为太子舍人。已为太子舍人，满二岁，试能通四经者，擢其高第，为郎中；其不得第者，后试复随辈试，第复高者，亦得为郎中。已为郎中，满二岁，试能通五经者，擢其高第，补吏，随才而用；其不得第者，后试复随辈试，第复高，亦得补吏。①

桓帝下诏复课试诸生，并形成定制以定诸生升迁，此举遵循了汉家以儒入仕的传统。

---

① 杜佑：《通典》卷十三《选举》，《图书集成》本。

汉桓帝延熹元年　公元 158 年

1. 京兆尹延笃以病免归

《后汉书·吴延史卢赵列传》：

> 稍迁侍中。帝数问政事，（延）笃诡辞密对，动依典义。迁左冯翊，又徙京兆尹。其政用宽仁，忧恤民黎，擢用长者，与参政事，郡中欢爱，三辅咨嗟焉。……时皇子有疾，下郡县出珍药，而大将军梁冀遣客赍书诣京兆，并货牛黄。笃发书收客，曰："大将军椒房外家，而皇子有疾，必应陈进医方，岂当使客千里求利乎？"遂杀之。冀惭而不得言，有司承旨欲求其事。笃以病免归，教授家巷。[1]

延笃为京兆尹，深有政声，因事忤大将军梁冀，后因病免归，居家巷教授。延笃亦是深受经学熏染的儒者。

---

[1] 范晔：《后汉书》卷六十四《吴延史卢赵列传》，中华书局 2005 年第 2 版，第 1422 页。

汉桓帝延熹五年　公元 162 年

1. 王符《潜夫论》

《隋书·经籍志三》：

> 《潜夫论》十卷，后汉处士王符撰。[①]

王符是东汉末期著名思想家，他一生没有在朝理政，而是隐居著书，但保留下来的著作并不多，仅有《潜夫论》一书，该书今存十卷三十六篇。《潜夫论》在写作风格上，文章独立成篇，朴实浑厚，多儒家经义立意，博采诸家经典、古语、俗语、故事，兼用比喻、排比、对偶等多种修辞手法，写作态度谦虚谨慎，整体上体现出强烈的批判性。而且，《潜夫论》并不是三十六篇文章的简单汇编，而是在元气本原论的指导思想之下，以德治思想为治国宗旨而构建起来的儒家思想体系。[②]

---

① 魏徵：《隋书》卷三十四《经籍志三》，中华书局 1973 年版，第 998 页。
② 蒋泽枫：《王符〈潜夫论〉研究》，福建师范大学 2013 年博士论文，第 2—5 页。

汉桓帝延熹六年　公元163年

1. 朱穆卒

《后汉书·朱乐何列传》：

（朱）穆居家数年，在朝诸公多有相推荐者，于是征拜尚书。穆既深疾宦官，及在台阁，旦夕共事，志欲除之。乃上疏曰："案汉故事，中常侍参选士人。建武以后，乃悉用宦者。自延平以来，浸益贵盛……天朝政事，一更其手，权倾海内，宠贵无极……愚臣以为可悉罢省，遵复往初，率由旧章，更选海内清淳之士，明达国体者，以补其处。即陛下可为尧、舜之君，众僚皆为稷、契之臣，兆庶黎萌蒙被圣化矣。"帝不纳。后穆因进见，口复陈曰："臣闻汉家旧典，置侍中、中常侍各一人，省尚书事，黄门侍郎一人，传发书奏，皆用姓族。自和熹太后以女主称制，不接公卿，乃以阉人为常侍，小黄门通命两宫。自此以来，权倾人主，穷困天下。宜皆罢遣，博选者儒宿德，与参政事。"帝怒，不应。穆伏不肯起。左右传出，良久乃趋而去。自此中官数因事称诏诋毁之。穆素刚，不得意，居无几，愤懑发疽。延熹六年，卒，时年六十四。……所著论、策、奏、教、书、诗、记、嘲，凡二十篇。[1]

朱穆，字公叔，东汉南阳郡宛人，丞相朱晖之孙。初举孝廉。顺帝末，为大将军梁冀典兵事。桓帝时任侍御史，不久再迁议郎，因悲愤时局而作《崇厚论》《绝交论》。并与边韶、崔寔、曹寿等共入国史馆东观撰修《汉

---

① 范晔：《后汉书》卷四十三《朱乐何列传》，中华书局2005年第2版，第993—994页。

记》,作《孝穆、崇二皇及顺烈皇后传》,又增补了《外戚传》及《儒林传》。后出任冀州刺史。因触犯宦官,罚作刑徒,赦归。居乡数年,复拜尚书。上书请除宦官未成,忧愤而死。朱穆生活在汉桓帝时期,当时外戚和宦官专权。为了求得吏治清明,朱穆与当政集团展开了坚决的斗争,提出了厚德民、惩治不法、罢省宦官、辟用清德长者等主张,体现了儒者以天下为己任的情怀。①

---

① 陈建萍:《朱穆的吏治思想》,《河北省历史学会会议论文集(2009)》。

汉桓帝延熹八年　公元 165 年

1. 李膺惩杀宦官张让之弟

《后汉书·党锢列传》：

> 复拜司隶校尉。时张让弟朔为野王令，贪残无道，至乃杀孕妇，闻膺厉威严，惧罪逃还京师，因匿兄让弟舍，藏于合柱中。膺知其状，率将吏卒破柱取朔，付洛阳狱。受辞毕，即杀之。让诉冤于帝，诏膺入殿，御亲临轩，诘以不先请便加诛辟之意。膺对曰：……帝无复言，顾谓让曰：“此汝弟之罪，司隶何愆？”乃遣出之。自此诸黄门常侍皆鞠躬屏气，休沐不敢复出宫省。帝怪问其故，并叩头泣曰：“畏李校尉。”是时朝廷日乱，纲纪颓阤，膺独持风裁，以声名自高。士有被其容接者，名为登龙门。①

事又见《资治通鉴》卷五五。

儒生之清流与宦官矛盾日益严重，故李膺借故诛杀宦官张让之弟，是引发第一次“党锢之祸”的导火索。延熹九年，司隶校尉李膺“收捕”并“案杀”交通宦官、教子杀人的术士张成，宦官唆使张成弟子牢修诬告李膺与太学生及郡国生徒结党，“诽讪朝廷”，于是引发第一次党祸。建宁二年，宦官又指使人上告山阳郡名士张俭与同乡结党，“图危社稷”，引发第二次党祸。直至中平元年（公元 184 年）因黄巾起事“大赦党人”，党禁始解。②

---

① 范晔：《后汉书》卷六十七《党锢列传》，中华书局 2005 年第 2 版，第 1483 页。
② 牟发松：《范晔〈后汉书〉对党锢成因的认识与书写——党锢事件成因新探》，《华东师范大学学报（哲学社会科学版）》2012 年第 6 期。

汉桓帝延熹九年　公元166年

1. 张升去官

《后汉书·文苑列传》：

> 张升字彦真，陈留尉氏人，富平侯放之孙也。升少好学，多关览，而任情不羁。……仕郡为纲纪，以能出守外黄令。……遇党锢去官，后竟见诛，年四十九。著赋、诔、颂、碑、书，凡六十篇。[①]

张升著述，今有严可均辑《友论》（见《全后汉文》卷八二）、严可均辑《反论》一卷。

2. 马融卒

《后汉书·马融列传》：

> 融才高博洽，为世通儒，教养诸生，常有千数。涿郡卢植，北海郑玄，皆其徒也。善鼓琴，好吹笛，达生任性，不拘儒者之节。居宇器服，多存侈饰。常坐高堂，施绛纱帐，前授生徒，后列女乐，弟子以次相传，鲜有入其室者。尝欲训《左氏春秋》，及见贾逵、郑众注，乃曰："贾君精而不博，郑君博而不精。既精既博，吾何加焉！"但著《三传异同说》。注《孝经》、《论语》、《诗》、《易》、《三礼》、《尚书》、《列女传》、

---

① 范晔：《后汉书》卷八十下《文苑列传》，中华书局2005年第2版，第1773—1774页。

《老子》《淮南子》《离骚》，所著赋、颂、碑、诔、书、记、表、奏、七言、琴歌、对策、遗令，凡二十一篇。初，融忬于邓氏，不敢复违忤势家，遂为梁冀草奏李固，又作大将军《西第颂》，以此颇为正直所羞。年八十八，延熹九年卒于家。遗令薄葬。①

马融，字季长，扶风茂陵人。东汉时期著名经学家，东汉名将马援的从孙。历任校书郎、郡功曹、议郎、大将军从事中郎及武都、南郡太守等职，后因得罪大将军梁冀而被剃发流放，途中自杀未遂，得以免罪召还。再任议郎，又在东观校勘儒学典籍，后因病离职。延熹九年，马融去世，享年八十八岁。

3. 刘陶作《中文尚书》

《后汉书·杜栾刘李刘谢列传》：

> 刘陶字子奇，一名伟，颍川颍阴人，济北贞王勃之后。……陶明《尚书》《春秋》，为之训诂。推三家《尚书》及古文，是正文字七百余事，名曰《中文尚书》。②

惠栋《后汉书补注》卷一三：

> 张怀瓘曰："陶以杜北山本为正。"案杜北山本，即漆书古文也，贾逵、郑玄皆传其学。俗本作三百余事，今从北宋本改正。《艺文志》曰："刘向以中古文校三家经文文字异者七百有余。"盖古文与今文异者，本有此数，故陶从而是正也。③

陆侃如《中古文学系年》系此事于是年④，今从之。刘陶治《尚书》《春

① 范晔：《后汉书》卷六十上《马融列传》，中华书局 2005 年第 2 版，第 1333 页。
② 范晔：《后汉书》卷五十七《杜栾刘李刘谢列传》，中华书局 2005 年第 2 版，第 1243—1247 页。
③ 惠栋：《后汉书补注》卷一三，商务印书馆 1937 年版，第 586 页。
④ 陆侃如：《中古文学系年》，人民文学出版社 1985 年版，第 237 页。

秋》，合众家古今文《尚书》经注，成《中文尚书》。中平元年（公元 184 年）被追封中陵侯。除了经学家的身份之外，刘陶还建议桓帝不要改铸大钱，并提出了"欲民殷财阜，要在止役禁夺"的经济主张。

汉桓帝永康元年　公元 167 年

1. 延笃卒

《后汉书·吴延史卢赵列传》：

> 后遭党事禁锢。永康元年，卒于家。乡里图其形于屈原之庙。笃论解经传，多所驳正，后儒服虔等以为折中。所著诗、论、铭、书、应讯、表、教令，凡二十篇云。①

延笃，字叔坚，南阳郡犨县人。少时随唐溪典、马融学习，博通经传及百家学说，能写文章，很有名气。延笃初以博士身份受到汉桓帝征召，担任议郎，与朱穆、边韶共著作东观，历任侍中、左冯翊、京兆尹，后因得罪大将军梁冀因病归家，以教书为计。永康元年，延笃去世，有诗、论、书、表等二十篇。

2. 武荣卒

《武荣碑》：

> 君讳荣，字含和。治《鲁诗经韦君章句》，阙帻，传讲《孝经》、《论语》、《汉书》、《史记》、《左氏》、《国语》，广学甄微，靡不贯综。久游大学，口然高厉。鲜于双匹，学优则仕。为州书佐、郡曹史、主簿、督邮、

---

① 范晔：《后汉书》卷六十四《吴延史卢赵列传》，中华书局 2005 年第 2 版，第 1425 页。

五官掾、功曹、守从事。年卅六,汝南蔡府君察举孝廉。口口郎中,迁执金吾丞。遭孝桓大忧,屯守玄武。戚哀悲恸,加遇害气,遭疾陨灵。①

武荣,字含和,曾治《鲁诗经韦君章句》,传讲《孝经》《论语》《汉书》《史记》《左氏》《国语》。

3. 彭汪撰《左传奇说》及旧注

《经典释文·序录》:

汝南彭汪,字仲博,记先师奇说及旧注。②

另《十三经注疏·春秋序疏》:

中兴以后,陈元、郑众、贾逵、马融、延笃、彭仲博、许惠卿、服虔、颍容之徒皆传《左氏》。③

彭汪所撰《左传奇说》及旧注,今有马国翰辑《左氏奇说》一卷。

---

① 高文:《汉碑集释》,河南大学出版社 1985 年版,第 305—306 页。
② 陆德明撰,吴承仕疏证:《经典释文序录疏证》,中华书局 2008 年版,第 108 页。
③ 中华书局编辑部:《唐宋注疏十三经·春秋左传注疏》(第三册),中华书局 1998 年版,第 12 页。

汉灵帝建宁元年　公元168年

1. 魏朗自杀

《后汉书·党锢列传》：

> 魏朗字少英，会稽上虞人也。少为县吏。……从博士郗仲信学《春秋图纬》，又诣太学受《五经》，京师长者李膺之徒争从之。……尚书令陈蕃荐朗公忠亮直，宜在机密，复征为尚书。会被党议，免归家。……后窦武等诛，朗以党被急征，行至牛渚，自杀。著书数篇，号《魏子》云。①

魏朗，字少英，会稽上虞人，曾学《春秋图纬》，又习《五经》。东汉谶纬学者、方术士多有正统经学知识背景，而正统经学家的思想中也常见谶纬的知识和思理，往往经、谶互释。如魏朗（桓灵时）从博士郗仲信学《春秋图纬》，又诣太学受《五经》，京师长者李膺之徒争从之。

2. 崔寔卒

《后汉书·崔骃列传》：

> 建宁中病卒。家徒四壁立，无以殡敛，光禄勋杨赐、太仆袁逢、少府段颎为备棺椁葬具，大鸿胪袁隗树碑颂德。所著碑、论、箴、铭、答、

---

① 范晔：《后汉书》卷六十七《党锢列传》，中华书局 2005 年第 2 版，第 1487 页。

七言、祠、文、表、记、书凡十五篇。①

　　崔寔，东汉政论家、农学家，冀州安平人，文学家崔骃之孙，崔瑗之子。除了《政论》之外，崔寔还著有《四民月令》，其系统总结了当时农业生产的技术、方法和经验，在中国科学技术史上占有重要地位。②

————————————

①　范晔：《后汉书》卷五十二《崔骃列传》，中华书局 2005 年第 2 版，第 1168 页。
②　郑万耕：《安平崔氏三贤》，《衡水学院学报》2015 年第 3 期。

汉灵帝熹平元年　公元172年

1. 胡广卒

《后汉书·孝灵帝纪》：

> 熹平元年春三月壬戌，太傅胡广薨。①

另《后汉书·邓张徐张胡列传》：

> 汉安元年，(胡广)迁司徒。……自在公台三十余年，历事六帝，礼任甚优，每逊位辞病，及免退田里，未尝满岁，辄复升进。凡一履司空，再作司徒，三登太尉，又为太傅。其所辟命，皆天下名士。与故吏陈蕃、李咸并为三司。蕃等每朝会，辄称疾避广，时人荣之。年八十二，熹平元年薨。……初，扬雄依《虞箴》作《十二州二十五官箴》，其九箴亡阙，后涿郡崔骃及子瑗又临邑侯刘騊駼增补十六篇，广复继作四篇，文甚典美。乃悉撰次首目，为之解释，名曰《百官箴》，凡四十八篇。其余所著诗、赋、铭、颂、箴、吊及诸解诂，凡二十二篇。②

熹平元年，胡广去世，年八十二，谥号"文恭"。

---

① 范晔：《后汉书》卷八《孝灵帝纪》，中华书局2005年第2版，第221页。
② 范晔：《后汉书》卷四十四《邓张徐张胡列传》，中华书局2005年第2版，第1018—1020页。

2. 鲁峻卒

《鲁峻碑》：

> 君讳峻，字仲岩，山阳昌邑人。……治《鲁诗》，兼通《颜氏春秋》……年六十二，熹平元年囗月癸酉卒。①

鲁峻，字仲严，昌邑人，东汉官吏、学者。专治《鲁诗》《颜氏春秋》，初举孝廉，累官至屯田校尉。

3. 段颎收系太学生

《后汉书·孝灵帝纪》：

> 秋七月甲寅……宦官讽司隶校尉段颎捕系太学诸生千余人。②

另《后汉书·宦者列传》：

> 熹平元年，窦太后崩，有何人书朱雀阙，言："天下大乱，曹节、王甫幽杀太后，常侍侯览多杀党人，公卿皆尸禄，无有忠言者。"于是诏司隶校尉刘猛逐捕，十日一会。猛以诽书言直，不肯急捕，月余，主名不立。猛坐左转谏议大夫，以御史中丞段颎代猛，乃四出逐捕，及太学游生，系者千余人。节等怨猛不已，使颎以他事奏猛，抵罪输左校。朝臣多以为言，乃免刑，复公车征之。③

段颎以一千多太学生的入狱换取了当权宦官的赏识和重用，其依靠宦官，收系儒士，此举实令后人诟病。

---

① 高文：《汉碑集释》，开封：河南大学出版社 1985 年版，第 403—406 页。
② 范晔：《后汉书》卷八《孝灵帝纪》，中华书局 2005 年第 2 版，第 221 页。
③ 范晔：《后汉书》卷七十八《宦者列传》，中华书局 2005 年第 2 版，第 1705 页。

汉灵帝熹平二年　公元 173 年

1.蔡邕校书东观

《后汉书·蔡邕列传》：

> 召拜郎中,校书东观。迁议郎。[①]

郑杰文、李梅所著《中国学术思想编年》(秦汉卷)系此事于熹平二年,今从之。

是年蔡邕拜郎中,并入东观校书。

2.蔡邕作《独断》

《后汉书·蔡邕列传》：

> (蔡邕)所著诗、赋、碑、诔、铭、赞、连珠、箴、吊、论议、《独断》、《劝学》、《释海》、《叙乐》、《女训》、《篆艺》、祝文、章表、书记,凡百四篇,传于世。[②]

姚振宗《后汉艺文志》卷二言:"按《独断》今所传者,似中郎修史时随笔札记之文,亦多见于《续汉》八志中。"

① 范晔:《后汉书》卷六十下《蔡邕列传》,中华书局 2005 年第 2 版,第 1344 页。
② 范晔:《后汉书》卷六十下《蔡邕列传》,中华书局 2005 年第 2 版,第 1356 页。

《独断》为蔡邕校书修史时的札记随笔,颇具史料价值。今存二卷,有《百川学海》本、《抱经堂丛书》本等。接续《汉书》十志以修成后汉之志,可谓是蔡邕的毕生宏愿。而《独断》一书,就是蔡邕在其未入东观著作以前,为后日修志所作的重要准备。后来蔡邕虽得到了入东观修志的机会,可惜时运不济,未能撰成十意即遭横祸,至死再未能竟其事。故其所著《独断》遂不能废,反倒构成后人修续汉志的重要材料。《独断》所论之事,从时间上讲,自上古以讫汉;从内容讲,包括礼乐、祭祀、舆服、称谓、文书制度等。治汉史者如欲探究汉代文书制度、宗庙礼制及蔡邕的经学、史学观点等,皆必稽考此书,不可废之。①

---

① 代国玺:《蔡邕〈独断〉考论》,《文献》2015 年第 1 期。

汉灵帝光和元年　公元 178 年

1. 置鸿都门学生

《后汉书·孝灵帝纪》：

> 二月……始置鸿都门学生。①

李贤注曰：

> 鸿都，门名也，于内置学。时其中诸生，皆敕州、郡、三公举召能为尺牍辞赋及工书鸟篆者相课试，至千人焉。②

另《后汉书·蔡邕列传》：

> 光和元年，遂置鸿都门学，画孔子及七十二弟子像。其诸生皆敕州郡三公举用辟召，或出为刺史、太守，入为尚书、侍中，乃有封侯赐爵者，士君子皆耻与为列焉。③

灵帝好文章书法，因诏令各州郡及三公举荐善为尺牍、辞赋及书法者课试，为鸿都门学生，开经生孝廉之外另一条入仕之路。同时开启了汉末魏晋时代重视文章的学术风气。④

---

① 范晔：《后汉书》卷八《孝灵帝纪》，中华书局 2005 年第 2 版，第 225 页。
② 范晔：《后汉书》卷八《孝灵帝纪》，中华书局 2005 年第 2 版，第 225 页。
③ 范晔：《后汉书》卷六十下《蔡邕列传》，中华书局 2005 年版，第 1350 页。
④ 钱志熙：《"鸿都门学"事件考论——从文学与儒学关系、选举及汉末政治等方面着眼》，《北京大学学报（哲学社会科学版）》2008 年第 1 期。

汉灵帝光和三年　公元 180 年

1. 诏举通经者拜议郎

《后汉书·孝灵帝纪》：

> 六月，诏公卿举能通《古文尚书》、《毛诗》、《左氏》、《穀梁春秋》各一人，悉除议郎。①

2. 仲长统生

《后汉书·王充王符仲长统列传》：

> 仲长统字公理，山阳高平人也。少好学，博涉书记，赡于文辞。②

仲长统，字公理，山阳郡高平人。东汉末年哲学家、政论家。《昌言》是仲长统的代表作，其中既有治乱之论述，又有政治之蓝图，还有人生之哲理，集中体现了仲氏的思想学说。

---

① 范晔：《后汉书》卷八《孝灵帝纪》，中华书局 2005 年第 2 版，第 227 页。
② 范晔：《后汉书》卷四十九《王充王符仲长统列传》，中华书局 2005 年第 2 版，第 1109 页。

汉灵帝光和四年 公元181年

1.张奂卒

《太平御览》卷五五三引司马彪《续汉书》曰："张奂光和四年卒,遗令曰……"

张奂,字然明。敦煌郡渊泉县人。东汉时期名将、学者,早年师从太尉朱宠,研习《欧阳尚书》,又自行删减《牟氏章句》。其著有《尚书记难》三十余万言,又有铭、颂、册等二十四篇,《隋书·经籍志》录其集二卷,已佚。《全后汉文》卷六四录其残文十数篇。后人辑有《张太常集》,今存《二酉堂丛书》中。

汉灵帝光和五年　公元 182 年

1. 何休卒

《后汉书·儒林列传》：

> （陈）蕃败，（何）休坐废锢，乃作《春秋公羊解诂》，覃思不窥门，十
> 有七年。又注训《孝经》、《论语》、风角七分，皆经纬典谟，不与守文同
> 说。又以《春秋》驳汉事六百余条，妙得《公羊》本意。休善历算，与其
> 师博士羊弼，追述李育意以难二传，作《公羊墨守》、《左氏膏肓》、《穀
> 梁废疾》。党禁解，又辟司徒。群公表休道术深明，宜侍帷幄，单臣不
> 悦之，乃拜议郎，屡陈忠言。再迁谏议大夫，年五十四，光和五
> 年卒。[①]

何休，即何子，东汉时期今文经学家，儒学大师，是汉代公羊学的总结
者，其一生保持积极的政治操守，作《春秋公羊传解诂》十二卷，将"经世致
用"的理念灌注到了公羊学中，为危机之中的汉室提供了能够挽救时局的
思想武器，在汉代儒学发展史上留下了浓墨重彩的一笔。[②]

---

① 范晔：《后汉书》卷七十九下《儒林列传》，中华书局 2005 年第 2 版，第 1742—1743 页。
② 黄朴民：《何休评传》，南京大学出版社 1998 年版，第 35 页。

汉灵帝光和六年　公元 183 年

1. 刘陶受诏次第《春秋》条例

《后汉书·杜栾刘李刘谢列传》：

> 顷之，拜侍御史。灵帝宿闻其名，数引纳之。时钜鹿张角伪托大道，妖惑小民，陶与奉车都尉乐松、议郎袁贡连名上疏言之，曰："圣王以天下耳目为视听，故能无不闻见。今张角支党不可胜计。前司徒杨赐奏下诏书，切敕州郡，护送流民，会赐去位，不复捕录。虽会赦令，而谋不解散。四方私言，云角等窃入京师，觇视朝政，鸟声兽心，私共鸣呼。州郡忌讳，不欲闻之，但更相告语，莫肯公文。宜下明诏，重募角等，赏以国土。有敢回避，与之同罪。"帝殊不悟，方诏陶次第《春秋》条例。明年，张角反乱，海内鼎沸，帝思陶言，封中陵乡侯，三迁尚书令。[1]

事又见《资治通鉴》卷五八。郑杰文、李梅所著《中国学术思想编年》（秦汉卷）此事于光和六年，今从之。

时张角乱欲起，灵帝却仍醉心于经学，刘陶与奉车都尉乐松、议郎袁贡联名上疏，建议灵帝尽快剪除张角，灵帝不从，却下诏要刘陶编次《春秋》条例。公元 184 年，张角作乱，天下骚动，帝追想刘陶的话，封刘陶为中陵乡侯，三迁尚书令。

---

[1]　范晔：《后汉书》卷五十七《杜栾刘李刘谢列传》，中华书局 2005 年第 2 版，第 1248 页。

汉灵帝光和七年(中平元年)　公元 184 年

1.尽赦党人

《后汉书·党锢列传》：

> 中平元年,黄巾贼起,中常侍吕强言于帝曰:"党锢久积,人情多怨。若久不赦宥,轻与张角合谋,为变滋大,悔之无救。"帝惧其言,乃大赦党人,诛徙之家皆归故郡。其后黄巾遂盛,朝野崩离,纲纪文章荡然矣。①

因黄巾起义,故尽赦党人,以缓解内部矛盾。然而从历史角度看,此时的东汉王朝已然大厦将倾,气数殆尽。幸存的儒生学士遇上天下大乱的政治环境,也无法施展才学,整理学术。故东汉经学衰微,至此已十分明显。

① 范晔:《后汉书》卷六十七《党锢列传》,中华书局 2005 年第 2 版,第 1479 页。

汉灵帝中平二年　公元185年

1. 刘陶下狱死

《后汉书·孝灵帝纪》：

> 冬十月……前司徒陈耽、谏议大夫刘陶坐直言，下狱死。①

另《后汉书·杜栾刘李刘谢列传》：

> 是时天下日危，寇贼方炽，（刘）陶忧致崩乱，复上疏曰：……其八事，大较言天下大乱，皆由宦官。宦官事急，共谗陶曰："前张角事发，诏书示以威恩，自此以来，各各改悔。今者四方安静，而陶疾害圣政，专言妖孽。州郡不上，陶何缘知？疑陶与贼通情。"于是收陶，下黄门北寺狱，掠按日急。陶自知必死。对使者曰："朝廷前封臣云何？今反受邪谮，恨不与伊、吕同畴，而以三仁为辈。"遂闭气而死，天下莫不痛之。陶著书数十万言，又作《七曜论》、《匡老子》、《反韩非》、《复孟轲》，及上书言当世便事、条教、赋、奏、书、记、辩疑，凡百余篇。②

刘陶，一名伟，字子奇，颍川颍阴人。曾策动太学生千余人上书言事，要求重用朱穆、李膺等。后为顺阳长，有政声，又拜侍御史，迁尚书

---

①　范晔：《后汉书》卷八《孝灵帝纪》，中华书局 2005 年第 2 版，第 232 页。

②　范晔：《后汉书》卷五十七《杜栾刘李刘谢列传》，中华书局 2005 年第 2 版，第 1248—1249 页。

令,拜侍中,后被宦官所陷,死于狱中。作《中文尚书》,并受诏撰《春秋条例》,《隋书·经籍志四》录其集三卷,已佚,《全后汉文》卷六五录其文五篇。

汉灵帝中平三年　公元 186 年

1. 郑玄不应何进辟

《后汉书·张曹郑列传》：

> 灵帝末，党禁解，大将军何进闻而避之。州郡以进权威，不敢违意，遂迫胁（郑）玄，不得已而诣之。进为设几杖，礼待甚优。玄不受朝服，而以幅巾见。一宿逃去。时年六十，弟子河内赵商等自远方至者数千。[1]

汉末外戚、宦官轮流当政。郑玄矢志学术，故不应外戚何进之召。灵帝中平元年，党禁解，郑玄"蒙赦令"，时年五十八岁。此时，郑玄之德行学问，已声名远播，被"举贤良方正有道"，后又"辟大将军三司府"。何进闻其名而辟之，州郡畏惧何进的权势，不敢违命，胁迫郑玄而行，郑玄不得已而去见何进。何进为他设几杖，礼待甚优。然郑玄不受朝服，只是头著幅巾而见，交谈中，对何进"多所匡正"，结果却"不用而退"。中平三年（公元186 年），郑玄六十岁，河内赵商等自远方而至，前来拜师求学为弟子者，已达数千人之多[2]。

---

①　范晔：《后汉书》卷三十五《张曹郑列传》，中华书局 2005 年第 2 版，第 811 页。
②　杨天宇：《郑玄生平事迹考略》，《河南大学学报（社会科学版）》2001 年第 5 期。

汉灵帝中平六年
（少帝光熙元年　昭宁元年　献帝永汉元年）
公元 189 年

1. 孔融为北海相

《后汉书·郑孔荀列传》：

> 后辟司空掾，拜中军侯。在职三日，迁虎贲中郎将。会董卓废立，(孔)融每因对答，辄有匡正之言。以忤卓旨，转为议郎。时黄巾寇数州，而北海最为贼冲，卓乃讽三府同举融为北海相。融到郡，收合士民，起兵讲武，驰檄飞翰，引谋州郡。贼张饶等群辈二十万众从冀州还，融逆击，为饶所败，乃收散兵保朱虚县。稍复鸠集吏民为黄巾所误者男女四万余人，更置城邑，立学校，表显儒术，荐举贤良郑玄、彭璆、邴原等。①

另《后汉书·张曹郑列传》：

> 国相孔融深敬于玄，屣履造门。告高密县为玄特立一乡，曰："昔齐置'士乡'，越有'君子军'，皆异贤之意也。郑君好学，实怀明德。昔太史公、廷尉吴公、谒者仆射邓公，皆汉之名臣。又南山四皓有园公、夏黄公，潜光隐耀，世嘉其高，皆悉称公。然则公者仁德之正号，不必三事大夫也。今郑君乡宜曰'郑公乡'。昔东海于公仅有一节，

---

① 范晔：《后汉书》卷七十《郑孔荀列传》，中华书局 2005 年第 2 版，第 1529 页。

犹或戒乡人侈其门闾，矧乃郑公之德，而无驷牡之路！可广开门衢，令容高车，号为'通德门'。"①

事又见《资治通鉴》卷六二。

孔融为孔子第二十代孙，受儒家思想的教育得天独厚，他的七世祖孔霸，修治《尚书》，并为太子选授经学。孔融的父亲、兄长也皆研习儒家经典。"幼有异才"的孔融对经学的接受表现出过人的天赋，他"博涉多该览""逸才宏博"。他年仅十岁，与李膺谈论百家经史，便能"应答如流，膺不能下之"。在孔融任北海相的六年间，其虽也聚民讲武，加强守备，但孔融却以推崇儒术为务，兴学校、倡儒学、尊大儒、彰高士，具有明显的宗经倾向。②

2. 荀爽批纬书

《申鉴·俗嫌第三》：

世称纬书仲尼之作也。臣悦叔父故司空爽辨之，盖发其伪也。③

哀、平之世，谶纬泛滥，荀爽力辩纬书非孔子作，维护经学的正统性。

---

① 范晔：《后汉书》卷三十五《张曹郑列传》，中华书局 2005 年第 2 版，第 811 页。
② 方利立：《孔融研究》，福建师范大学 2006 年硕士学位论文，第 17—18 页。
③ 荀悦撰，黄省曾注，孙启治校补：《申鉴注校补》，中华书局 2012 年版，第 137 页。

汉献帝初平元年　公元190年

1. 五月,荀爽卒

《后汉书·孝献帝纪》:"初平元年……夏五月,司空荀爽薨。"事又见《资治通鉴》卷五九。另《后汉书·荀韩钟陈列传》:

> 后遭党锢,隐于海上,又南遁汉滨,积十余年,以著述为事,遂称为硕儒。党禁解,五府并辟,司空袁逢举有道,不应。及逢卒,爽制服三年,当世往往化以为俗。时人多不行妻服,虽在亲忧犹有吊问丧疾者,又私谥其君父及诸名士,爽皆引据大义,正之经典,虽不悉变,亦颇有改。后公车征为大将军何进从事中郎。进恐其不至,迎荐为侍中,及进败而诏命中绝。献帝即位,董卓辅政,复征之。爽欲遁命,吏持之急,不得去,因复就拜平原相。行至宛陵,复追为光禄勋。视事三日,进拜司空。爽自被征命及登台司,九十五日。因从迁都长安。爽见董卓忍暴滋甚,必危社稷,其所辟举皆取才略之士,将共图之,亦与司徒王允及卓长史何颙等为内谋。会病薨,年六十三。著《礼》、《易传》、《诗传》、《尚书正经》、《春秋条例》,又集汉事成败可为鉴戒者,谓之《汉语》。又作《公羊问》及《辩谶》,并它所论叙,题为《新书》。凡百余篇,今多所亡缺。[1]

荀爽,字慈明。颖川颖阴人。东汉末年经学家,名士荀淑第六子,其由孝廉入仕,为了躲避第二次党锢之祸,他隐遁汉滨达十余年,专以著述

---

[1]　范晔:《后汉书》卷六十二《荀韩钟陈列传》,中华书局2005年第2版,第1390页。

为事,先后著《礼》《易传》《诗传》等,号为"硕儒"。荀爽对传统的儒学进行改造,更看重家庭的发展和延续,将儒家实践的途径由以前的注重建功立业,实现大同,而转变为内向型即自身家庭的发展。①

---

①　王莉娜:《东汉颍川荀爽荀悦思想探略》,《史学月刊》2012 年第 5 期。

汉献帝初平三年　公元 192 年

1. 夏,蔡邕死狱中

《后汉书·蔡邕列传》：

及卓被诛,(蔡)邕在司徒王允坐,殊不意言之而叹,有动于色。允勃然叱之曰:"董卓国之大贼,几倾汉室。君为王臣,所宜同忿,而怀其私遇,以忘大节! 今天诛有罪,而反相伤痛,岂不共为逆哉?"即收付廷尉治罪。邕陈辞谢,乞黥首刖足,继成汉史。士大夫多矜救之,不能得。太尉马日磾驰往谓允曰:"伯喈旷世逸才,多识汉事,当续成后史,为一代大典。且忠孝素著,而所坐无名,诛之无乃失人望乎?"允曰:"昔武帝不杀司马迁,使作谤书,流于后世。方今国祚中衰,神器不固,不可令佞臣执笔在幼主左右。既无益圣德,复使吾党蒙其讪议。"日磾退而告人曰:"王公其不长世乎? 善人,国之纪也;制作,国之典也。灭纪废典,其能久乎?"邕遂死狱中。允悔,欲止而不及。时年六十一。搢绅诸儒莫不流涕。北海郑玄闻而叹曰:"汉世之事,谁与正之!"兖州、陈留间皆画像而颂焉。其撰集汉事,未见录以继后史。适作《灵纪》及十意,又补诸列传四十二篇,因李傕之乱,湮没多不存。所著诗、赋、碑、诔、铭、赞、连珠、箴、吊、论议、《独断》、《劝学》、《释诲》、《叙乐》、《女训》、《篆艺》、祝文、章表、书记,凡百四篇,传于世。①

----

① 范晔:《后汉书》卷六十下《蔡邕列传》,中华书局 2005 年第 2 版,第 1356 页。

事又见《资治通鉴》卷五九。

蔡邕,字伯喈,陈留郡圉县人。蔡邕是精通今文,兼治古文的经学大家,他一生都在撰集汉事,补续汉史。[①]

2. 卢植卒

《后汉书·吴延史卢赵列传》:

> (卢)植以老病求归,惧不免祸,乃诡道从辕辕出。卓果使人追之,到怀,不及。遂隐于上谷,不交人事。冀州牧袁绍请为军师。初平三年卒。临困,敕其子俭葬于土穴,不用棺椁,附体单帛而已。所著碑、诔、表、记凡六篇。建安中,曹操北讨柳城,过涿郡,告守令曰:"故北中郎将卢植,名著海内,学为儒宗,士之楷模,国之桢干也。昔武王入殷,封商容之闾;郑丧子产,仲尼陨涕。孤到此州,嘉其余风。《春秋》之义,贤者之后,宜有殊礼。亟遣丞掾除其坟墓,存其子孙,并致薄酹,以彰厥德。"[②]

卢植,字子干,涿郡涿县(今河北涿州)人。东汉末年经学家、将领,参与续写《汉记》,著有《尚书章句》《三礼解诂》,《全后汉文》收录有《始立太学石经上书》《日食上封事》《奏事》《献书规窦武》《郦文胜诔》等文。

---

① 邓安生:《蔡邕的思想与文化成就》,《天津师大学报(社会科学版)》1995 年第 5 期。
② 范晔:《后汉书》卷六十四《吴延史卢赵列传》,中华书局 2005 年第 2 版,第 1432 页。

汉献帝初平四年　公元 193 年

1. 试儒生四十余人而赐官

《后汉书·孝献帝纪》：

> 九月甲午,试儒生四十余人,上第赐位郎中,次太子舍人,下第者罢之。诏曰:"孔子叹'学之不讲',不讲则所识日忘。今耆儒年逾六十,去离本土,营求粮资,不得专业。结童入学,白首空归,长委农野,永绝荣望,朕甚愍焉。其依科罢者,听为太子舍人。"[1]

汉末战乱,儒生考课已废久矣,汉献帝考课儒生而授官,以兴儒学。[2]

---

① 范晔:《后汉书》卷九《孝献帝纪》,中华书局 2005 年第 2 版,第 248 页。
② 邓小南:《西汉官吏考课制度初探》,《北京大学学报(哲学社会科学版)》1987 年第 2 期。

汉献帝兴平二年　公元 195 年

1. 献帝东归，书籍泯尽

《后汉书·儒林列传》：

> 初，光武迁还洛阳，其经牒秘书载之二千余两，自此以后，参倍于前。及董卓移都之际，吏民扰乱，自辟雍、东观、兰台、石室、宣明、鸿都诸藏典策文章，竞共剖散，其缣帛图书，大则连为帷盖，小乃制为縢囊。及王允所收而西者，裁七十余乘，道路艰远，复弃其半矣。后长安之乱，一时焚荡，莫不泯尽焉。①

东汉中兴，朝廷欲复兴学术，儒经多集京城，是时被毁。东汉末年的黄巾大起义，摧毁了汉代儒学赖以生存的大一统政权，面对天下之分崩离析，儒者的王道理想更显遥遥无期。面对理想和现实的巨大反差，儒者的济世抱负被彻底击溃了。此时儒学既无力挽回天下，对士人也失去了约束力，士人的思想由此变得异常活跃，形成"户异议，人殊论，论无常检，事无定价"的局面。儒学的价值理想，不再是社会的绝对意识，也不再是士人不变的追求和唯一出路。总之，两汉儒学的兴衰都与政治密切相关，汉代大一统的帝国的需求，使儒学能够长久占汉朝统治思想的地位；而黄巾起义导致汉朝统一帝国的瓦解，又使儒学丧失了赖以存在的基础，如汉室政权一样分崩离析。而儒学本身的局限性，既不能挽救国家和社会衰亡

---

① 范晔：《后汉书》卷七十九上《儒林列传》，中华书局 2005 年第 2 版，第 1719 页。

的命运,又不能挽回世道人心,最终衰落已不可避免。①

2. 王肃生

　　陆侃如以甘露元年(公元 256 年)王肃卒年六十二,推其生于本年②。今从之。王肃虽为魏晋著名经学家,儒学大师,但由于王肃生于是年,东汉王朝并未灭亡,故记录之。

　　王肃,字子雍。东海郡郯县人。师从大儒宋忠,遍注群经,兼采今古文,对各家经义进行综合,善贾逵、马融之学,但不喜郑玄经学,编撰《孔子家语》,其所注经学在魏晋时期被称作"王学",王肃是郑玄后汉魏时最重要的经学家。王肃对经学进行改造,开儒玄双修之端绪。一方面,王肃吸收道家的思想,援道入儒,主张无为而治,提出了"不愧于道"的主张。此外,王肃用儒家的"礼"来融合教化与名法,成为魏晋之际礼法之治理论的最重要建设者。王肃经学的出现,体现了学风上的重大转变,动摇了郑学的绝对权威,为玄学的形成创造了有利的思想环境。③

①　谢模楷:《论汉末儒学衰微与文体的变革》,《西安石油大学学报(社会科学版)》2011 年第 6 期。
②　陆侃如:《中古文学系年》,人民文学出版社 1985 年版,第 316 页。
③　任怀国:《试论王肃的经学贡献》,《管子学刊》2005 年第 1 期。

汉献帝建安元年　公元196年

1. 何晏生

《三国志·魏书·诸夏侯曹传》：

> 晏，何进孙也。母尹氏，为太祖夫人。晏长于宫省，又尚公主，少以才秀知名，好老庄言，作《道德论》及诸文赋著述凡数十篇。[①]

裴松之注：

> 晏字平叔。《魏略》曰：太祖为司空时，纳晏母并收养晏，其时秦宜禄儿阿苏亦随母在公家，并见宠如公子。苏即朗也。[②]

何晏，字平叔，南阳宛人。三国时期的玄学家。少年时以才秀知名，喜好老、庄之言。魏文帝时，未被授予官职。大将军曹爽秉政时，何晏党附曹爽，累官侍中、吏部尚书，典选举，封列侯。高平陵之变后与曹爽同为太傅司马懿所杀，灭三族。何晏著有《论语集解》《道德论》《周易说》《孝经注》《无名论》《无为论》等。何晏是正始玄学理论走向成熟的最初代表人物，在探讨"以无为本"的道家哲学基础之上，主张会通儒道[③]。

---

① 陈寿：《三国志》卷九《魏书·诸夏侯曹传》，中华书局1982年第2版，第292页。
② 陈寿：《三国志》卷九《魏书·诸夏侯曹传》，中华书局1982年第2版，第292页。
③ 秦跃宇、龙延：《何晏玄儒兼治思想发微》，《广西师范学院学报（哲学社会科学版）》2007年第2期。

汉献帝建安二年　公元197年

1. 郑玄见袁绍

《后汉书·张曹郑列传》：

> 时大将军袁绍总兵冀州，遣使要（郑）玄，大会宾客，玄最后至，乃延升上坐。身长八尺，饮酒一斛，秀眉明目，容仪温伟。绍客多豪俊，并有才说，见玄儒者，未以通人许之，竞设异端，百家互起。玄依方辩对，咸出问表，皆得所未闻，莫不嗟服。时汝南应劭亦归于绍，因自赞曰："故太山太守应中远，北面称弟子何如？"玄笑曰："仲尼之门考以四科，回、赐之徒不称官阀。"劭有惭色。绍乃举玄茂才，表为左中郎将，皆不就。公车征为大司农，给安车一乘，所过长吏送迎。玄乃以病自乞还家。①

袁绍冀州，招请郑玄。玄至，与诸儒论辩，折服群儒，应劭欲称弟子。袁绍因表玄为大司农，也得到"郑司农"之称。

---

① 范晔：《后汉书》卷三十五《张曹郑列传》，中华书局2005年第2版，第813页。

汉献帝建安三年　公元 198 年

1. 刘表《易章句》

《经典释文·序录》：

> 《易》刘表《章句》五卷。……《中经簿录》云注《易》十卷，《七录》
> 云九卷，录一卷。①

《隋书·经籍志一》：

> 《周易》五卷，汉荆州牧刘表章句。②

《易章句》久佚，今有孙堂辑《刘表周易章句》一卷，张惠言辑《周易刘
景升氏》，黄奭辑《刘表易章句》一卷，马国翰辑《周易刘氏章句》一卷，胡薇
元辑《周易刘表章句》。

2. 宋衷作《易注》

《经典释文·序录》：

> 《易》宋衷注九卷。（宋衷）字仲子，南阳章陵人，后汉荆州五等从

---

① 陆德明撰，吴承仕疏证：《经典释文序录疏证》，中华书局 2008 年版，第 39 页。
② 魏徵：《隋书》卷三十四《经籍志三》，中华书局 1973 年版，第 909 页。

事。《七志》《七录》云十卷。①

《隋书·经籍志一》：

> 梁有汉荆州五业从事宋忠注《周易》十卷，亡。②

《易注》一书久佚，今有孙堂辑《宋衷周易注》一卷，张惠言辑《周易宋氏》，黄奭辑《宋衷易注》一卷，马国翰辑《周易宋氏注》，胡薇元辑《周易宋忠注》。

---

① 陆德明撰，吴承仕疏证：《经典释文序录疏证》，中华书局 2008 年版，第 39 页。
② 魏徵：《隋书》卷三十四《经籍志三》，中华书局 1973 年版，第 909 页。

汉献帝建安五年　公元 200 年

1. 郑玄卒

《后汉书·张曹郑列传》：

五年春，梦孔子告之曰："起，起，今年岁在辰，来年岁在巳。"既寤，以谶合之，知命当终，有顷寝疾。时袁绍与曹操相拒于官度，令其子谭遣使逼玄随军，不得已，病到元城县，疾笃不进，其年六月卒，年七十四。遗令薄葬。自郡守以下尝受业者，缞绖赴会千余人。门人相与撰玄答诸弟子问《五经》，依《论语》作《郑志》八篇。凡玄所注《周易》、《尚书》、《毛诗》、《仪礼》、《礼记》、《论语》、《孝经》、《尚书大传》、《中候》、《乾象历》，又著《天文七政论》、《鲁礼褅祫义》、《六艺论》、《毛诗谱》、《驳许慎五经异义》、《答临孝存周礼难》，凡百余万言。玄质于辞训，通人颇讥其繁。至于经传洽孰，称为纯儒，齐鲁间宗之。其门人山阳郗虑至御史大夫，东莱王基、清河崔琰著名于世。又乐安国渊、任嘏，时并童幼，玄称渊为国器，嘏有道德，其余亦多所鉴拔，皆如其言。玄唯有一子益恩，孔融在北海，举为孝廉；及融为黄巾所围，益恩赴难陨身。有遗腹子，玄以其手文似己，名之曰小同。论曰：自秦焚《六经》，圣文埃灭。汉兴，诸儒颇修艺文；及东京，学者亦各名家。而守文之徒，滞固所禀，异端纷纭，互相诡激，遂令经有数家，家有数说，章句多者或乃百余万言，学徒劳而少功，后生疑而莫正。郑玄括囊大典，网罗众家，删裁繁诬，刊改漏失，自是学者略知所归。王父豫章君每考先儒经训，而长于玄，常以为仲尼之门不能过也。及传授生徒,并专以郑氏家法云。①

郑玄的一生,适逢汉末衰乱之世,虽家贫而决意不仕,专精于经术。他的最大贡献,就在于对两汉传统的今古文经学进行了全面的加工改造,创立郑学,对当时及后世产生了深远而巨大的影响。②

2. 刘熙于交州讲学

《三国志·蜀书·杜周杜许孟来尹李谯郤传》:

> 许慈字仁笃,南阳人也。师事刘熙,善郑氏学,治《易》、《尚书》、《三礼》、《毛诗》、《论语》。建安中,与许靖等俱自交州入蜀。③

另《三国志·吴书·张严程阚薛传》:

> 程秉字德枢,汝南南顿人也。逮事郑玄,后避乱交州,与刘熙考论大义,遂博通《五经》。④

陆侃如通过考辨,将此事系于献帝建安五年⑤,今从之。刘熙,东汉经学家、训诂学家,献帝建安中曾避地交州。

---

① 范晔:《后汉书》卷三十五《张曹郑列传》,中华书局 2005 年第 2 版,第 813—814 页。
② 杨天宇:《郑玄生平事迹考略》,《河南大学学报(社会科学版)》2001 年第 5 期。
③ 陈寿:《三国志》卷四十二《蜀书·杜周杜许孟来尹李谯郤传》,中华书局 1982 年第 2 版,第 1022—1023 页。
④ 陈寿:《三国志》卷五十三《吴书·张严程阚薛传》,中华书局 1982 年第 2 版,第 1248 页。
⑤ 陆侃如:《中古文学系年》,人民文学出版社 1985 年版,第 341 页。

汉献帝建安六年　公元 201 年

1. 赵岐卒

《后汉书·吴延史卢赵列传》：

> 灵帝初,(赵岐)复遭党锢十余岁。中平元年,四方兵起,诏选故刺史、二千石有文武才用者,征岐拜议郎。……大将军何进举为敦煌太守,行至襄武,岐与新除诸郡太守数人俱为贼边章等所执。贼欲胁以为帅,岐诡辞得免,展转还长安。及献帝西都,复拜议郎,稍迁太仆。……曹操时为司空,举以自代。光禄勋桓典、少府孔融上书荐之,于是就拜岐为太常。年九十余,建安六年卒。先自为寿藏,图季札、子产、晏婴、叔向四像居宾位,又自画其像居主位,皆为赞颂。敕其子曰:"我死之日,墓中聚沙为床,布簟白衣,散发其上,覆以单被,即日便下,下讫便掩。"岐多所述作,著《孟子章句》《三辅决录》传于时。①

赵岐,字邠卿,京兆长陵县人。东汉末年经学家,以《孟子章句》著称于世。《孟子章句》既注重释篇名、阐明篇章大意、分析篇章结构,也关注释词、释句、释名物典章制度、揭示语法、说明修辞等;既注重引证今文经学和道家思想,也注重阐发微言大义。这不仅体现了"叠诂训于语句之中,绘本义于错综之内"的诠释特色,也体现了经典诠释的时代特色和政治意味,在汉代经学史上别具特色。②

---

①　范晔:《后汉书》卷六十四《吴延史卢赵列传》,中华书局 2005 年第 2 版,第 1435—1436 页。
②　唐明贵:《赵岐〈孟子章句〉的诠释特色》,《国际儒学论丛》2016 年第 2 期。

汉献帝建安七年　公元202年

1. 任安卒

《后汉书·儒林列传》：

> 任安字定祖，广汉绵竹人也。少游太学，受《孟氏易》，兼通数经。又从同郡杨厚学图谶，究极其术。时人称曰："欲知仲桓问任安。"又曰："居今行古任定祖。"学终，还家教授，诸生自远而至。初仕州郡。后太尉再辟，除博士，公车征，皆称疾不就。州牧刘焉表荐之，时王涂隔塞，诏命竟不至。年七十九，建安七年，卒于家。①

事又见《三国志·蜀书·许麇孙简伊秦传》裴松之注引《益部耆旧传》。

任安，字定祖，广汉绵竹。东汉时期经学家，求学于杨厚，后入洛阳太学学习《五经》，晚年隐居绵竹，教授儒经，治《孟氏易》，又善图谶。

---

① 范晔：《后汉书》卷七十九上《儒林列传》，中华书局 2005 年第 2 版，第 1721 页。

汉献帝建安八年　公元 203 年

1. 曹操作《修学令》

《三国志·魏书·武帝纪》：

> （建安）八年……秋七月，令曰："丧乱已来，十有五年，后生者不见仁义礼让之风，吾甚伤之。其令郡国各脩文学，县满五百户置校官，选其乡之俊造而教学之，庶几先王之道不废，而有以益于天下。"①

曹操以战乱连年，礼仪教化不行，乃令郡国兴教化，修经术，倡儒学。由于战事频繁，社会动荡不安，地方官学也是时废时兴，未能形成一个完整的教育体系。《修学令》的核心在于"修文学，置校官"，即为曹魏政权培养"德才兼备"的人才。

---

①　陈寿：《三国志》卷一《魏书·武帝纪》，中华书局 1982 年第 2 版，第 24 页。

汉献帝建安十年　公元 205 年

1.曹操作《整齐风俗令》

《三国志·魏书·武帝纪》：

> （建安）十年……九月，令曰："阿党比周，先圣所疾也。闻冀州俗，父子异部，更相毁誉。昔直不疑无兄，世人谓之盗嫂；第五伯鱼三娶孤女，谓之挝妇翁；王凤擅权，谷永比之申伯，王商忠议，张匡谓之左道：此皆以白为黑，欺天罔君者也。吾欲整齐风俗，四者不除，吾以为羞。"①

曹操为倡教化，整风俗，而作是令。曹魏时期，官学教育内容实质以经学为主。曹魏的官学教育目标都是关于人的德行，以及百姓的教化，其目的不外是为了"风化大行，百姓归心"，也就是说当时官学尤其是地方学校实际上实行的是一种安于朝廷的风化教育。②

---

① 陈寿：《三国志》卷一《魏书·武帝纪》，中华书局 1982 年第 2 版，第 27 页。
② 熊建军、李建梅：《曹魏教育、选才与政权关系研究》，《石河子大学学报（哲学社会科学版）》2016 年第 4 期。

汉献帝建安十一年　公元 206 年

1. 杜畿于河东开学宫

《三国志·魏书·任苏杜郑仓传》：

> 是时天下郡县皆残破，河东最先定，少耗减。畿治之，崇宽惠，与民无为。民尝辞讼，有相告者，畿亲见为陈大义，遣令归谛思之，若意有所不尽，更来诣府。乡邑父老自相责怒曰："有君如此，奈何不从其教？"自是少有辞讼。班下属县，举孝子、贞妇、顺孙，复其繇役，随时慰勉之。渐课民畜牸牛、草马，下逮鸡豚犬豕，皆有章程。百姓勤农，家家丰实。畿乃曰："民富矣，不可不教也。"于是冬月修戎讲武，又开学宫，亲自执经教授，郡中化之。

裴松之注：

> 《魏略》曰：博士乐详，由畿而升。至今河东特多儒者，则畿之由矣。[①]

是时中原大战，河东地区相对安定，太守杜畿开学宫，并亲自教授，使得境内大化，儒者多至。两汉三百余年经学思潮的熏染，使士人对儒经中圣贤以德治达到大化的历史记深信不疑。应该说，儒家重伦理人情本身自有其不可忽视的社会合理性，其在实践中产生流弊，是另一层面的问

---

①　陈寿：《三国志》卷十六《魏书·任苏杜郑仓传》，中华书局 1982 年第 2 版，第 496 页。

题,不能因此就将其合理性与其流弊混为一谈,杜畿认为,这是世俗小吏对古人思想的理解差之太远所致。①

① 郝虹:《汉末魏晋时期儒家政治思想的发展》,《孔子研究》2006 年第 2 期。

汉献帝建安二十二年　公元 217 年

1. 董遇至邺

《三国志·魏书·锺繇华歆王朗传》裴松之注引《魏略》：

> （董）遇字季直，性质讷而好学。兴平中，关中扰乱，与兄季中依将军段煨。采稆负贩，而常挟持经书，投间习读。其兄笑之而遇不改。及建安初，王纲小设，郡举孝廉，稍迁黄门侍郎。是时，汉帝委政太祖，遇旦夕侍讲，为天子所爱信。至二十二年，许中百官矫制，遇虽不与谋，犹被录诣邺，转为冗散。常从太祖西征，道由孟津，过弘农王冢。太祖疑欲谒，顾问左右，左右莫对，遇乃越第进曰："《春秋》之义，国君即位未逾年而卒，未成为君。弘农王即阼既浅，又为暴臣所制，降在藩国，不应谒。"太祖乃过。……初，遇善治《老子》，为《老子》作训注。又善《左氏传》，更为作朱墨别异。人有从学者，遇不肯教，而云"必当先读百遍"。言"读书百遍而义自见"。从学者云："苦渴无日。"遇言"当以三余"。或问三余之意，遇言"冬者岁之余，夜者日之余，阴雨者时之余也"。由是诸生少从遇学，无传其朱墨者。①

董遇少习经书，贩卖中亦学而不辍，建安初举孝廉，迁黄门侍郎，为献帝讲经，为当世名儒。汉末魏晋时期的经学已经向玄学经学转变，当然也有坚守古今文经的儒士，董遇即是其中一员，治《左氏传》，为古文学派。②

---

① 陈寿：《三国志》卷十三《魏书·锺繇华歆王朗传》，中华书局 1982 年第 2 版，第 420 页。
② 刘运好：《论曹魏经学》，《中州学刊》2017 年第 12 期。

汉献帝建安二十五年
（延康元年 魏文帝黄初元年）
公元 220 年

1. 曹操卒

《三国志·魏书·武帝纪》：

> 二十五年春正月……庚子，王崩于洛阳，年六十六。……谥曰武王。①

曹操，字孟德，沛国谯县人。东汉末年杰出的政治家、军事家、文学家、书法家，三国中曹魏政权的奠基人。就其与儒学的关系而言，曹操不是儒学的叛逆者，原始儒学经两汉时代的发展演变，至汉魏之际形成了不同的层面，而曹操与之均有或正或反的联系。我们不否认曹操受到法、道、墨等思想的影响，也不否认曹操身上有许多统治者的劣质，但从总体上看，儒学在他的思想中占主导地位，有时，曹操虽以两汉经学叛逆者的面貌出现，但其精神在本质上却是向原始儒学人文精神的回归。② 曹操卒，其子曹丕废汉献帝为山阳公，改国号为"魏"，改"建安"年号为"黄初"，至此，东汉王朝彻底灭亡。

---

① 陈寿：《三国志》卷一《魏书·武帝纪》，中华书局 1982 年第 2 版，第 53 页。
② 孙明君：《曹操与儒学》，《文史哲》1993 年第 2 期。

参考文献

一、古籍

1.司马光:《资治通鉴》,北京:中华书局,1956 年版。

2.司马迁:《史记》,北京:中华书局,1959 年版。

3.班固:《汉书》,北京:中华书局,1962 年版。

4.陈寿:《三国志》,北京:中华书局,1982 年第 2 版。

5.唐晏著,吴东民点校:《两汉三国学案》,北京:中华书局,1986 年版。

6.陆德明撰,吴承仕疏证:《经典释文序录疏证》,北京:中华书局,2008 年版。

7.范晔:《后汉书》,北京:中华书局,2005 年第 2 版。

二、著作

1.顾颉刚:《古史辨》(第五册),上海:上海古籍出版社,1982 年版。

2.刘建国:《中国哲学史史料学概要》,长春:吉林人民出版社,1983 年版。

3.陆侃如:《中古文学系年》,北京:人民文学出版社,1985 年版。

4.高文:《汉碑集释》,开封:河南大学出版社,1985 年版。

5.刘汝霖:《汉晋学术编年》,北京:中华书局,1987 年版。

6.吴文治:《中国古代文学理论名著题解》,合肥:黄山书社,1987 年版。

7.崔瑞德、鲁惟一著,杨品泉译:《剑桥中国秦汉史》,北京:中国社会科学出版社,1992 年版。

8.苏舆:《春秋繁露义证》,北京:中华书局,1992 年版。

9. 张岂之：《中国思想史》，西安：西北大学出版社，1993 年版。

10. 王永祥：《董仲舒评传》，南京：南京大学出版社，1995 年版。

11. 王铁：《汉代学术史》，上海：华东师范大学出版社，1995 年版。

12. 孙启治、陈建华：《古佚书辑本目录》，北京：中华书局，1997 年版。

13. 王志尧、刘太祥：《张衡评传》，开封：河南大学出版社，1997 年版。

14. 中华书局编辑部编：《汉魏古注十三经》，北京：中华书局，1998 年版。

15. 中华书局编辑部编：《唐宋注疏十三经》，北京：中华书局，1998 年版。

16. 黄朴民：《何休评传》，南京：南京大学出版社，1998 年版。

17. 庄春波：《汉武帝评传》，南京：南京大学出版社，2001 年版。

18. 张岂之：《中国历史·秦汉魏晋南北朝卷》，北京：高等教育出版社，2001 年版。

19. 杨生民：《汉武帝传》，北京：人民出版社，2001 年版。

20. 葛兆光：《中国思想史》，上海：复旦大学出版社，2004 年版。

21. 郑杰文、李梅：《中国学术思想编年》（秦汉卷），西安：陕西师范大学出版社，2005 年版。

22. 钱穆：《秦汉史》，北京：生活·读书·新知三联书店，2005 年版。

23. 杨权：《新五德理论与两汉政治——［尧后火德］说考论》，北京：中华书局，2006 年版。

24. 金春峰：《汉代思想史》，北京：中国社会科学出版社，2006 年版。

25. 杨伯峻：《孟子译注》，北京：中华书局，2010 年版。

26. 梅新林、俞樟华：《中国学术编年》（两汉卷），上海：华东师范大学出版社，2013 年版。

三、期刊

1. 顾颉刚：《五德终始说下的政治和历史》，《清华大学学报（自然科学版）》1930 年第 1 期。

2. 林剑鸣：《萧将军瓦和前将军萧望之》，《西北大学学报（哲学社会科学版）》1981 年第 3 期。

3. 顾恒敬：《韩婴》，《河北学刊》1984 年第 4 期。

4.邓小南:《西汉官吏考课制度初探》,《北京大学学报(哲学社会科学版)》1987年第2期。

5.申海田:《论汉文帝招贤纳谏巩固政权的几项措施》,《齐鲁学刊》1988年第5期。

6.臧嵘:《东汉光武帝整顿吏治、擢用贤良的政策和措施》,《中国国家博物馆馆刊》1989年版。

7.张鹤泉:《东汉时代的私学》,《史学集刊》1993年第1期。

8.孙明君:《曹操与儒学》,《文史哲》1993年第2期。

9.岳庆平:《西汉景武时期的削藩及其后果》,《社会科学辑刊》1993年第6期。

10.曹金华:《汉文帝置经博士考》,《江海学刊》1994年第4期。

11.华友根:《叔孙通为汉定礼乐制度及其意义》,《学术月刊》1995年第2期。

12.邓安生:《蔡邕的思想与文化成就》,《天津师大学报(社会科学版)》1995年第5期。

13.周桂钿:《汉代公羊学传授考》,《史学史研究》1996年第2期。

14.杨天宇:《刘秀与经学》,《史学月刊》1997年第3期。

15.师迪:《简论汉文帝刘恒》,《历史教学》1997年第6期。

16.张涛:《略论荀爽易学》,《河南大学学报(社会科学版)》1999年第3期。

17.赖华明:《论晁错〈论贵粟疏〉的重农惠商性质》,《西南民族大学学报(人文社科版)》1999年S6期。

18.贾贵荣:《儒家文化与秦汉封禅》,《齐鲁学刊》2000年第4期。

19.高敏:《论汉文帝》,《史学月刊》2001年第1期。

20.郜积意:《赵岐〈孟子注〉:章句学的运用与突破》,《孔子研究》2001年第1期。

21.杨天宇:《略论汉代今古文经学的斗争与融合》,《郑州大学学报(哲学社会科学版)》2001年第2期。

22.杨天宇:《郑玄生平事迹考略》,《河南大学学报(社会科学版)》2001年第5期。

23.王继训:《一个不应该被忽视的儒者东方朔》,《齐鲁学刊》2002年第 3 期。

24. 黄朴民:《何休著述叙要》,《文献》2002 年第 4 期。

25. 梁锡锋:《汉元帝与经学》,《郑州大学学报(哲学社会科学版)》2002 年第 5 期。

26. 左洪涛:《〈诗经〉之〈鲁诗〉传授考》,《山东师范大学学报(人文社会科学版)》2003 年第 2 期。

27. 陈东:《历代学者关于〈齐论语〉的探讨》,《齐鲁学刊》2003 年第 2 期。

28. 何平立:《汉武封禅:儒学正统化大典》,《上海大学学报(社会科学版)》2003 年第 4 期。

29. 跃进:《东观著作的学术活动及其文学影响研究》,《文学遗产》2004 年第 1 期。

30. 黄宛峰:《论王充的儒生观》,《齐鲁学刊》2004 年第 2 期。

31. 任怀国:《试论王肃的经学贡献》,《管子学刊》2005 年第 1 期。

32. 朱顺玲:《东汉后期士大夫社会拯救活动述论》,《郑州大学学报(哲学社会科学版)》2005 年第 3 期。

33. 卫永锋:《汉末三国的游学》,《成都大学学报(社会科学版)》2005 年第 6 期。

34. 孟祥才:《论班彪》,《东岳论丛》2006 年第 1 期。

35. 朱维铮:《班昭考》,《中华文史论丛》2006 年第 2 期。

36. 郝虹:《汉末魏晋时期儒家政治思想的发展》,《孔子研究》2006 年第 2 期。

37. 白水河:《孔融之死与汉末政治》,《西北民族大学学报(哲学社会科学版)》2006 年第 2 期。

38. 邱居里:《贾逵与史学》,《史学史研究》2006 年第 4 期。

39. 张荣明:《政治与学术之间的汉代章句学》,《南开学报(哲学社会科学版)》2007 年第 1 期。

40. 成祖明:《河间献王与景武之世的儒学》,《史学集刊》2007 年第 4 期。

41. 孙少华:《孔安国及其孔臧的生卒与学术》,《中国社会科学院研究生院学报》2007 年第 6 期。

42.钱志熙:《"鸿都门学"事件考论——从文学与儒学关系、选举及汉末政治等方面着眼》,《北京大学学报(哲学社会科学版)》2008年第1期。

43.晋文:《论经学与汉代"受命"论的诠释》,《学海》2008年第4期。

44.张尚谦:《〈汉书〉记汉文帝举贤良事辨误》,《云南民族大学学报(哲学社会科学版)》2009年第3期。

45.袁德良:《公孙弘政治思想评议》,《孔子研究》2009年第3期。

46.禹平、严俊:《试论东汉的礼制建设》,《吉林大学社会科学学报》2009年第5期。

47.文廷海、谭锐:《东汉〈春秋〉学的传授及其特点略论》,《求索》2010年第3期。

48.于淑娟:《〈毛诗故训传〉名义考释——兼论〈毛诗故训传〉独传的原因》,《孔子研究》2010年第3期。

49.毛宣国:《〈毛诗〉'教化'理论及其对后世诗学的影响》,《中国文学研究》2011年第1期。

50.谢模楷:《论汉末儒学衰微与文体的变革》,《西安石油大学学报(社会科学版)》2011年第6期。

51.武玉林:《宣元用人之替与西汉帝国败象》,《领导科学》2011年第28期。

52.成祖明:《诏策贤良文学制度背景下的"天人三策"》,《历史研究》2012年第4期。

53.王莉娜:《东汉颍川荀爽荀悦思想探略》,《史学月刊》2012年第5期。

54.唐会霞:《两汉右扶风马氏家族述略》,《青海社会科学》2012年第5期。

55.唐会霞:《东汉关中儒学名士风貌考察》,《湖北社会科学》2012年第10期。

56.姜广辉、邱梦艳:《齐诗"四始五际"说的政治哲学揭秘》,《哲学研究》2013年第12期。

57.成祖明:《三家诗说与汉帝国儒学构建——与〈毛诗〉说相比较》,《清华大学学报(哲学社会科学版)》2014年第6期。

58.夏德靠:《〈论语〉文本的生成及其早期流布形态》,《四川师范大学学报(社会科学版)》2014年第1期。

59. 张珊：《〈史记〉、〈汉书〉之徐乐、严安传及其上书言世务发微》,《古典文献研究》2014年第2期。

60. 田天：《西汉太一祭祀研究》,《史学月刊》2014年第4期。

61. 辛德勇：《汉武帝晚年政治取向与司马光的重构》,《清华大学学报(哲学社会科学版)》2014年第6期。

62. 张立克：《汉元帝时期儒生的政治参与研究》,《兰州学刊》2014年第8期。

63. 吴从祥：《张衡仕职考辨》,《史学月刊》2014年第9期。

64. 代国玺：《蔡邕〈独断〉考论》,《文献》2015年第1期。

65. 罗昌繁：《论叔孙通儒学入仕实践的意义——兼论司马迁对叔孙通的评价》,《中国文化研究》2015年第3期。

66. 王成、张景林：《论东方朔的政治心理——中国传统恩宠政治文化性格的典型个案分析》,《南开学报(哲学社会科学版)》2015年第6期。

67. 石敏杰、彭耀光：《封禅文化与汉代儒学的发展》,《中华文化论坛》2015年第8期。

68. 穆军全：《贾谊和晁错政治秩序观比较及启示》,《理论月刊》2015年第10期。

69. 杨勇：《再论汉武帝晚年政治取向——一种政治史与思想史的联合考察》,《清华大学学报(哲学社会科学版)》2016年第2期。

70. 秦际明：《论汉代经学师法、家法与学官制度》,《中国哲学史》2016年第3期。

71. 尹雪华：《东汉汝南郡经学的发展与衰落》,《学术交流》2017年第1期。

72. 韩星：《河间献王的治道思想及其现实意义》,《河北学刊》2017年第2期。

73. 陈君：《政治文化视野中〈汉书〉文本的形成》,《文学遗产》2017年第5期。

74. 侯文学：《甘泉赋的文化承——兼论扬雄〈甘泉赋〉的创作背景》,《贵州社会科学》2017年第7期。

75. 陈冬仿：《基于灾异背景下的汉代地震及其政治功能论析》,《江汉论坛》2017 年第 9 期。

76. 刘运好：《论曹魏经学》，《中州学刊》2017 年第 12 期。

77. 冯鹏：《西汉经学阴阳灾异思想探源》，《孔子研究》2018 年第 3 期。

78. 陈君：《知识与权力：关于〈汉书〉文本形成的几个问题》，《文学评论》2018 年第 3 期。

79. 卜章敏：《京房易学对董仲舒公羊学的回应与开新》，《孔子研究》2018 年第 4 期。

四、硕博士学位论文

1. 方利立：《孔融研究》，硕士学位论文，福建师范大学 2006 年。

2. 赵常伟：《贾谊〈治安策〉研究》，硕士学位论文，云南大学 2010 年。

3. 陈以凤：《孔安国学术研究》，博士学位论文，山东大学 2010 年。

4. 张睿：《崔寔思想研究》，博士学位论文，南开大学 2012 年。

5. 蒋泽枫：《王符〈潜夫论〉研究》，博士学位论文，福建师范大学 2013 年。

6. 梁晨：《孔安国年谱》，硕士学位论文，山东师范大学 2013 年。

7. 袁亚铮：《西汉晚期的社会与文学研究》，博士学位论文，南开大学 2014 年。

8. 佘沛章：《龙亢桓氏与东汉政治》，硕士学位论文，湖南师范大学 2015 年。

9. 陈敏学：《秦汉政治视野下的天象解说》，博士学位论文，中央民族大学 2017 年。

10. 李东泽：《汉代的礼俗与社会控制》，硕士学位论文，山东师范大学 2018 年。

图书在版编目(CIP)数据

中国儒学通志. 两汉卷. 纪年篇 / 臧明著. —杭州：
浙江大学出版社，2023.1
ISBN 978-7-308-23486-3

Ⅰ. ①中… Ⅱ. ①臧… Ⅲ. ①儒学－研究－中国－汉
代 Ⅳ. ①B222.05

中国国家版本馆 CIP 数据核字(2023)第 005758 号

中国儒学通志·两汉卷·纪年篇

主编 苗润田 冯建国

本册作者 臧 明

出 品 人	褚超孚
策 划	袁亚春 陈 洁
统 筹	陈丽霞 宋旭华 王荣鑫
责任编辑	周挺启
责任校对	吴 庆
责任印制	范洪法
封面设计	项梦怡
出版发行	浙江大学出版社
	(杭州市天目山路 148 号 邮政编码 310007)
	(网址:http://www.zjupress.com)
排 版	浙江时代出版服务有限公司
印 刷	杭州钱江彩色印务有限公司
开 本	710mm×1000mm 1/16
印 张	23.25
字 数	358 千
版 印 次	2023 年 1 月第 1 版 2023 年 1 月第 1 次印刷
书 号	ISBN 978-7-308-23486-3
定 价	158.00 元